Joana Breidenbach

Innenansicht

Eine Dekade Inner Work und New Work

Foto: Marlena Waldthausen

Joana Breidenbach ist promovierte Kulturanthropologin und Autorin vieler Bücher zur kulturellen Globalisierung und digital-sozialen Innovationen. Sie ist Gründerin von Deutschlands größter Spendenplattform betterplace.org und dem Think und Do-Tank betterplace lab. Das betterplace lab arbeitet seit 2014 selbstorganisiert. Den Weg hin zu einer fluiden, kompetenzbasierten Hierarchie beschreibt Joana in dem Buch New Work needs Inner Work (gemeinsam mit Bettina Rollow, Vahlen Verlag, 2019). Entsprechend ihrem Interesse an digital-sozialen Innovationen unterstützt sie Initiativen wie die ReDI School und Stiftung Neue Verantwortung und investiert in impact-orientierte Startups wie Clue, DeepL und TheNextWe. 2018 gründete sie Das Dach Berlin um sinnvolle Innovationen voranzutreiben.

Joana Breidenbach

Innen Ansicht

Eine Dekade Inner Work und New Work

Herausgeberin:
Joana Breidenbach

Gestaltung:
Florentin Aisslinger

Lektorat:
Cosima Jastrow

Druck:
Europrint Medien, Berlin

Verlag und Vertrieb:
Das Dach Berlin UG
Köpenicker Straße

Erscheinungsjahr 2021

ISBN. 978-3-00-069116-4

www.joanabreidenbach.de

Teil

1

Innenansicht

Inhalt

Teil 1

8

Für meine Eltern

Vorwort

2019 veröffentlichte ich gemeinsam mit Bettina Rollow *New Work needs Inner Work*. Im Zentrum des Buches steht der große Transformationsprozess unserer Arbeitswelt, von starren und rigiden hierarchischen Strukturen und Prozessen hin zu agilen und selbstorganisierten Formen. Am Beispiel meines eigenen Unternehmens, des *betterplace lab*, beschreiben wir, wie Selbstorganisation erfolgreich umgesetzt werden kann und welche neuen inneren Kompetenzen wir dafür brauchen. Denn die äußere Transformation kann nur gelingen, wenn wir als Menschen innerlich reifen.

New Work, das bedeutet für uns im Kern, dass Entscheidungen im Unternehmen von den Menschen getroffen werden, die über die besten relevanten Informationen und Kompetenzen verfügen. Damit verlagert sich Macht und Verantwortung von der Führungsspitze in die ganze Organisation. Viel mehr Mitarbeiter müssen lernen, souverän in einer komplexen und unsicheren digital-globalen Welt zu navigieren. Jeder im *betterplace lab* muss mutige Entscheidungen treffen, Innovationen entwickeln, ehrliches Feedback geben und Konflikte bearbeiten können. Dafür brauchen Mitarbeiter eine ganze Reihe neuer psychologischer Fähigkeiten. Sie sind gefordert, als ganzer Mensch im Unternehmen aufzutreten, nicht nur mit ihren Sonnenseiten. Sie müssen sich selbst gut kennen und reflektieren. Sie brauchen Kommunikationsskills, um empathisch, offen und transparent miteinander zu kommunizieren. Sie müssen verschiedene Perspektiven einnehmen können und Prozesse auf einer Metaebene erfassen. Und sie sind darauf angewiesen, ihre Innovationskraft und Intuition zu stärken.

Im Buch ebenso wie in den vielen darauffolgenden Artikeln, Vorträgen und Podcasts beschreiben wir dieses neue Set an inneren Kompetenzen. Oft verwenden wir den Begriff Inner Work als Kürzel dafür, dass die notwendigen Reflexions- und Kommunikationsfähigkeiten darauf basieren, dass Menschen sich auf eine systematische Weise mit sich selbst, mit ihren eigenen Haltungen,

Wahrnehmungsfiltern, Werten und Bedürfnissen auseinandersetzen. Doch obwohl Inner Work die Basis neuer Formen der Führung und Zusammenarbeit ist, beschreiben wir es nicht in einer derart ausreichenden Detailtiefe, die es den Lesern ermöglicht, die einzelnen Entwicklungsschritte und psychologischen Veränderungen eines New Workers präzise und umfassend nachzuvollziehen.

Viele meiner Zuhörer und Gesprächspartner interessieren sich jedoch genau für diese Fragen. Die meisten haben nur eine vage Vorstellung davon, was es mit Inner Work auf sich haben könnte. Das, was ich vom Arbeitsalltag im *betterplace lab* erzähle (und was Bettina aus ihrer Erfahrung mit vielen weiteren Unternehmen einbringt), hört sich für viele utopisch an. Sie können sich nicht vorstellen, dass in ihrem von "Professionalität", "Effizienz" und "Produktivität" geprägten Arbeitsleben eine radikal andere Kultur Einzug halten könnte, in der Menschlichkeit, transparente Kommunikation und Potenzialentfaltung selbstverständlich sind. Sie fragen mich: Wie ist dieser Kulturwandel gelungen, welche innere Transformation war dafür notwendig und wie sah sie konkret aus? Viele möchten wissen, was mich persönlich motiviert hatte, meinen Chefsessel zu räumen. Wie ich den Übergang zur radikalen Selbstorganisation erlebt und mir die notwendigen inneren Kompetenzen angeeignet habe. Wie bin ich als "ganzer Mensch" (Frédéric Laloux) im Unternehmen aufgetreten und habe es gewagt, mich auch mit meinen Schwächen und Gefühlen von Scham und Unsicherheit zu zeigen? Ebenso wollten sie wissen, wie es sich für meine Kollegen anfühlt, ihre Vergütungen untereinander zu verhandeln und sich dabei radikal ehrliches, manchmal schmerzhaftes Feedback zu geben. Wie handhaben sie den Druck, kontinuierlich neue Projekte akquirieren zu müssen, um das eigene Gehalt zu erwirtschaften? Wie lernen sie ohne feste Arbeitszeiten und -orte Grenzen zu ziehen und das persönliche Wohlbefinden zu schützen?

Je länger ich diskutierte, desto stärker wurde mein Wunsch, Inner Work expliziter zu beleuchten. Denn Selbstkenntnis und Reflexionskompetenz sind heute so wichtig wie nie zuvor. Im Übergang von einem Zeitalter zum anderen, der industriell-nationalstaatlich geprägten Welt zur digital-globalen Ära, werden wir über uns hinauswachsen müssen. Momentan ducken sich viele von uns weg und delegieren die Verantwortung an wenige Chefs, ob Wirtschaftsführer oder Politiker. Doch die Herausforderungen sind so groß, dass wir alle als Akteure gefordert sind.

Wir werden unsere Unternehmen und Organisationen jedoch nur dann erfolgreich gestalten können, wenn wir auch innerlich stabil und beweglich, verantwortungsbewusst und innovativ sind. Und ebenso werden wir die großen Krisen unserer Zeit wie Erderwärmung, soziale Ungleichheit und existenzielle Not nur bewältigen, wenn wir menschlich reifen und in unserem Bewusstsein wachsen. Wir kennen die sachlichen Antworten auf viele Probleme, sind aber nicht in der Lage, sie individuell und kollektiv umzusetzen. Wir fühlen uns überfordert und weite Bevölkerungsteile reagieren darauf mit Polarisierung und Fundamentalismen. Denn es besteht eine immer größer werdende Kluft zwischen der äußeren Welt und unserem inneren Erleben, und die kann nur durch einen menschlichen Reifungsprozess geschlossen werden. Wenn uns die Komplexität der Welt überwältigt, bedeutet das vor allem, dass unser Geist zu einfach gestrickt ist. Dann haben wir die Wahl: entweder die Komplexität im Außen zu reduzieren (gefährlich) oder als Menschen selbst komplexer zu werden.

Im Frühsommer 2020 erhielt ich eine E-Mail von einer Berliner Literaturagentin. Sie hatte ein Interview mit mir zu neuartigen Arbeitsformen in der Wochenzeitung DIE ZEIT gelesen und fragte an, ob ich Interesse hätte, ein Buch über meine persönliche Erfahrung mit neuen Führungsformen zu schreiben.

Wieso hatte ich mich im *betterplace lab* selbst entmachtet und eine radikale Selbstorganisation eingeführt? Wie war es für mich als Gründerin, Macht loszulassen und sie in die Hand von Mitarbeitern zu geben? Was genau verstand ich unter den verschiedenen „inneren Kompetenzen", die unsere Gesellschaft weder im Elternhaus noch in Schule und Ausbildung vermittelt, die aber für die Weiterentwicklung der Menschheit so wichtig sind? Wie sah mein Inner Work aus und was hatte ich dabei gelernt?

Ich las die E-Mail mit gemischten Gefühlen: Der Vorschlag, meine Entwicklung der letzten Jahre bewusst zu erforschen, sprach mich sofort an. Inner Work faszinierte mich und ich wollte gerne mehr Menschen an meinen Erfahrungen teilhaben lassen. Zugleich schreckte ich zurück. War es nicht exhibitionistisch und egozentrisch, mich in den Vordergrund zu stellen? War ich überhaupt in der Lage, Veränderungen in meinem Inneren so zu beschreiben und zu analysieren, dass andere daraus einen Sinn ziehen könnten?

In den nächsten Wochen diskutierte ich die Anfrage mit meiner Familie, mit Freunden und Kollegen. Die Reaktionen überraschten mich. Fast alle ermutigten mich, die letzten Jahre schreibend zu reflektieren und etliche betonten, dass sie mein Buch selbst gerne lesen würden.

Nun sind die Aussagen eines solch engen Kreises nicht die zuverlässigste Basis für ein öffentliches Projekt. Aber der Sommer 2020 stand vor der Tür, ein Sommer mitten in der Corona-Pandemie, die unser aller Leben auf den Kopf gestellt hat und uns zeigt, wie wichtig innere Stabilität und Resilienz sind. Mein Terminkalender stand kopf und ich spürte den Sog, tiefer in ein neues, spontan entstandenes Projekt einzutauchen.

Eines Sonntagmorgens setzte ich mich hin und zeichnete die ersten Linien einer großen Mindmap. Ich plottete Impulse, Schritte und Erkenntnisse, die auf meiner Reise hin zu einer selbstorganisierten Unternehmung in verschiedenen Dimensionen bedeutsam erschienen. Der Startpunkt war klar: ein zehntägiges Vipassana-Retreat im Herbst 2011, das einen Wendepunkt in meinem Leben markierte. Aber danach wurde es unübersichtlich. Meine eigenen Erfahrungen der letzten zehn Jahre in Retreats und therapeutischen Sessions, einschneidende Lebensetappen wie der Auszug meiner Kinder oder eine Krebserkrankung, wichtige Einflüsse durch Bücher - vieles vermischte sich mit den zeitgleichen Veränderungen in meinen Unternehmen, der Spendenplattform *betterplace.org* und dem digital-sozialen Think Tank *betterplace lab*.

Ein paar Stunden später stand ich vor einer unübersichtlichen Zeichnung. Eingekreiste Wörter und Sätze stießen auf Linien, Pfeile und Piktogramme. Was war mit wem verbunden? Was folgte auf was? Vor mir lag ein bunter Kuchen, der in verschiedene Stücke geschnitten werden konnte. Chronologisch oder thematisch? Mit der Transformation des *betterplace lab* im Mittelpunkt oder anhand meiner sehr subjektiven, persönlichen Reise? In der einen Minute erschien es mir möglich, beides, meine innere Arbeit der letzten zehn Jahre und den Organisationsprozess, anhand von einzelnen Schritten und wechselseitigen Beeinflussungen halbwegs kohärent zu beschreiben. Allzuoft jedoch fühlte ich mich von dem Anspruch erschlagen, zumal ich um die Grenzen meiner schriftstellerischen Kompetenz wusste.

Um im Labyrinth der Mindmap nicht zu versinken, rettete ich mich in die Struktur. Ich gruppierte mein Material rund um die inneren Kompetenzen, die wir im Laufe der Organisationsentwicklung im *betterplace lab* erforscht und uns peu à peu selbst angeeignet hatten. Ich wollte mit „Selbstkontakt“ und „Selbstreflexion“ anfangen, dann auf „Empathie“ und „transparente Kommunikation“ einschwenken und mit „Metareflexion“ und „Intuition“ enden. In dieser Fassung wäre es mir möglich gewesen, den Transformationsprozess aus der Vogelperspektive analytisch zu beschreiben. Mir gefiel, dass ich mich selbst in der Erzählung sogar zurücknehmen und statt über „mich“ und „ich“ mehr über „man“ und „wir“ schreiben könnte.

Mein Mann Stephan, den ich bat die Gliederung zu lesen, gab sie mir mit den Worten „Das will niemand von Dir hören“ zurück. Er fragte: „Was begeistert die Menschen, wenn Du einen Vortrag zu neuen Führungsformen hältst? Eine detaillierte Beschreibung von Zukunftskompetenzen oder Deine eigenen Erfahrungen als Mensch und Unternehmerin? Was möchtest Du Deinen Leserinnen in diesem Buch wirklich vermitteln?“

Die Antworten auf diese Fragen waren einfach: Bei Vorträgen spüre ich die meiste Resonanz im Publikum, wenn ich meinen persönlichen Weg beschreibe, meine ureigenen Gefechte und Erkenntnisse teile. Und ich weiß auch, was mich motiviert: Ich möchte andere Menschen ermutigen, sich nicht nur immer weiter selbst zu optimieren, um produktiver und „besser" zu werden, sondern sich ihrer inneren Erfahrungswelt zuzuwenden und dadurch sich und die Welt intensiver und tiefer zu fühlen. Denn dies ist meines Erachtens die Voraussetzung für sinnvolle Innovationen, gute Unternehmen und eine inklusive Politik.

„Trau Dich, Deinen eigenen Prozess zu beschreiben, so wie er sich für Dich entfaltet und wie Du ihn verstanden hast", lautete Stephans Rat. Und so entschied ich mich, meinen eigenen Entwicklungsweg in den Mittelpunkt zu stellen. In einer Mischung aus chronologischer und thematischer Darstellung versuche ich zu beschreiben, wie sich meine Sicht auf die Welt innerhalb einer Dekade veränderte. Wie es dazu kam, dass Werte wie Leistung und Produktivität, ehemals im Zentrum meines Lebens, an Bedeutung verloren und ein neuer Horizont auftauchte, der nach Stimmigkeit, Inklusion und Potenzialentfaltung strebt. Erst in den abschließenden Kapiteln verbinde ich diesen Perspektivwechsel mit der Transformation des *betterplace lab*.

Wer auf Introspektion, Meditationserfahrungen, Drogentrips (mit und ohne die eigenen Eltern) und kollektive Traumaarbeit keine Lust hat, hat entweder das falsche Buch in der Hand oder kann zum letzten Teil vorblättern und dort eine Essenz von Inner Work für neue Führungs- und Arbeitsformen finden.

Bevor es losgeht, ist mir noch eines wichtig: Jedes Inner Work sieht anders aus. Unterschiedliche Zugänge und Methoden ermöglichen jeweils andere Erfahrungen und Erkenntnisse. Deshalb sind meine Beschreibungen nur eine mögliche Spielart unter unzähligen anderen. Dennoch liegen vielen Inner Work Praktiken ähnliche Prämissen und Prinzipien zugrunde, weshalb ich im ganzen Text immer wieder kurze Definitionen eingefügt habe: Inner Work ist … Vielfalt.

Die Initialzündung

An einem kalten Novembertag im Jahre 2011 holt mich Jens, ein Freund aus Münchner Studientagen, mit seinem Auto in Berlin-Nikolassee ab. Jens ist Biochemiker und hat vor Kurzem sein Start-up für viel Geld verkauft. Jetzt widmet er sich hauptsächlich seiner Meditationspraxis. Gemeinsam fahren wir nach Triebel, einem kleinen Ort an der Grenze zwischen Thüringen und Bayern. Dort liegt das größte deutsche Vipassana-Zentrum, in dem auf ehrenamtlicher Basis Meditationsretreats angeboten werden. Das wenige, was ich über Vipassana und die nächsten zehn Tage weiß, habe ich von Jens, der mich durch die winterliche Landschaft fährt, und dem detaillierten Anmeldebogen, den ich ein paar Monate zuvor ausfüllen musste.

Mich erwartet ein strenger Tagesablauf, fast ununterbrochene Meditationen zwischen fünf Uhr früh und neun Uhr abends. Bei unserer Ankunft werden wir unsere Mobiltelefone und alle sonstigen Kommunikationsgeräte abgeben. Wir verpflichten uns während der gesamten Zeit weder zu sprechen, noch einander anzusehen. Wir werden nichts schreiben, nichts lesen und keinen Sport machen, sondern unsere ganze Aufmerksamkeit unserem Atem und der speziellen Meditationstechnik widmen, die S.N. Goenka, der burmesische Gründer des Vipassana-Stils, in der zweiten Hälfte des 20. Jahrhunderts entwickelt hat. Morgens und mittags gibt es etwas zu essen. Die letzte leichte Mahlzeit um 16:00 Uhr ist nur für Novizen wie mich bestimmt. Geleitet wird das Retreat von zwei Schülern Goenkas, die jedoch nicht mehr machen, als Gongs zu schlagen, organisatorische Anweisungen zu geben und im Falle besonderer Vorkommnisse oder Krisen den Teilnehmern für ein Einzelgespräch zur Verfügung zu stehen. Die richtigen Inhalte kommen vom Tonband, Aufnahmen von Goenka, in denen er uns sukzessive Stunde um Stunde in seine Meditationspraxis einführen wird.

Ich bin aufgekratzt und neugierig, aber auch ein bisschen angespannt. Jens erzählt, dass die ersten Tage für Novizen oft schwer sind, da viele, im Lebensalltag sorgsam verdrängte Themen hochsteigen und im Inneren wie in einem Dampfdruck-Kochtopf brodeln. Manche brechen das Retreat nach wenigen Tagen ab, andere haben bahnbrechende Erkenntnisse.

Nie zuvor habe ich mir eine so seltsame Auszeit genommen. Mein Leben ist prall gefüllt mit Arbeit, Familie und Freunden. Ich bin viel unterwegs, kaum eine Minute ist frei und wenn doch, greife ich immer schnell zu einem Buch, höre einen Podcast oder erledige noch eine E-Mail. Und jetzt lasse ich mich auf zehn Tage vollkommene Stille ein. Von hundert auf null. Wieso?

Ich bin Mitte vierzig und stehe mitten im Leben. Nach einer ersten Karriere als Kulturanthropologin und Autorin, in der ich einige erfolgreiche Bücher zur kulturellen Globalisierung schrieb und als Kolumnistin für die Wirtschaftszeitschrift *brand eins* arbeitete, war ich vor ein paar Jahren Sozialunternehmerin geworden und hatte mit Freunden *betterplace.org*, mittlerweile Deutschlands größte Spendenplattform, ins Leben gerufen. Vor einem Jahr war noch das *betterplace lab* hinzugekommen, ein Think Tank, in dem wir erforschten, wie digitale Technologien fürs Gemeinwohl genutzt werden können. Mich faszinierte die digitale Entwicklung, mein Wirkungskreis wurde immer größer und ich genoss die öffentliche Anerkennung, die mir zuteil wurde.

Aber nicht nur im Beruf geht es mir gut. Ich habe eine liebevolle, lebendige Familie. Mit meinem Mann Stephan bin ich seit meinen Studientagen, wie man so schön sagt, „glücklich verheiratet“. Unsere Kinder Lilian und Vico bilden das emotionale Fundament meines Lebens. Arbeit und Familie fließen untrennbar ineinander. Meine Kinder hatten mich während meiner journalistisch-wissenschaftlichen Laufbahn auf Forschungsreisen in die ganze Welt begleitet und später gemeinsam mit ihren Freunden *betterplace junior* begründet. *betterplace* Teams verbrachten regelmäßige Off-Sites in La Haute Carpenée, einem kleinen Weiler in Südfrankreich, der seit vielen Jahren unserer Familie gehört. Mit meiner Freundin Judith schrieb ich nebenbei an einem Kinderkrimi.

Was also brachte mich dazu, zehn Tage in ein Schweigeretreat zu gehen?

Die offensichtlichste Antwort lautet: meine vielen Krankheitsängste. Seit meinen frühen Zwanzigern litt ich unter Hypochondrie und wurde mal von latenten Sorgen, mal von regelrechten Panikattacken um meine Gesundheit und die meiner Familie verfolgt. Hatte meine Tochter Nasenbluten, sah ich sie an Leukämie sterben. Kam mein Sohn mit Kopfschmerzen aus der Schule, hörte ich den Arzt einen Hirntumor diagnostizieren. Verfolgte meinen Mann ein hartnäckiger Husten, war ich überzeugt, er habe Lungenkrebs. Schlief mein Fuß ein, konnte es sich eigentlich nur um die ersten Anzeichen von Multipler Sklerose handeln. Hatten diese existenziellen Ängste meine Zwanziger dominiert, so waren sie seit der Geburt meiner Kinder und meiner beruflichen Entwicklung etwas in den Hintergrund getreten. Aber noch viel zu oft besetzten sie weite Teile meines Wachbewusstseins und raubten mir den Seelenfrieden.

Meine Tochter Lilian hatte gerade Berlin verlassen, um in den USA zu studieren. Vico würde in zwei Jahren folgen. Mir war bewusst, wie zentral meine Kinder für mein Glück waren - und wie schwer mir der Abschied von ihnen fiel. Wenn das schönste und wichtigste in meinem Leben wegfällt, so fragte ich mich in den Monaten nach Lilians Abreise immer wieder, was wird dann seinen Platz einnehmen?

Noch mehr Arbeit? War ich nicht schon eine Workaholic, die fast unentwegt für *betterplace* unterwegs war und auch am Wochenende oder in den Ferien nicht wirklich entspannen konnte? Ja, ich liebte meine Tätigkeit und war stolz auf unsere Pionierarbeit, aber sie hatte auch etwas Zwanghaftes. Vor allem war ich alles andere als locker. Jedes Treffen, jeden Vortrag, jedes Interview bereitete ich gründlich vor. Ich litt unter Lampenfieber und hatte mehr als einmal auf der Bühne eine Panikattacke. Diszipliniert wie ich war, konnte ich sie halbwegs kaschieren. Aber vieles, was souverän aussah, war das Resultat harter Fleißarbeit. Wie gerne würde ich mehr in mir ruhen und spontan und differenziert meinen Beitrag leisten können!

Die wichtigste Triebfeder für dieses Schweige-Experiment war aber noch etwas anderes. Eine innere Unruhe und ein Getriebensein, die mich seit meiner Jugend begleiteten und dazu führten, dass ich selbst in glücklichen Phasen meines Lebens nicht ganz in mir verankert, bei mir selbst zu Hause war. Während ich als Anthropologin im chinesischen Sezuan forschte, dachte ich an die nächste Etappe in Sibirien. Als Unternehmerin hatte ich gerade ein Projekt aufgerissen, war aber innerlich schon mit einem anderen beschäftigt. Beim Restaurantbesuch mit Freunden konzipierte ich mit der Hälfte meiner Hirnwindungen den nächsten Blogpost.

So häufig verweilten meine Gedanken entweder in der Vergangenheit oder in der Zukunft. Die Gegenwart, das Jetzt, fühlte sich dagegen oft flüchtig und hohl an. Ich glitschte darüber hinweg, ohne wirklich zu landen. Als sei dies nur die Generalprobe für ein Leben, das in ganzer Fülle erst später stattfinden würde. Irgendwann mal, in der unbestimmten Zukunft.

Aber ich wusste auch: Dies ist NICHT die Generalprobe. DIES ist mein Leben. Und so war es letztendlich eine große Sehnsucht, mich in das Gewebe des Lebens hinein entspannen zu können, die mich ins Schweigeretreat führte.

Dies war nicht meine erste Begegnung mit Meditation. In meinen Zwanzigern hatten mich die Bücher von Ken Wilber fasziniert, dem amerikanischen transpersonalen Psychologen und Bewusstseinsforscher. Damals las ich auch Romane von Willem van de Wetering über seine Lehrzeit in japanischen Zen-Klöstern, studierte Alan Watts und David Bohm. Und es blieb nicht bei der Theorie. Stephan und ich besuchten Workshops bei Pir Vilayat Inayat Khan, einem eindrucksvollen Sufi-Meister und wenig später verbrachte ich eine Woche meditierend in Plum Village, dem südfranzösischen Retreat Center des vietnamesischen Aktivisten und Mönchs Thich Nhat Hanh. 1989, während eines Jahres in Berkeley, lernte ich einen bunten Strauß von New Age Praktiken kennen, von Rebirthing bis Aura-Soma-Therapie. In Kalifornien fingen Stephan und ich Tai-Chi an und absolvierten wieder zurück in München eine mehrjährige Chigong Ausbildung. Doch diese sporadischen Exkursionen in den Bereich der Spiritualität hinterließen bei mir keinen nachhaltigen Eindruck. Ich war frustriert: Aus der Literatur wusste ich von faszinierenden Bewusstseinszuständen, energetischen Phänomenen und überwältigenden Einheitserfahrungen, doch meine bisherige Praxis hatte nichts dergleichen hervorgebracht.

In den nächsten Jahren, mit kleinen Kindern und dem Aufbau meiner beruflichen Identität, nahm ich mir für Bewusstseinsarbeit wenig Zeit. Zwar machte ich, mittlerweile in Berlin lebend, eine Gestalt-Therapie, las auch weiterhin die neuesten Bücher von Ken Wilber und versuchte mich kurzzeitig in der Zen Meditation. Spiritualität war damals eher ein touristisches Vergnügen: Als Familie besuchten wir in Bhutan viele Tempel oder verbrachten meinen vierzigsten Geburtstag in Mar Musa, einem Kloster aus dem 11. Jahrhundert in der syrischen Wüste.

Erst jetzt, konfrontiert mit dem Weggang unserer Kinder, erwachte mein Interesse an Metaphysik neu. Diesmal wollte ich es genau wissen: Was war dran an diesen kontemplativen Praktiken? Konnten sie mein Bewusstsein nachhaltig beeinflussen und die Filter, durch die ich die Welt sah, verändern? Gab es jenseits meiner aktuellen Arbeit noch andere Tätigkeiten, die näher an meinem Purpose, meiner Bestimmung, waren? Dies waren die Fragen, die mich auf der Fahrt zum Vipassana, der Extremsportart unter den Meditationsformen, beschäftigten.

Die erste Überraschung erwartet mich schon kurz nach meiner Ankunft im Retreatzentrum. Nach der Registrierung und einem knappen Einführungsvortrag werden wir aufgefordert, ab sofort nicht mehr zu sprechen und jeden Blickkontakt zu vermeiden. Erstaunt bemerke ich, wie sich mein ganzer Körper senkt und entspannt. Halte ich mich sonst wirklich so fest? Ich atme tief aus und freue mich: Beim Beziehen des Dreibettzimmers muss ich mit meinen

Mitbewohnerinnen keinen Kennenlern-Smalltalk halten. Beim Essen im Speisesaal verlangt niemand von mir einen gehaltvollen Beitrag. Im Waschraum, auf dem Gang oder beim Eintritt in die große Meditationshalle kann ich für mich und bei mir bleiben. Ich bin verwundert: Wer hätte gedacht, dass mich andere Menschen stressen? Bin ich nicht ein offener Typ, immer von vielen Menschen umgeben und dabei „easy going"? Aber offenbar setzen mich soziale Kontakte, die vermeintlichen Anforderungen anderer kontinuierlich unter einen gewissen Druck, der mir so normal erscheint, dass ich ihn vorher nie hätte benennen können. Ein Druck, der mir erst bewusst wird, als die Aussicht auf zehn Tage minutiös durchgetaktetes Alleinsein mir ein großes Lächeln ins Gesicht zaubert.

Der rigide Tagesablauf und Rückzug fallen mir erstaunlich leicht. Ich nehme die Regeln so ernst, dass ich bis zum Ende des Retreats nicht weiß, wie die beiden Frauen in meinem Zimmer aussehen, welche Haarfarbe sie haben oder wie alt sie sind. Und das, obwohl eine von ihnen fast jede Nacht im Bett mal leiser, mal lauter weint.

Um fünf Uhr ertönt der Morgen-Gong. Es folgen zwei Stunden Meditation in der großen Halle. Männer und Frauen streng getrennt, jeder an seinem fest zugeteilten Sitzplatz. Nach dem wärmenden Frühstück aus Brei und Obst gehe ich auf mein Zimmer und schlafe noch eine halbe Stunde. Im weiteren Tagesablauf lösen sich ein- oder zweistündige Meditation mit Geh-Meditationen im Garten ab. Abends sehen wir uns Videoaufzeichnungen von S.N. Goenkas Teachings an, in denen er das tagsüber Praktizierte in einen größeren kosmologischen Kontext einbettet.

Zehn Stunden verbringen wir meditierend in der großen Halle. Wir lernen die typische Vipassana-Meditation und werden dabei vom Guru selbst angeleitet. Seine gleichmäßige, melodische Stimme kommt aus den Lautsprechern vom Band. Stundenlang richten wir unsere Aufmerksamkeit auf den leichten Luftzug, der beim Ein- und Ausatmen an unseren Nasenflügeln entsteht. Auf die kleinen Empfindungen entlang der inneren Nasenwände. Kalte Luft, warme Luft. Ausbreiten, einfalten. Später in der Woche weiten wir unsere Aufmerksamkeit auf den ganzen Körper aus und lernen den für Vipassana typischen Bodyscan, bei dem die Meditierende ihre ganze Aufmerksamkeit auf subtile Bewegungen - prickeln, fließen, pulsieren - richtet und jedes Körperteil nacheinander vom Scheitel bis zur Fußsohle beobachtet. Jede Mikrobewegung soll ohne Wertung, mit absoluter Gleichgültigkeit beobachtet werden. Inner Work, so lerne ich, bedeutet meine Aufmerksamkeit so zu verfeinern, dass ich subtilste Empfindungen mit großem Gleichmut wahrnehme.

Die Anweisungen sind einfach und präzise. Mir gefällt Goenkas wiederholte Aufforderung, nur das anzuerkennen, was wir selbst empirisch erfahren. Vipassana, so Goenka, ist keine religiöse Praxis, sondern eine wissenschaftliche Technik, die jeder erlernen kann. Vipassana bedeutet, die Dinge so zu sehen, wie sie sind.

Diese Haltung entspannt mich sehr. Dass ich in den letzten Jahren keinem spirituellen Pfad gefolgt bin, hängt auch mit meinem ausgeprägten Bullshit-Detektor zusammen, der immer ausschlägt, wenn spirituelle Lehrer geistige und intellektuelle Leistungen in ihren Lehren nicht integrieren, sondern abwerten. Ich sehne mich nach einer Spiritualität, die rationale Erkenntnisse wertschätzt und zugleich einen Weg über sie hinaus - ins Transrationale - weist. Mein eigener Beitrag zum Leben ist in großen Teilen ein intellektuell-konzeptioneller und ich schätze, ja liebe, die menschliche Fähigkeit, Gesetzmäßigkeiten und Dynamiken unseres komplexen Universums zu erforschen. Mich faszinieren bahnbrechende Erkenntnisse in den Naturwissenschaften ebenso wie die Fähigkeit von Kulturwissenschaftlern, gesellschaftliche Muster zu entschlüsseln. Meine eigene Bibliothek umfasst viele Hunderte von Sachbüchern. Zugleich sehe ich die Grenzen der wissenschaftlichen Perspektive. Spüre, wie sie meine Sehnsucht nach tieferen Schichten der Lebenserfahrung nicht befriedigt, sondern das Numinose und Innerliche, Bewusstsein und Schöpfung auf chemische Prozesse reduziert oder ganz ignoriert. Vipassana schaffte es unter anderem durch mein strenges Screening, weil Jens, der mich hierher mitnahm, ein ernsthafter naturwissenschaftlicher und gestandener Unternehmer ist und nicht auf pastellfarbenen Meditationskissen umherschwebt.

Also sitze ich auf meinem Kissen und beobachte den Luftzug beim Aus- und Einatmen an meinen Nasenflügeln. Ich spüre den kleinen energetischen Pulsen in meinem Körper nach und wandere ihn Schritt für Schritt ab, von den Zehen bis zur Kopfkrone und wieder zurück. Meine Körperaufmerksamkeit ringt mit meinen Gedanken, die immer wieder die Steuerung übernehmen wollen. So schweife ich ab, um nach einigen Minuten wieder zu meiner Körperwahrnehmung zurückzukommen. Ich bin dankbar, dass ich mit der ungewohnten Sitzhaltung gut klar komme und ohne Schmerzen lange still im Schneider- oder Fersensitz verweilen kann. Ebenso dankbar bin ich in diesen ersten Tagen dafür, dass meine Gedanken mich nicht überwältigen, keine Ängste und Sorgen mich verfolgen. Scheinbar habe ich einen guten Zeitpunkt für das Retreat gewählt: Ich wähne meine Kinder, meinen Mann, mein *betterplace* Team in Sicherheit. Es gibt keine großen Lebensfragen zu klären, keine zentrale Weichenstellung zu navigieren. Und so können die unzähligen Gedanken durch mich hindurchziehen, ohne allzu lange hängen zu bleiben.

Am Morgen des dritten Tages merke ich, wie sich mein Selbstgefühl verändert. Als wäre ich in eine Katakombe meines Selbst gefallen. Hier ist es dunkler, feuchter und viel stiller als gewöhnlich. Nicht unangenehm, nur deutlich anders und definitiv sehr interessant. Je länger es mir gelingt, bei meinem Atem und den Körperwahrnehmungen zu bleiben, desto bewusster wird mir, wie wirr und diffus meine Gedankenwelt ist. Mir scheint, als würde sich eine Schicht wie ein Abziehblatt von mir lösen und ich könnte dieses beobachten. Das ist also das „Zeugenbewusstsein", von dem so viele spirituelle Lehrer sprechen! Der Beobachterposten, von dem aus ich meine eigenen Gedanken und Empfindungen betrachten kann, ohne mit ihnen völlig identifiziert zu sein.

Am Nachmittag gerate ich während des Sitzens in einen noch stilleren Raum, der sich immer weiter senkt und ausbreitet. Kaum werde ich seiner gewahr, versteife ich mich auch schon wieder und denke „Jetzt geschieht was Spannendes. Oh bitte, lass mich was Spannendes erleben!" Woraufhin der Zustand wie eine Seifenblase zerplatzt und ich die nächsten Stunden unkonzentriert auf dem Kissen sitze und alle paar Minuten die Augenlider verschämt einen Schlitz weit öffne, um dem Uhrzeiger auf seinem quälend langsamen Weg zur vollen Stunde zu folgen.

Ungefähr zur Halbzeit des Retreats, passiert wieder etwas Überraschendes: Mit einem Mal verlangsamt sich mein ganzer Wahrnehmungsapparat. In mir und außen ist alles still und leer. Ich warte darauf, dass mein unruhiger Gedankenfluss meine Aufmerksamkeit wieder kolonisiert. Aber alle Wörter ziehen im Zeitlupentempo vorbei. Eines nach dem anderen, sauber aneinander aufgereiht wie Perlen auf einer Schnur. Auch alle anderen Wahrnehmungen sind verschwunden. Im Hintergrund jubiliert etwas: Das ist einer der fantastischsten Zustände, die ich jemals erlebt habe! Ich sitze inmitten einer Schneekugel, in der alle Flocken fein und ruhig auf dem Boden liegen und ich einfach nur Frieden spüre! Im Kontrast sehe ich nochmals deutlicher, wie vielstimmig, chaotisch und wirr meine normale Gedankenwelt ist. Diesen Zustand will ich halten. Unbedingt. Beim Gong zum Ende der Stunde bleibe ich sitzen. Erst zum Mittagessen traue ich mich aufzustehen. Doch selbst im Esssaal bleibe ich in dem gleichen stillen, tiefen Raum. Ich fange an zu experimentieren: Wie sieht die Natur vor meinem Fenster von dieser Warte aus? Wie schmeckt der Dhal und was kann ich von meinem Tischnachbarn wahrnehmen?

Die Stille hat etwas Magnetisches. Wie ein ganz langsam schlagendes Metronom. Alles in mir und um mich herum ist viel, viel langsamer und ruhiger. Wieso bin ich sonst so schnell? Spreche schnell, laufe schnell, lese schnell? Vielleicht ist schnell gar nicht „mein" Tempo?

Während ich vom Speisesaal zurück ins Schlafzimmer gehe, ist mir, als würde ich nicht selbst gehen, sondern würde gegangen. Nicht mal halb, nein, nur ein Viertel so schnell wie gewöhnlich. Ich fühle mich von etwas Unpersönlichem geführt, als wäre ich Teil eines großen physikalischen Energiestroms.

Die folgende Nacht verbringe ich in einem luziden Zustand. Statt zu schlafen, tauche ich in verschiedene Traumwelten ein, die ich fokussiert beobachten kann. Als um fünf Uhr der Morgen-Gong ertönt, hat sich mein Zustand aufgelöst. Schnell eile ich unter die Dusche und dann in die Meditationshalle. Vielleicht kann ich ja wieder in diesen fantastischen, magnetischen Raum hineingleiten? Ich werde zum Erlebnis-Junkie: Die letzten vierundzwanzig Stunden waren so großes inneres Kino, davon will ich mehr. Doch als wollten sie mich verhöhnen, sind meine Gedanken besonders wild und konfus. Auch körperlich bin ich unruhig, meine Beine verkrampfen sich und schlafen ein. Jetzt sehne ich nur noch das Ende der Meditationsstunde herbei.

Mehrmals steigen Gefühle in mir auf, die wie eine Welle zuerst leicht ansteigen, bevor sie sich dammbruchartig den Weg durch mein ganzes Nervensystem bahnen. Während einer Gehmeditation spiele ich mit zwei glatten dunklen Steinen in meiner Manteltasche. Ich hatte sie einen Monat zuvor am Strand von Manzanita aufgesammelt, einem kleinen Dorf an der Pazifikküste von Oregon, wo ich mit Lilian und Vico ein paar Tage verbrachte. Während ich im Garten auf und ab gehe und die Steine aneinander reibe, erscheinen meine Kinder vor mir. Jede Zelle meines Körpers ist mit ihnen verwoben. Lilian und Vico, sie geben meinem Leben Halt und Form. Diese Erkenntnis taucht nicht im Kopf, sondern in meinem ganzen Körper auf. Sie haben mir geholfen der Mensch zu werden, der ich heute bin. Von der Welle überwältigt, fange ich an zu weinen. Eine weitere intensive Erfahrung mache ich kurz bevor wir das Schweigen brechen. Mitten in einem Bodyscan richtet sich meine Wahrnehmung auf eine Stelle über meinem Bauchnabel. Dort regt sich etwas und explodiert im nächsten Moment mit voller Kraft. Ausgehend von dieser Stelle, später lerne ich, dass es der Solarplexus ist, durchflutet eine warme, pulsierende Energie meinen ganzen Körper. Es fühlt sich fantastisch an, so lebendig und wach, eng mit der Welt verbunden, dass ich am liebsten laut aufjauchzen möchte.

Auf der Rückfahrt nach Berlin schäume ich über vor Energie und guter Laune. Im Detail berichte ich Jens, den ich während des ganzen Retreats nicht gesehen habe, von meinen sensationellen Erfahrungen. In der Rückschau decken sich einige davon mit Erlebnissen, die ich in den nächsten Jahren vertiefen und verfeinern sollte: Das, was ich bislang für „die Realität" gehalten habe, ist nur eine Ebene von vielen. Neben den materiellen, emotionalen und rationalen Schichten gibt es eine subtile energetische Welt. Es gibt sehr spezielle Zustände, darunter das Gefühl von weitem Raum sowie eine magnetische Präsenz, bei der das Ego völlig in den Hintergrund rückt. Mein Verstand ist nur ein Erkenntnisinstrument, daneben gibt es noch wesentlich direktere Zugänge zu tieferen Wahrheiten. Inner Work, das ist ganz offensichtlich ganz großes Theater! Innerhalb von nur zehn Tagen hatte ich andere Bewusstseinszustände und subtile Energien entdeckt, die meiner bisherigen Wahrnehmung nicht zugänglich gewesen waren. Mir war klar, da musste noch viel mehr zu entdecken sein! Meditation war kein New Age Humbug, sondern wirkte. Das Tor zu einer neuen Welt stand offen.

Ein Sabbat-Mahl in Berlin

Ein paar Wochen später steigen Stephan und ich ins oberste Stockwerk eines Altbaus in der Oranienburger Straße in Berlin-Mitte. Das Haus steht direkt neben der maurisch anmutenden großen Neuen Synagoge mit ihrer goldenen Kuppel. Ich frage mich, wieso Stephan so nervös ist. Das ist ungewohnt und rührt mich. Dieses Treffen scheint ihm viel zu bedeuten. Oben angekommen geht die Tür auf und Thomas, ein großer schlaksiger Mann um die Vierzig, die langen dunklen Haare im Pferdeschwanz zusammengebunden, begrüßt uns.

Innen duftet es nach Kräutern, Fisch und Gemüse. Eine attraktive Frau mit langem, dunkel glänzendem Haar zündet die Menorah auf dem Esstisch an, bevor sie Stephan und mich umarmt. Yehudit ist Thomas Frau und eine bekannte israelische Künstlerin. Schon nach wenigen Augenblicken ist klar: Wir verstehen uns. Mich fasziniert ihre schnelle, lebhafte Art. Sie scheint mich auch schon zu kennen, jedenfalls stößt sie Thomas an und sagt: „Sie ist genauso wie auf dem YouTube Video!" Was, denke ich, die beiden haben sich Videos von mir angesehen?

Thomas holt das Essen aus der Küche und schenkt Wein aus. Nimmt er sich auch ein Glas? Trinken spirituelle Lehrer Alkohol? Offenbar nur um mit uns anzustoßen, nachdem Yehudit das Sabbatgebet gesprochen und uns reihum gesegnet hat. Dazu stellt sie sich jeweils hinter unseren Stuhl, legt die Hände auf den Kopf und rezitiert mit voller, tiefer Stimme auf Hebräisch den Kiddusch, den Segensspruch, mit dem das Sabbatmahl eingeläutet wird. Dies ist mein erster Sabbat, aber ich fühle mich wohl und zugehörig.

Dass wir bei Thomas Hübl, einem spirituellen Lehrer, der in meinem Leben noch eine wesentliche Rolle spielen sollte, und Yehudit Sasportas zum Sabbatmahl eingeladen waren, habe ich Frank-Walter Steinmeier zu verdanken. 2009 war ich im Tross des damaligen Außenministers eine Woche in Südostasien unterwegs. Als eine von zwei Frauen und einzige Sozialunternehmerin unter dreißig Wirtschaftsführern besuchten wir mit einem Regierungsflugzeug Jakarta, Singapur, Hanoi und Ho-Chi-Minh-Stadt. In Jakarta diskutierte ich mit Steinmeier und hochrangigen religiösen Würdenträgern über Radikalisierungstendenzen im Islam, Hinduismus und Christentum. Im Hanoier Goethe Institut trafen wir vietnamesische Künstler und in Ho-Chi-Minh-Stadt bekamen wir eine Führung durch die dortige Metro-Zentrale und erfuhren alles über den Handel mit Pangasius Fischen.

Zusätzlich zum offiziellen Programm besuchte ich an jeder Station eine für *betterplace.org* relevante NGO. Wir hatten die Spendenplattform zwei Jahre zuvor in Berlin gegründet und ich war damals für die sozialen Projekte auf der Plattform verantwortlich. Der Staatsbesuch war wie geschaffen dafür, interessante südostasiatische Sozialprojekte zu scouten. Eine Organisation, die mich besonders interessierte, war die *WTO* in Singapur. Als ich den ebenfalls im Minister-Tross mitreisenden Journalisten von meinem bevorstehenden Treffen mit „der WTO" erzählte, waren sie perplex. Seit wann saß die *World Trade Organization* in Singapur? Genau das war die Reaktion, die Jack Sim, Gründer der *WTO*, erzielen wollte. Nur dass WTO in diesem Fall nicht die Abkürzung für die Welthandelsorganisation war, sondern für die *World Toilet Organization*. Jack, ein gewitzter Marketingexperte, hatte seiner NGO diesen Namen gegeben, um Aufmerksamkeit für die 2,9 Milliarden Menschen weltweit zu erzeugen, die keinen Zugang zu sicherem Trinkwasser und Sanitäranlagen hatten.

Den Journalisten gefiel der Gag und so besuchten wir zusammen das Headquarter der *WTO* in einem kleinen Bungalow unweit der Innenstadt. Jack war von *betterplace* begeistert und an diesem Nachmittag, während Frank-Walter Steinmeier den legendären ehemaligen Premierminister Singapurs, Lee Kuan Yew, traf, skizzierten wir die Idee eines gemeinsamen Projekts. Wir wollten deutsche Unternehmen dafür gewinnen, zusammen mit *betterplace* und der *WTO* innovative Toilettenanlagen für die Nutzung in den großen Slums Asiens zu entwickeln.

Auf Reisen wie diesen entsteht nach einigen Tagen eine Atmosphäre, die an eine Klassenfahrt erinnert. Plötzlich führte ich mit Wirtschaftsbossen intensive Diskussionen über Sozialunternehmertum, Internetplattformen und ja, Toiletten. So kam es, dass mir einer meiner Mitreisenden, Vorstandsvorsitzender eines großen Energiekonzerns, nach unserer Rückkehr nach Berlin den Inhaber eines Unternehmens für Außenwerbung vorstellte. Als Betreiber öffentlicher Toiletten unterhielt die Firma auch ein Innovationslabor für Sanitärlösungen. Und das wollte ich mit der *WTO* zusammenbringen. Der kreative Input für neuartige Slum-Toiletten sollte wiederum von Studenten meines Freundes Axel Kufus kommen, der als Professor für Industriedesign an der Universität der Künste in Berlin immer an ungewöhnlichen Projekten interessiert war. Schon wenig später hatten wir ein kleines Projektteam zusammengestellt. Die Leitung übernahm Noa Lerner, eine junge israelische Design-Studentin. Über die gemeinsame Projektlaufzeit, an dessen Ende ein Sozialunternehmen namens X-runner stand, freundeten Noa, mein Mann Stephan und ich uns an.

Eines Tages rief Noa mich an. „Ich möchte Dir einen spannenden Typen vorstellen. Er heißt Thomas Hübl und ist der Mann der israelischen Künstlerin, in deren Studio ich arbeite. Ein ungewöhnlicher Mann, Mystiker und spiritueller Lehrer, aber auch intellektuell hochspannend. Ich glaube, ihr würdet euch gut verstehen." Noch während sie sprach, gab ich „Thomas Hübl" in meinen Browser ein. Oh nein, das war eine schreckliche Website. Visuell stammte sie aus der digitalen Steinzeit und die Beschreibungen waren unangenehm gefühlig und esoterisch. Aber Nein-Sagen fällt mir schwer und so nannte ich Noa zwei Zeitfenster, während derer Thomas bei mir vorbeischauen könnte.

Doch unsere Begegnung kam nicht zustande und so wandte sich Noa an Stephan und lud ihn zu einem Treffen mit Thomas Hübl ein. Da mein Mann meist offener ist als ich, trafen sich beide noch in der gleichen Woche im Beth Café in der Tucholskystraße.

Frank-Walter Steinmeier, Jack Sim, Noa Lerner, Thomas Hübl. Was für eine Beziehungsleiter!

Das Treffen zwischen Stephan und Thomas war der Beginn einer engen Freundschaft. In den nächsten Wochen erzählte mir Stephan immer wieder von diesem ungewöhnlichen Österreicher, der als junger Mann sein Medizinstudium in Wien abgebrochen hatte, um sich für einige Jahre ausschließlich dem Studium der Mystik hinzugeben. Während dieser Zeit hatte Thomas offenbar tiefe Erkenntnisse gewonnen und Bewusstseinsöffnungen erfahren, die nach seiner Rückkehr eine wachsende Zahl von Schülern anzog. Mittlerweile war er in ganz Deutschland, zunehmend aber auch international tätig. Bald eröffnete mir mein Mann, er wolle bei Thomas eine dreijährige Ausbildung in Inner Work, das *Timeless Wisdom Training*, kurz TWT genannt, machen.

Zu diesem Zeitpunkt drehte sich mein Leben fast ausschließlich um *betterplace*. Für Timeless Wisdom, mehrwöchige Retreats und tägliche Meditationen hatte ich keinen Platz. Ich freute mich für Stephan, den die Freundschaft mit Thomas sichtlich inspirierte und der von jedem Retreat geradezu elektrisiert zurückkam. Indirekt schien ich auch zu profitieren, denn Stephan sprach unerschrockener als je zuvor vernachlässigte Beziehungsdynamiken an und legte Konflikte zwischen uns, die ich gerne unter den Tisch kehrte, obenauf.

Allerdings befremdeten mich die Menschen, die Stephan rund um Thomas kennenlernte. Plötzlich saßen Leute in bunten Pluderhosen in unserer Küche und redeten mit meinem Mann in einer seltsamen Sprache. Sie nannte ihre Gemeinschaft „das Feld" und warteten auf „Impulse". Sie verwendeten viele Substantive und sagten: „Dazu habe ich kein klares Ja", "Da ist eine große Dankbarkeit", „Ich möchte meine Wut mit Dir in Kontakt bringen" oder „Das macht viel Resonanz". Ihre Diskussionen kreisten um Themen, die mir fremd waren: um „Energie", „Schatten" und „Kohärenz", „Raum", „Licht" und „Trauma". Wenn sie nicht sprachen, sahen sie sich über lange Zeiträume tief in die Augen und umarmten sich ausgiebig.

Es war einfach, sich über diese neuen Freunde meines Mannes lustig zu machen und meine Kinder und ich hatten dementsprechend unseren Spaß.

Thomas selbst, so merkte ich bei dem ersten gemeinsamen Treffen, war ohne diese Manierismen. Ich konnte Stephans Begeisterung verstehen. Unsere Unterhaltung war lebhaft und kein bisschen aus der Konserve. Yehudit und Thomas waren frisch und inspirierend. Statt Smalltalk gingen sie gleich zur Sache. Es war offensichtlich, dass sie Stephan ins Herz geschlossen hatten und jetzt auch mich kennenlernen wollten. Sie hatten von meinem Vipassana-Retreat gehört; Wie war es mir da ergangen? Welche Erfahrungen hatte ich gemacht? Auch zu *betterplace* stellten sie viele Fragen. Wir sprachen über die Berliner Kunstszene und Yehudits Aufwachsen in einer jüdisch-orthodoxen Familie. Wir diskutierten Ken Wilbers Prä-Trans-Verwechslung, ein Konzept, das beschreibt, wie viele New Age Praktizierende evolutionsgeschichtlich frühe und undifferenzierte spirituelle Zugänge mit späteren, transrationalen Perspektiven verwechseln. Mir gefiel die Selbstironie, mit der Thomas manche Praktiken und Gewohnheiten spiritueller Gemeinschaften, auch seiner eigenen, beleuchtete.

Lange hatte ich einen Abend nicht mehr so genossen. Dies war keine der Begegnungen, die ich gerne etwas abfällig „befreundete Ehepaare laden einander zum Abendessen ein" nannte und bei denen Menschen ihre konventionellen Sprachspiele herunterleiern. Stattdessen fühlte ich mich erfüllt und sehr inspiriert.

Auf der Fahrt zurück nach Hause wurde mir klar, dass ich die letzten Stunden weder an Zurückliegendes gedacht, noch mich mit dem Morgen beschäftigt hatte. Mit Thomas und Yehudit war ich vollkommen in der Gegenwart verankert. Auch die Stimmung zwischen Stephan und mir hatte sich verändert. Sie war offener und zugewandter als sonst.

„Ich hatte das Gefühl, Du warst zu Beginn des heutigen Abends richtig aufgeregt. Wieso eigentlich?“ fragte ich. „Ja, stimmt,“ erwiderte Stephan und sah mich von der Seite an. „Thomas ist mir wirklich wichtig und ich hatte Angst, Du könntest das nicht nachvollziehen. Mir lag sehr viel daran, dass ihr euch kennenlernt und mögt.“ „Ich mag ihn und bin auch von Yehudit total beeindruckt.“ Und nach einer kleinen Pause fügte ich hinzu: „Ich glaube, ich werde mich fürs nächste *Timeless Wisdom Training* anmelden.“

Timeless Wisdom Training

Im Frühjahr 2012 schreibe ich in mein Notizbuch: „Ich mache das *Timeless Wisdom Training* nicht, weil ich vor Schmerz weglaufen möchte, sondern weil mich etwas Neues zieht."

Ich fahre mit der Bahn von Berlin nach Gut Oberlethe, einem Seminarhaus unweit von Oldenburg. Hier findet der erste Workshop des *Timeless Wisdom Training* statt. Der Kickoff von einer insgesamt dreijährigen Ausbildung in „Inner Science" - transparente Kommunikation, Kontemplation und Mystik mit Thomas Hübl. Für diese Ausbildung würde ich jeweils vier Wochen übers Jahr verteilt nach Oberlethe anreisen. Zum Abschluss der drei Jahre erwartet uns ein dreiwöchiges Schweigeretreat in Nepal.

Heute weiß ich, dass der Eintrag in meinem Notizbuch nur halb stimmt. Ja, ich war neugierig auf das, was mich erwartete. Aber es gab auch Aspekte meines Lebens, mit denen ich unzufrieden und unglücklich war. Nur fiel es mir damals schwer, dies wirklich einzugestehen. Blättere ich jetzt in meinen Notizbüchern, in denen sich Berufliches und Privates stets vermischt, fällt mir auf, wie oft ich mir selbst Pep-Talks gab, positive Botschaften, um mich aufzubauen und mein Selbstbewusstsein zu stärken. Die Grenze zwischen meinen wirklichen Empfindungen und diesen Autosuggestionen war diffus. Und so überrascht es nicht, dass ich mir im nächsten Satz auch gleich widerspreche und aufliste, was neben Neugier der Antriebsmotor für meine spirituelle Suche war.

Da steht:

- Panik bei öffentlichen Auftritten. „Der Kaiser hat ja gar nichts an!"
- Angst vor Krankheit, Älterwerden und Tod.
- Starke Identität über Leistung. Haus ohne Kinder - noch mehr Arbeit?
- Beziehung zu Stephan: „Gut genug", aber mit blinden Flecken und Stillstand.

Weiter schrieb ich: „Seit dem Ausbruch meiner Hypochondrie und meinen Todesängsten mit Anfang zwanzig habe ich mir immer vorgenommen, mich „in guten Zeiten“ auf „schlechte Zeiten“ vorzubereiten. Jetzt ist vieles in meinem Leben so gut, wie ich es als Teenager und junge Erwachsene nie für möglich gehalten hätte. Jetzt ist eine gute Zeit, um mir das Leben tiefer anzuschauen.“

Hof Oberlethe liegt idyllisch eingebettet von Maisfeldern, Pferdekoppeln und Wäldern. Die Dächer der verschiedenen Gebäude sind mit Reet gedeckt und auf dem Hof laufen Pfauenmännchen herum, die ihre betörenden Räder schlagen und schrille Schreie ausstoßen. Die fernöstlichen Neigungen des Besitzers schlagen sich in einem Seerosen-Teich, Buddha-Skulpturen und einem großen, hellen Gruppenraum namens TAO nieder. Thomas hat auf Hof Oberlethe eine Wohnung und die meisten seiner Workshops und Trainings ebenso wie das jährliche große *Celebrate Life* Sommerfestival finden hier statt.

Als ich mit dem Taxi vom Oldenburger Bahnhof auf dem Hof einfahre, begleitet mich eine Mischung aus Freude und Zurückhaltung. Freude über die Aussicht, mich selbst in einer Umgebung, in der mich niemand kennt, neu zu erfahren. Zurückhaltung, da mich einhundertvierzig andere Menschen erwarten, die ich mir nicht selbst ausgesucht habe und die wahrscheinlich ziemlich anders drauf sind als ich. Die Bestätigung für Letztes finde ich kurz nach meiner Ankunft: Als ich vorm Betreten des Gruppenraums meine Prada Stiefel ausziehe, wirken sie wie ein einsamer Fremdkörper in einem Meer von Gesundheitslatschen und ausgetretenen Turnschuhen.

„Nimm Dir ein paar Minuten Zeit, um hier im Raum anzukommen und höre in Dich hinein. Wie geht es Dir im Körper? Wo spürst Du ihn? Wo ist er lebendig? Wo bemerkst Du ein Kribbeln oder ein Fließen? Welche Stellen sind Dir nur schwer zugänglich?

Wie geht es Dir emotional? Nimmst Du bestimmte Gefühle wahr? Wenn ja, wie tauchen sie auf? Als Bild? Als Gedanke? Als energetische Bewegung? In einem bestimmten Körperteil? Oder kannst Du gerade gar nichts Konkretes finden und fühlst Dich eher taub?

Was geht in Deinem Geist vor? Ist er unruhig und denkst Du viel? Ist er ruhig und entspannt?“

Es ist der erste Morgen des Retreats. Einhundertvierzig Menschen sitzen im Halbkreis im Gruppenraum, dem TAO, die meisten auf dunkelroten Meditationskissen. Die anderen Teilnehmer haben sich auf zwei Stuhlreihen im Halbkreis dahinter verteilt. An der offenen Seite des Halbkreises, auf einem Sofa, sitzt Thomas in Jeans und Sweatshirt und leitet uns durch eine erste Aufmerksamkeitsübung.

Ich versuche mich auf allen drei Ebenen, die er anspricht, wahrzunehmen, Körper, Gefühle und Geist. Der Körper erscheint mir leicht: Ich sitze entspannt auf dem grünsamtenen Meditationskissen, das ich mir von zu Hause mitgebracht habe. Dann versuche ich mich mit meinen Gefühlen zu verbinden. Sind da überhaupt welche? Eigentlich geht es mir ganz gut. Aber „ganz gut" ist wahrscheinlich kein richtiges Gefühl. Der Status meines Geistes ist dagegen wieder leicht zu erfassen: Unruhig und abgebrochen flirren meine Gedanken im Kopf umher.

Dann stellt Thomas eine seltsame Frage, die er jeden Morgen wiederholen wird.

„Jetzt wandert mit der Aufmerksamkeit von euch zur Gruppe. Wie fühlt sich die Gruppe an?"

Wie soll ich das denn bitte schön machen? Ich schließe die Augen und versuche in den Raum hinein zu spüren. Ist da ein Signal, das ich aufschnappen kann? Ich kann mir den Zustand der Gruppe nur denken: Wahrscheinlich sind viele aufgeregt, andere genießen es und wieder andere machen sich gleich Druck, dass sie jetzt etwas machen sollen, was sie nicht können. So wie ich. Nach ein paar weiteren Minuten fragt Thomas: „Wer möchte seine Eindrücke mit uns teilen?"

Ein paar Finger gehen hoch. Thomas nimmt eine junge Frau dran. Sie bekommt ein Handmikrofon. Da wir eine internationale Gruppe sind, läuft alles über Mikrofone und wird simultan ins Deutsche oder Englische übersetzt.

Die Frau erzählt etwas von „hohen Schwingungen" und einem blauen Licht, das sie in der Gruppe sieht. Bullshit, denke ich. Das bildet die sich bestimmt nur ein. Andere kommen zu Wort, berichten von flirrenden Energien oder geerdeten Feldern. Thomas hört nur zu. Gelegentlich fragt er nach: „Und wie fühlst Du Dich selbst gerade?" Meist ist die Antwort deckungsgleich mit dem, was vermeintlich in der Gruppe abläuft. Für mich wirkt das so, als wenn Thomas die Projektion aufdeckt und Quatsch nicht einfach im Raum stehen lässt. Das wiederum entspannt mich. Überhaupt fühle ich mich hier auf meinem Kissen, vorne rechts von Thomas Sofa, sehr wohl. Dass er mich gleich zu Beginn persönlich begrüßt hat und mir sagte, wie sehr er sich über meine Anwesenheit freut, beruhigt mich noch mehr. Was scheren mich die anderen Teilnehmer, wenn ich von Thomas selbst so viel lernen kann?

Während dieses ersten Retreats bekommen wir einen Überblick über das Training. Zugleich werden wir schon so miteinander arbeiten wie in den folgenden drei Jahren.

Der Tagesablauf ist immer der gleiche: Morgens um sieben treffen wir uns zu Körperübungen, geleitet von Gary, einem amerikanischen Tanz-Choreografen. Danach meditieren wir eine Stunde in Stille. Bis auf die drei Mahlzeiten verbringen wir den ganzen Tag zusammen in der großen Halle. Thomas führt in ein Thema ein, indem er die Prinzipien hinter subtiler Wahrnehmung, transparenter Kommunikation und Mystik beschreibt. Er macht das sehr spontan und lebendig, seine Vergleiche und Beispiele sind oft so treffend und witzig, dass die ganze Gruppe ihm höchst konzentriert folgt. Manchmal veranschaulicht er etwas durch krakelige Grafiken und Strichmännchen auf einer Flipchart. Auf die Ausführungen folgen Kleingruppen, in denen wir das Gelernte auf uns selbst anwenden. Dazu kommen wir zu zweit oder zu sechst, meist aber in Dreiergruppen zusammen. Jeder hat eine festgelegte Zeitspanne, um die Fragestellung für sich selbst laut zu reflektieren. Die Übungen schließen oft mit einer Feedbackrunde im kleinen Kreis. Nachdem wir wieder in der großen Gruppe zusammengekommen sind, stellen Einzelne Thomas Fragen und teilen ihre Erfahrungen und Erkenntnisse.

Die Nachmittags-Sessions fangen mit Tanzübungen an, durch die wir die Themen des Vormittags auf der körperlichen Ebene erforschen. Danach gibt es wieder Teachings und Übungen. Nach dem Abendessen kommen wir für ein "Toning", eine Klangmeditation, zusammen. Erst gegen 22:00 Uhr ist der Tag zu Ende.

An diesem ersten Morgen machen wir eine Reihe von Wahrnehmungsübungen. In Paaren sitzen wir uns gegenüber. Ich wende mich meiner Nachbarin Helene* zu, einer jungen Belgierin, mit der ich am Vorabend gesprochen habe und von der ich weiß, dass sie in einer Lebensgemeinschaft in Spanien wohnt.

**Die Namen und konkreten Lebensgeschichten, die im Zusammenhang mit dem Timeless Wisdom Training auftauchen, fallen in zwei verschiedene Kategorien. Die Menschen, die ich mit ihrem richtigen Namen erwähne, kennen den Text und sind mit der Beschreibung einverstanden. Einigen wenigen Teilnehmern habe ich andere Namen gegeben und auch ihre Geschichten so verändert und rekombiniert, dass sie keinen realen Teilnehmern entsprechen. Dies ist deshalb wichtig, weil diese Art von Trainings auf einem hohen Grad von Vertraulichkeit und Sicherheit basiert.*

Jetzt, beim Schreiben werde ich unsicher. Lassen sich meine Erfahrungen in dieser Gruppe überhaupt vermitteln? Präziser: Kann ich meine Eindrücke so beschreiben, dass Du, meine Leserin, Dich nicht langweilst oder peinlich berührt abwendest? Oft handelt es sich um kleine Veränderungen, leise energetische Phänomene, die sich über längere Zeit zu einem neuen, stabilen Plateau aufbauen, von dem aus sich meine Wirklichkeit anders und neu anfühlt. Inner Work braucht Zeit - auch wenn Wochenendseminare und gehypte Methoden schnelle Veränderungen prophezeien. Die inneren Strukturen und Filter, die wir über Jahre und Jahrzehnte aufgebaut haben und die durch unsere Umgebung täglich stabilisiert werden, erneuern sich nicht über Nacht. Dies möchte ich nicht unterschlagen. Inner Work ist eben auch das - viel, viel Arbeit.

Ich schreibe gern und habe zugleich große Zweifel. Wenn ich meine Erlebnisse so beschreibe, wie ich sie einst in meinen Notizbüchern festhielt, erscheinen sie mir oft zu platt und unvollständig. Ich selbst weiß, was mit einzelnen Formulierungen gemeint ist, vertraue aber nicht darauf, dass meine innere Erfahrung auf die Resonanz des Lesers stößt, der sich keinen vergleichbaren Situationen ausgesetzt hat. Unserer Gebrauchssprache fehlen die Nuancen für viele innere Prozesse und manche Wortwahl erscheint mir riskant. Ich möchte Worte wie "spirituell" oder "inner work" nicht genauer definieren, denn ich erlebe ihre Vagheit eher vorteilhaft. Sie erlauben mir, über Dinge zu sprechen, die auf einer Ebene nicht konkret greifbar sind.

Der britische Philosoph und Schachgroßmeister Jonathan Rowson schreibt, dass unserer Gesellschaft der verfeinerte konzeptionelle Apparat fehlt, um spirituelle, innere Phänomene präzise zu fassen. Stattdessen können wir Begriffe wie "innen" und "spirituell" als Wegweiser für eine Reihe von Themenfeldern verwenden: unsere Suche nach Bedeutung, den Sinn fürs Sakrale und Numinose, den Wert von Beziehung und Liebe, die Erfahrung von Leid und Not, ebenso wie Transzendenz und Schöpfung.

Die Gratwanderung zwischen Gebrauchssprache und einem sich selbst bewussten Sprachstil bleibt bestehen. Wenn ich mich an letzterem versuche, mich bemühe, neue Formulierungen zu finden, bin ich besorgt, "literarische Laubsägearbeiten" zu verfassen, wie W.G. Sebald einst Teile der deutschen Nachkriegsliteratur nannte.

Ich soll Helene für zwei Minuten schweigend anschauen und dabei beobachten, was in mir geschieht. Welcher innere Film geht in mir ab? Bewerte ich die blonde Frau und begegne ihr mit bestimmten Vorannahmen? Woher beziehe ich meine Informationen? Spüre ich mein Gegenüber in meinem Körper, tauchen innere Bilder auf, nehme ich ein Gefühl wahr oder denke ich nur nach?

Als Erstes fallen mir meine kreisenden Gedanken auf. Werde ich irgendetwas sehen können oder mache ich mir gleich zu Beginn solchen Leistungsdruck, dass kein klares Bild aufsteigen kann? Ich schaue in Helenes Augen und da ist erstmal gar nichts. Ich versuche schrittweise vorzugehen: Zuerst nehme ich sie in ihrem äußeren Erscheinungsbild wahr. Mein Geist greift die Fragmente unserer gestrigen Unterhaltung auf und spinnt eine Geschichte um ihre Person. Hm, ich glaube, darum geht es nicht. Ich atme ein paar Mal tief durch und erinnere mich, dass Thomas gesagt hat, es sei normal, nichts zu sehen. „Fabriziert und konstruiert nichts. Wenn nichts kommt, dann ist es genau das, was es zu erfahren gilt."

Mein Leistungsdruck kann sich durch diese Gedanken etwas entspannen und meine Neugier übernimmt. Irgendetwas zwischen Helene und mir verändert sich. Ich merke eine leichte Trauer aufsteigen. Ist die in mir? In ihrem Gesicht? Dann spüre ich nichts mehr. Hat sie sich dem Kontakt entzogen? Traut sie mir nicht? Ich umkreise sie mit meiner Wahrnehmung, bis die zwei Minuten vorbei sind und wir wechseln.

Jetzt schaut Helene mich direkt an. Ich erwidere ihren Blick frontal und beobachte meine Reaktion. Wie landet ihr Blick in mir und worauf stößt er? Mir ist, als schaffe er es nicht, mich zu durchdringen. Ihr Blick landet in einer diffusen Leere.

Im Anschluss tauschen wir uns aus. Helene bestätigt meinen Eindruck, dass sie sich etwas unwohl gefühlt hat, so direkt von mir beobachtet zu werden. Statt der Traurigkeit, die ich meinte zu fühlen, sei bei ihr Scham hochgestiegen. Ich sage ihr, dass ich mich anfangs sehr unter Druck gesetzt hätte, es dann aber genossen habe, sie ebenso genau studieren zu dürfen. Einen anderen Menschen derart direkt zu beobachten, wie ich mich das im normalen Leben nie trauen würde.

Wieder in der großen Gruppe beschreiben einige Teilnehmer ihre Erfahrungen. Ein junger Mann sagt, er sei spontan in Tränen ausgebrochen, als der tiefe Blick seines Übungspartners auf ihm ruhte. Ein anderer skizziert sehr detailliert, wie er sein Gegenüber mit dem Herzen berührt und erfasst hat. Kann sein, denke ich, kann aber auch nicht sein.

Dennoch, die Übung und der Erfahrungsaustausch haben mich in ihren Bann gezogen. Ist es - auch für mich - möglich, Menschen auf eine ganz andere Art wahrzunehmen, als ich sie bislang kannte? Inner Work, das bedeutet Konventionen zu brechen und Beziehungsmuster neu zu erforschen.

In der nächsten Übung, diesmal in einer Triade, einer Dreiergruppe, geht es darum zu ergründen, welche Rollen wir in Gruppen gewohnheitsmäßig einnehmen. Dafür stimmen sich jeweils zwei Personen auf eine Dritte ein und versuchen durch ihre Beobachtung auszuloten: Ist dies jemand, der gerne an Gruppen teilnimmt? Der die Führung übernimmt? Der sich lieber zurückzieht? Der sich über andere erhebt?

Sobald die Beobachter etwas wahrnehmen, sprechen sie es laut aus. Nach drei Minuten hat der Beobachtete seinerseits eine Minute Zeit, seine Reaktionen auf die Assoziationen, Wortfetzen oder Sätze zu beschreiben. Zu sagen, ob die Informationen stimmig waren oder „keine Resonanz machen".

Kaum sitze ich mit zwei anderen Frauen im Kreis, frage ich laut, wer von uns zuerst beobachtet werden möchte. Die beiden sind zögerlich. Gut, dann fange ich an. Zwei Augenpaare ruhen auf mir. Mal schaue ich der einen, rothaarig und etwa in meinem Alter, in die Augen, mal der anderen, einer jungen Frau mit Schweizer Akzent. In unregelmäßigen Abständen sprechen meine Übungspartner aus, was ihnen bei meinem Anblick durch den Kopf geht.

"Dominant."

"Du führst Gruppen an und es fällt Dir schwer, Dich unterzuordnen."

"Kalt und hart."

"Ein hoher Raum mit Kronleuchtern, in dem sich eine Tanzgesellschaft versammelt."

"Ich sehe einen tiefen See."

"Ich lasse niemanden an mich ran."

Zwischen den Worten und Sätzen entstehen immer wieder längere Pausen, in denen wir uns schweigend anschauen.

Ich sitze da und beobachte meine Reaktionen. Manche Äußerungen berühren mich, andere prallen umgehend von mir ab. Ich spüre, wie ich die Rothaarige ablehne und mir denke: "Du hast ja so was von keine Ahnung und einfach nur Angst vor mir."

"Du bist gerne Chefin, aber dahinter ist noch etwas anderes. Etwas Zarteres, eine Scheu. Da ist etwas, das sich schützen muss."

Ich höre diese Sätze der Schweizerin und meine erste Reaktion ist: Was erlaubst Du Dir! Doch irgendwie bin ich auch berührt und lasse das Gehörte in mich einsickern. Ja, da ist etwas Wahres dran. Innerlich nicke ich meinem Gegenüber zu.

Dann sind die drei Minuten vorbei und es ist an mir, meine Reaktion zu teilen: Ich merke, wie ich zögere. Was soll ich machen? Mich verhalten wie sonst und nett und ausgleichend sein? Aber ich wollte dieses Training doch für etwas wirklich Neues nutzen, mutiger und direkter sein. Ich taste mich langsam vor und sage: „Zuerst war es für mich interessant zu sehen, wie unterschiedlich ich mich selbst wahrnehme, je nachdem mit wem von euch ich Blickkontakt hatte." Ich wende mich der Schweizerin zu: „Das Bild, welches am tiefsten bei mir gelandet ist, war das mit dem Kronleuchter. Keine Ahnung wieso, aber als Du das gesagt hast, habe ich mich entspannt und sehr wohl gefühlt. Und ja, auch die Scheu, die Du wahrgenommen hast, ist bei mir gelandet."

Dann wende ich mich der Rothaarigen zu: „Deine Beobachtungen sind an mir abgeprallt. Ich kann nicht spüren, dass Du mich wirklich wahrnimmst und merke, wie skeptisch ich Dir gegenüber bin." Puh, das ist außerhalb meines normalen Repertoires. Im gleichen Moment steigt eine Energiewelle in mir hoch. Ich erinnere mich an die Übungsanleitung, alles Beobachtete zu verbalisieren und sage: „Das auszusprechen tut gut. Ich fühle mich auf einmal superwach und energiegeladen."

Da klingelt es auch schon und die erste Runde ist vorbei. Jetzt ist es an uns, die Rothaarige zu beobachten.

Nach den Übungen schießen Dutzende Finger in die Höhe. Menschen teilen sehr persönliche Themen, oft stockend, aufgeregt und emotional tiefgründig. Ein stämmiger Mann, bestimmt zwei Meter groß, erzählt von der Panik, die ihn in Menschenansammlungen und auch in dieser Gruppe überfällt. Eine andere Teilnehmerin meldet sich und beschreibt, wie sehr sie darunter leidet, in Gruppen völlig unsichtbar zu sein und keine Kontakte schließen zu können. Eine ältere Dame, ihrem Akzent nach Israelin, schildert starke körperliche Reaktionen, Übelkeit und Schwindel, während der letzten Triade.

Thomas geht aufmerksam auf die Menschen zu und stellt dann zumeist eine Frage. Wie fühlst Du Dich jetzt gerade? Oder: Kannst Du mich klar wahrnehmen? Daraus entstehen Dialoge, die fast unsichtbare Etappen haben, jedoch oft kathartische Reaktionen erzeugen. Menschen zeigen sich tief bewegt, brechen in Tränen aus, haben überraschende neue Einsichten. Thomas scheint dabei weniger auf die gesprochenen Worte zu achten, als auf etwas, was er dahinter wahrnimmt. Er folgt nicht dem, „was" sein Gegenüber sagt, sondern „woraus" er spricht.

Die Gespräche können kurz sein oder länger als eine Stunde dauern - egal, ich höre ihnen gebannt zu. Wann zuvor war ich jemals so fokussiert? Es kommen Themen zutage, die so intim und grausam sind, dass ich es kaum fassen kann. Eine Frau erzählt schluchzend von ihrem Onkel, der sie jahrelang als Kind sexuell missbraucht hat. Ein anderer berichtet vom Selbstmord des Bruders, den die Familie mit eisernem Schweigen wegschließt. Eine ältere Frau, die alleine mit ihrer kranken Mutter lebt und noch nie einen Partner hatte, zeigt sich in ihrer tiefen Einsamkeit. Eine andere berichtet davon, wie sie immer wieder Beziehungen zu Alkoholikern eingeht und sich von einer Abhängigkeit in die andere begibt.

Später beim Mittagessen bitte ich Stephan H., einen international bekannten Systemaufsteller, der sich schon lange mit Bewusstseinsarbeit beschäftigt, mir zu erklären, was Thomas in diesen Sessions genau macht. "Das Besondere", so sagt Stephan, "ist, dass Thomas Mystik mit psychologischer Integrationsarbeit verbindet. Von der Mystik herkommend hat er tiefe Einsichten, wie das Leben und die Welt aufgebaut sind, wie Evolution und Bewusstsein sich entwickeln. Er sieht gleichsam einen Teil des Codes hinter der Schöpfung. In einem größeren Bewusstseinsraum zu Hause, eröffnet er uns allein durch seine Präsenz einen Zugang zu höheren Wahrnehmungsebenen, in denen wir uns freier fühlen und leichteren Zugang zu transpersonalen Ebenen - zu unserem höheren Selbst, zu Gott - bekommen können."

Bei "Gott" zucke ich zusammen. Dieses Wort verbinde ich sehr stark mit einem kindlich religiösen Glauben, dass ich es innerlich mit „Schöpfung" übersetzen muss, um mich nicht abzuwenden.

"Diese vertikale Ausrichtung", so Stephan weiter, "verbindet Thomas mit psychologischer Schattenarbeit. Denn nur wenn wir an unseren individuellen Entwicklungsthemen arbeiten, können wir die Information höherer Bewusstseinsebenen empfangen und so integrieren, dass sie auch unser Leben voller und ganzheitlicher macht."

"Integrationsarbeit", fährt Stephan fort, "bezieht sich meistens auf Störungen im Individualisierungsprozess. In den ersten sieben Jahren unseres Lebens entwickeln sich die Grundstrukturen der menschlichen Psyche. Stehen dem Kind stabile Bindungserfahrungen zur Verfügung, kann es gesund eine Fähigkeit nach der anderen erwerben, da umsorgende Eltern unweigerlich auftretende emotionale Überladungen co-regulieren."

Und er erläutert weiter: "Viele Kinder sind mit starken Gefühlen und Erfahrungen konfrontiert, die sie nicht im Kontakt mit den Eltern entspannen können, sondern alleine meistern müssen. Um sich zu schützen, spalten sie überwältigende Informationen ab, schließen sie weg oder frieren sie ein. Doch diese in der Ursprungssituation intelligente Schutzleistung schränkt im weiteren Lebensverlauf das Verhaltensrepertoire des Menschen ein. Bestimmte Areale seines Nervensystems stehen ihm nicht mehr zur Verfügung, da sie nicht lebendig, sondern gefroren und abgespalten sind." Ich erinnere mich an ein Gleichnis, das Thomas verwendet hat. Er hatte davon gesprochen, dass es in jedem Menschen Bereiche gibt, die ihm wie dunkle Stockwerke eines Hochhauses vollkommen unbewusst sind. Ohne diese Absenzen selbst wahrnehmen zu können, erfahren wir immer nur ihre Konsequenzen. Dann wiederholen wir ein und dasselbe Muster in unserem Leben. Lassen uns zum Beispiel immer wieder auf eine Sorte von Partnern ein, von der wir eigentlich wissen, dass sie uns nicht guttut.

Ganz offensichtlich hat Thomas eine besondere Gabe, sich in Menschen einzufühlen. Dabei achtet er weniger auf das, was jemand sagt, als darauf, was er energetisch in der Person wahrnimmt. Zwischen beidem besteht oft eine große Kluft und genau da setzt Thomas an und adressiert die Stelle, die unbewusst und traumatisiert ist. So begleitet er die Frau, die sich in Partnerschaften mit Alkoholikern wiederfindet, behutsam in ihre Kindheit und erforscht mit ihr bislang unbewusste Dynamiken ihrer Ursprungsfamilie.

Auf diese Art lernen Menschen sich selbst besser zu spüren, ihre Wahrnehmungen und Emotionen - oft große Angst, Scham oder körperliche Empfindungen wie Taubheit oder Schwindel - als solche zu identifizieren.

Deshalb fragt Thomas immer wieder so präzise nach:

„Was fühlst Du gerade?"

"Angst."

"Gut, dann lass uns zusammen die Angst wahrnehmen."

Thomas begleitet Menschen an den Ort, an dem sie sich früher in sich selbst zurückgezogen haben. Mit seiner Unterstützung kann sich die taube Stelle ihrer selbst bewusst werden und sich entspannen. Für uns Zuschauer ist die Transformation in einer Person, wenn etwas Abgespaltenes wieder integriert wird, oft deutlich wahrnehmbar. Sie wirkt plötzlich lebendiger, offener und klarer. Traumatisierungen binden viel Energie und verwandeln sich, wenn freigesetzt, in Chi, Lebenskraft.

Stephan H.s Ausführungen erinnern mich an Ken Wilber, dessen Bücher mir in der Studentenzeit so gut gefallen haben. Er beschreibt darin zwei Entwicklungswege: Waking Up und Growing Up. Waking up bezieht sich auf unsere Bewusstseinsentwicklung, in Folge derer wir immer mehr Welt wahrnehmen und ein umfassenderes Verständnis von Wahrheit, Realität und Schöpfung bekommen. Diesen Weg eröffnet Thomas, indem er seinen sehr großen Bewusstseinsraum zur Verfügung stellt. Growing Up wiederum meint genau die Art von energetischer Prozessarbeit, die ich jeden Tag hier auf der persönlichen Ebene sehe und die Menschen hilft, ihre entwicklungspsychologischen Themen zu bearbeiten und bestenfalls zu integrieren.

Ich bin beeindruckt: Hier ist eine Gruppe, die vieles von dem praktiziert, was ich mir bislang theoretisch über Bücher angeeignet habe. Inner Work, das ist die Lehre der Energetik, die hinter den Formen steckt. Das ist Schattenarbeit, bei der wir unbewusste psychologische Aspekte ausloten. Und das ist auch der Zugang zu höheren Dimensionen von Wirklichkeit. Beschwingt gehe ich vom Essensraum zurück in die Meditationshalle.

Dort wird gerade getanzt. Ich stelle mich an den Rand und beobachte Menschen, die ausgelassen hin- und herspringen, sich umarmen, auf dem Boden wälzen und lachen. Der Anblick ist mir unangenehm. Wie kann es Spaß machen, am hellen Tag in einer großen Halle zu schlechter Mainstream-Musik zu tanzen? Das äußerste, zu dem ich mich hinreißen lasse, ist ein leichtes Wippen bei halbwegs passablen Songs.

Bei diesem täglichen freien Tanz erlebe ich die Kluft zwischen mir und den anderen Teilnehmern noch deutlicher als sonst. Diese Walle-Walle-Kleider und Hippie-Hosen, langen Umarmungen und wilde Gestik - all dies ist mir zutiefst fremd. Ja, ich bin überheblich, aber dies ist so uncool! Genauso peinlich sind mir die vielen deutschen Teilnehmer, die kein Englisch sprechen und Übersetzungskopfhörer aufsetzen, wenn jemand aus Israel, Spanien oder Großbritannien spricht. Kenne ich außerhalb dieser Gruppe überhaupt Menschen, die nicht fließend Englisch sprechen? Diese Gedanken sind mir zwar unangenehm - was bin ich elitär! -, aber sie beschäftigen mich und bewirken, dass ich mich nicht wirklich als Teil der Gruppe empfinde.

Im Gegensatz zum freien Tanzen ist der nächste Teil wieder spannend. Denn jetzt erforschen wir anhand von strukturierten Tanzübungen, wie sich Lebensprinzipien in unserer Körpersprache niederschlagen.

Heute bilden alle einen großen Kreis und Thomas fordert acht Teilnehmer auf, in die Mitte zu kommen, um paarweise miteinander zu tanzen. Eine der Auserwählten ist die Frau, nennen wir sie Anja, die am Morgen von ihren alkoholabhängigen Partnern erzählt hatte. Sie tanzt mit einem wesentlich jüngeren Mann. Beide wirken unsicher, überspielen dies aber, indem sie betont forsch und expressiv miteinander tanzen. Ich staune: Es ist irre zu sehen, wie offensichtlich sich Anjas Beziehungsmuster - nicht für sich selbst sorgen zu können, sich von anderen bestimmen zu lassen - im Tanzen ausdrücken. Ihr Partner kommt ihr sehr nahe, umarmt sie, flirtet mit ihr - alles auf eine Weise, die in mir starkes Unwohlsein auslöst. Siehst Du nicht, denke ich empört, dass Du ihre Grenzen ständig überschreitest? Aber wieso macht sie bei dem Spiel überhaupt mit? Wieso lässt sie ihn so nah an sich heran und setzt ihm keine Grenze?

Nachdem das Lied zu Ende ist, fragt Thomas Anja, wie sie sich mit ihrem Partner gefühlt habe: „Sehr gut." Sie lacht gekünstelt „Das hat so viel Spaß gemacht!"

WTF!

Von den Umstehenden meldet sich jemand zu Wort: „Ich hatte den Eindruck, dass Du Dich so auf Deinen Partner eingelassen hast, dass Du gar nicht mehr bei Dir warst." Anja errötet. Ja, manche Bewegungen ihres Tanzpartners seien ihr auch ein bisschen zu viel und zu nah gewesen, aber sie wollte ihn nicht beschämen und hätte deshalb gute Miene zum bösen Spiel gemacht.

Thomas wendet sich an ihren Übungspartner: Wie hat er Anja wahrgenommen? Aus der Antwort geht deutlich hervor, dass er sie gar nicht wirklich gesehen, geschweige denn gefühlt hat. Er war die ganze Zeit hauptsächlich damit beschäftigt, was wir, die im Kreis stehenden Zuschauer, von ihm denken würden. Er wollte unbedingt lässig und entspannt rüberkommen, verkrampfte sich aber umso mehr, als er merkte, wie wenig ihm das gelang.

Ich staune. So präzise kann man menschliche Interaktion studieren, wenn man sich die Zeit nimmt. Und wenn man in einer Gruppe von Menschen ist, die sich offen und mutig aufeinander einlassen.

Andere Verhaltensweisen in der Gruppe irritieren mich dagegen sehr. In den Pausen gehe ich an Teilnehmern vorbei, die sich dicht gegenüber sitzen und lange schweigend in die Augen schauen. Beim Abendessen sieht mich ein Typ über den Tisch hinweg genauso unentwegt an. Was hat der nur? Sehr creepy. Als fast alle vom Tisch aufgestanden sind, spreche ich ihn an. „Wieso starrst Du mich eigentlich so an? Das ist mir echt unangenehm." Er antwortet sanft lächelnd: „Für mich ist das eine wundervolle Art, in einzelne Seelen einzutauchen und mich tiefer mit ihnen zu verbinden. Deine Seele interessiert mich sehr und ich würde mich wahnsinnig freuen, wenn Du mich ein bisschen schauen lassen würdest."

Ich gebe mir einen Ruck. Schließlich bin ich ja hier, um neue Erfahrungen zu machen. Wir setzen uns so, dass wir uns in die Augen schauen können. Aber ich merke, dass ich den Blick meines Gegenübers innerlich abwehre. Ich möchte ihn nicht in mich hineinsehen lassen und stehe auf. Auch das ist hier möglich.

Und dann sind da diese „Prozesse". Viele Teilnehmer sind „mitten im Prozess" und können deswegen gerade nichts anderes machen. Oder sie sagen: „Das hat bei mir einen so starken Prozess ausgelöst, da muss ich sofort mit einer Assistentin arbeiten." Dann suchen sie sich einen der Dutzend Therapeuten, die Thomas assistieren und uns während des Trainings für individuelle therapeutische Interventionen zur Verfügung stehen.

Ist das wirklich nötig, frage ich mich. Werde ich hier auch einmal einen „Prozess" durchlaufen? Zu diesem Zeitpunkt kann ich mir weder etwas unter "einem Prozess" vorstellen, noch, dass ich jemals selbst aktiv auf einen der Therapeuten zugehen werde. Trotz dieser Bedenken bin ich energiegeladen und erfüllt. Wann war ich jemals so neugierig und wach wie hier? Ich genieße die Meditationsstunden am Morgen und am Abend. Mich beglückt es, so viel Neues auszuprobieren und zu lernen. In meinem Notizbuch halte ich abends die Teachings von Thomas fest, die mich besonders berührt haben.

So schreibe ich: „Heute hat Thomas über gelebte Spiritualität gesprochen. Einen spirituellen Pfad gehen bedeutet, ganz bewusst in jedem Augenblick zu leben. Klar zu sein und alles was kommt, anzunehmen. Sich einstimmen auf das, was uns begegnet und möglichst keine Knoten und Verstrickungen zu hinterlassen. Wir können mit unserer eigenen Energie durchs Dasein rollen und andere dabei unterstützen, ihren eigenen Weg zu gehen.

Wenn er spricht, bekomme ich eine Ahnung davon, wie das Leben sein könnte, wenn ich mich ihm noch viel mehr öffnen würde. Wenn ich nicht selektiv nur die Sachen akzeptiere, die schön und einfach sind, sondern mich auch den vielen Herausforderungen mutig stellen würde. Ich sehne mich danach, das Leben in seiner ganzen Fülle zu erfahren und wenn Thomas davon spricht, dann wird diese Fülle auf eine ganz besondere Weise im Raum erfahrbar."

An anderer Stelle schreibe ich selbstkritisch: „Mir fehlt sowohl die Fähigkeit, die meisten „subtile Empfindungen", also alles, was nicht auf der grobstofflichen Ebene stattfindet, in mir und anderen wahrzunehmen, geschweige denn sie mit einem passenden Vokabular zu beschreiben. Manche Teilnehmer haben eine erstaunliche Fähigkeit, Dinge in anderen zu sehen und in Worte zu fassen. Heute Morgen saß ich in einer Triade mit Bettina, einer Prozessberaterin bei einer VW Tochterfirma (wer hätte gedacht, dass so jemand an einem spirituellen Training teilnimmt?). Ihr Feedback an uns war so klar und deutlich. Sie sah Dinge, die für mich an Hellseherei grenzten. Wenn ich dagegen versuche zu beschreiben, was in mir vorgeht, kommt oft nur diffuses Zeug. Wenn ich dann noch in meinen typischen Leistungsstress komme, geht auch die letzte Klarheit flöten."

Am letzten Tag des Retreats kommen wir in Sechsergruppen zusammen und reflektieren unsere gemeinsame Zeit. Im Anschluss an meinen Beitrag konfrontiert mich Werner, ein Grafikdesigner aus Dresden: „Ich kann Dich emotional gar nicht spüren. Du magst ja viel wissen, aber das ist alles nur angelesen und schrecklich verkopft. Lass Deine Bücher mal zu Hause und komm mit Deinem Körper hier an." Spontan gebe ich ihm Konter. Ich merke, wie meine Wut ihn gegen die Wand drückt und er nicht mehr weiß, wie er darauf reagieren soll. Ich lache innerlich, als er sich mit einem lahmen „Ich lasse das jetzt mal so stehen" zurückzieht. Battle gewonnen, denke ich und fühle mich dabei sehr lebendig und klar. Zugleich werde ich nachdenklich: Reibung scheint mir gut zu tun, aber ich versuche sie im Alltag möglichst zu vermeiden. Wieso eigentlich?

Bevor ich meinen Koffer packe, laufe ich noch einmal um den kleinen See, der zum Gut Oberlethe gehört. In der letzten Woche habe ich ihn täglich mehrmals alleine oder mit anderen Teilnehmern der Gruppe umrundet. Was für eine irre Woche. Obwohl mir vieles fremd war und mich manches irritiert hat, bin ich erfüllt. Ich habe viele intensive Eindrücke gesammelt, viel über das Leben an sich erfahren. Mit Menschen auf eine für mich bisher ungewohnte Art und über andere Themen als sonst gesprochen.

Später im Zug zurück nach Berlin suche ich mir einen Platz weit weg von den anderen. Ich möchte allein sein, denn irgendetwas Seltsames geht in mir vor. Kaum dass ich Oberlethe verlassen habe, erscheint mir die Welt ganz anders als zuvor. Ich kann es schwer in Worte fassen, aber alles ist intensiver, die Farben, die Objekte, die Menschen. Als könnte ich mit einem Mal die Zwischenräume, die Beziehungen zwischen allem sehen. Im Zugabteil beobachte ich meine Mitreisenden viel langsamer und aufmerksamer als sonst. Ich traue mich energetisch näher ran und kann spüren, wer sie sind. Diese Frau da mit dem kleinen Kind auf dem Arm. Der junge Punk mit der abgewetzten Lederjacke und den Beats auf den Ohren. Ich erkenne sie, ohne sie zu kennen. Stauend stelle ich fest: Wie anders die Welt jetzt ist! Wie auf einem Drogentrip, nur ganz ohne Drogen. Die ganze vierstündige Fahrt bleibe ich in diesem Zustand und frage mich, was in der letzten Woche mit mir passiert ist. Wieso fühle ich mich so anders, wieso sehe ich die Außenwelt so anders? Als hätte sich unser Aggregatzustand verändert. Vorher fest, nachher flüssig. Vorher fern, nachher nah.

Wenn ich jetzt, Jahre später, an diesen Zustand denke, glaube ich besser zu wissen, was damals passierte und sich wie reine Zauberei anfühlte. Heute gehe ich davon aus, dass mein System - mein Körper, meine Gefühlslandschaft, mein Verstand und mein intuitiver Raum - in dieser ersten Trainingswoche mit einem wesentlich größeren Spektrum an Informationen und Energie konfrontiert wurde und dieses mich regelrecht durchschüttelte. Meine festen Strukturen, Glaubenssätze, gewohnheitsmäßigen Handlungen und normalen Empfindungen fingen an, sich aufzulösen. Dadurch wurde viel gefrorene, versteifte Energie in mir locker und ich war in der Lage, viel mehr wahrzunehmen - insbesondere auf einer feinstofflichen Ebene. In der Blase von Hof Oberlethe waren diese Veränderungen kaum aufgefallen. Aber jetzt, beim Wiedereinstieg in die Alltagswelt, war die Kluft zwischen meinem alten und neuen Wahrnehmungsmuster unübersehbar.

„Das ist wie Hogwarts", denke ich. „Ich habe jetzt eine Schule gefunden, in der ich zaubern lerne! Und das Zaubern besteht darin, stärker in der Gegenwart zu leben und mit allen Sinnen mehr wahrzunehmen." Später nehme ich mein Tagebuch und erstelle eine neue Liste.

Wieso mache ich das *Timeless Wisdom Training?* Was ist mein Inner Work?

- Klarer werden.
- Anderen Ebenen im Leben Aufmerksamkeit schenken. Meinem Nervensystem zuhören, es spüren und lernen, aus meinen Gefühlen und meinem Körper heraus zu sprechen (statt nur aus dem Verstand heraus).
- Mehr Intensität zulassen.
- Besser verstehen, wie das Universum und Leben, "the making of life", funktioniert.

Dann vergleiche ich diese Liste mit der, die ich auf der Hinfahrt geschrieben habe und ergänze sie mit dem, was ich in der letzten Woche gelernt habe:

- Panik bei öffentlichen Auftritten. „Der Kaiser hat ja gar nichts an!"

Das hat viel mit meinem mangelnden Vertrauen in meine eigene innere Klarheit zu tun. Ich muss mich immer außergewöhnlich gut vorbereiten, weil ich zu konfus bin, um darauf zu vertrauen, spontan etwas Passendes zu sagen. Mein Kopf ist von meinem Körper und meinen Emotionen abgetrennt. Ich bin bei Vorträgen nur im Kopf, denn mein Körper ist so aufgeregt, dass ich ihn ausblenden muss. Ich weiß noch nicht, wie ich das ändern kann, aber es hat etwas damit zu tun, Kopf, Herz und Bauch besser in Einklang zu bringen.

- Angst vor Krankheit, Älterwerden und Tod.

Ich habe in dieser Woche verstanden, dass die Lösung nicht darin liegt, von meiner Angst wegzugehen, sondern vielmehr in sie hineinzugehen, sie mehr zu erfahren. Ich ahne, dass ich darüber in den nächsten Jahren noch sehr viel lernen werde.

- Starke Identität über Leistung. Haus ohne Kinder - noch mehr Arbeit?

Meine Arbeit ist mir wichtig und macht mich glücklich. Aber nach dieser Woche ist mir auch klar, dass sich ihr Stellenwert in meinem Leben verändern wird. Ich bin sehr stark inspiriert, mich mehr mit der „inneren Wissenschaft" zu beschäftigen.

- Beziehung zu Stephan: „gut genug", aber mit blinden Flecken und Stillstand.

Weniger tun, sondern mehr fühlen. Offensichtlich tut es mir sehr gut, mehr zu mir zu stehen, deutlich meine eigenen Grenzen zu ziehen, meine Sicht laut auszusprechen und dabei aus der Komfortzone herauszukommen. Mich krasser zu trauen, „ich selbst" zu sein. Inner Work ist, mich mit meinem eigenen Willen stärker zu verbinden.

Und dann schließe ich mit dem Satz: Ich werde nicht einfach weiter vor mich hin leben und so tun, als wäre dies die Generalprobe. Es ist mein richtiges und einziges Leben und ich möchte es so intensiv erfahren wie möglich. Go for it, Joana!

OK, da ist er wieder, mein eigener Pep-Talk.

Spuren der Verletzbarkeit

Nach dem Retreat entwickle ich neue Routinen. Gleich nach dem Aufstehen meditiere ich vierzig Minuten. Dabei hilft, dass Stephan schon seit Jahren morgens sitzt. Außerdem spüre ich einen starken Sog, meinen Geist zu erforschen und natürlich habe auch ich bei Malcolm Gladwell gelesen, dass jede Meisterschaft im Durchschnitt 10.000 Stunden Praxis braucht. Während dieser Meditationen habe ich keine spektakulären Erfahrungen, sondern beobachte und verfalle ins Denken und komme zu meinem Atem zurück und verfalle ins Denken und vergegenwärtige mir immer wieder Thomas Anleitung: „Beobachte Deine Gedanken wie Waren auf einem Basar. Jeder Händler will Dir etwas anbieten, aber Du gehst einfach ruhig weiter, ohne etwas anzunehmen." Neben der täglichen Meditation haben wir uns als Teilnehmer des Trainings zusätzlich verpflichtet, wöchentlich in einer Dreiergruppe auf Skype zu einem „Sharing" zusammen zu kommen. In den „Sharings" sollen wir transparente Kommunikation üben und uns gegenseitig in unserem Entwicklungsprozess unterstützen. In meiner Triade sind Dafna, eine Künstlerin aus Tel Aviv und Jasmin, die in Zürich eine Praxis für Psychotherapie hat. Die nächsten drei Jahre werden wir uns zu dritt regelmäßig eng austauschen. Mit Jasmin treffe ich mich sogar bis heute. Wir fangen die Sharings mit einer kurzen Meditation an und machen danach ein Check-in. Ich lege gewöhnlich gleich los, erzähle von meiner Arbeit, Vorfällen in der Familie oder von anderen Dingen, die mich beschäftigen. Doch meine gewohnte Erzählweise trifft in der Triade auf Widerstand: „Es ist schön, dass Du so lebhaft erzählst", sagt zum Beispiel Jasmin, „aber Du sprichst so schnell, dass ich Dir gar nicht richtig folgen kann." Und Dafna fragt: „Wie fühlt sich Dein Körper an? Welche Gefühle tauchen in Dir auf, wenn Du uns das erzählst?" Immer wieder höre ich, dass meine beiden Sharing-Partner mich zwar mental verstehen, aber nicht fühlen können. Ehrlich gesagt, erschließt sich mir überhaupt nicht, was sie damit meinen.

Erst wenn dann sie mit dem Check-in an der Reihe sind und von ihrem Leben erzählen, ahne ich, wie unterschiedlich wir uns selbst wahrnehmen. Sie nehmen ihr Nervensystem unter die Lupe und beschreiben minutiös einzelne Körperregungen und Gefühlsschattierungen. Wenn sie mich auffordern, es ihnen gleich zu tun, spüre ich nur leichte Panik, ihren Vorstellungen von einem „guten Sharing" nicht gerecht zu werden.

Erstaunlich, wie schwer es mir fällt, aus meinen eingespielten Kommunikationsmustern auszubrechen. Es braucht viele Wochen, bis ich verstehe, dass meine Art schnell zu sprechen und zu denken verhindert, dass ich die Nuancen meiner Wahrnehmung überhaupt mitbekomme. Ich rattere einfach los und gleite über Gefühle und Körperwahrnehmungen hinweg. Geduldig versuchen Dafna und Jasmin mich zu entschleunigen. Inner Work bedeutet, Dinge zu verlangsamen und unter der Lupe zu beobachten.

„Wie geht es Dir, wenn die Unterhaltung zwischen uns dreien abbricht und niemand etwas sagt?"

Ein paar Minuten schauen wir uns auf dem Bildschirm schweigend an. Diese Stille ist mir unangenehm. Ich merke, wie ich nach passenden Worten suche, um sie zu unterbrechen und den Redefluss wieder in Gang zu setzen.

„Was spürst Du in diesem Augenblick?", fragt Jasmin.

„Nichts", antworte ich schnell. „Bleib ein bisschen länger da. Nimm Dir Zeit und nimm wahr, was in Dir vorgeht", sagt Dafna.

Ich versuche mich zu beobachten. Minuten vergehen. Wie peinlich. Meine Gedanken flirren diffus hin und her. Doch dann entspannt sich etwas und ich traue mich, näher hinzusehen.

„Ich fühle einen Druck," sage ich, etwas zögerlich, denn mir fehlen die passenden Worte. „Eine Spannung im Oberkörper. Meine Gedanken sind unruhig und ich versuche „etwas Kluges" zu sagen. Wenn nichts kommt, drifte ich ab, ich entferne mich von mir selbst und werde dumpf und leer. So lässt sich die Stille besser aushalten."

Das war interessant.

In den nächsten Wochen beobachte ich diesen inneren Mechanismus genauer. Sobald ich eine bestimmte Spannung in mir spüre, fange ich an, viel und schnell zu sprechen. Oder wenn mir nichts Gutes einfällt, werde ich unzusammenhängend und nebelig. Dann kann ich zwar keinen kreativen Beitrag zu der jeweiligen Situation leisten - einer Diskussion mit meinem Mann oder einem Austausch in einer größeren Gruppe -, aber wenigstens umgehe ich so die unangenehme Spannung in mir. Zugleich merke ich jetzt aber, dass diese Situationen einen schalen Beigeschmack hinterlassen. Ich fühle mich dann traurig und allein.

“Wie stabil ist meine Basis? Wie spüre ich sie?”

Vier Monate sind vergangen. Es ist die nächste *Timeless Wisdom* Woche und die gleichen einhundertvierzig Teilnehmer sitzen in der Meditationshalle von Hof Oberlethe. Gerade hat Thomas darüber gesprochen, wie wir uns als Menschen individualisieren und zu denjenigen werden, die wir heute sind. Ab dem Moment, in dem sich die Seele im Körper inkarniert, entwickelt sich das Baby im engen Austausch mit seiner Umwelt. Eltern bilden den Resonanzkörper, in dem sich das Kind formt. Für jeden Lernschritt ist das Kind auf seine Eltern angewiesen. Mich fasziniert ein Bild, das Thomas an die Wand gemalt hat: eine liegende Acht, die die Wechselwirkung zwischen zwei Grundbedürfnissen darstellt. Auf der einen Seite unser Bedürfnis nach Sicherheit und Geborgenheit und auf der anderen unser Drang nach Wachstum, Autonomie und Veränderung. Jeder Mensch hat einen Entwicklungsantrieb in sich, den Wunsch nach (in der Sprache von Psychologen) „autonomem Selbstausdruck“. Aber dem können wir nur folgen, wenn wir ausreichend sicher und verwurzelt im Leben stehen.

Thomas verwendet ein Bild, das ich von Lilian und Vico kenne: Kleine Kinder gehen mit ihren Eltern an der Hand spazieren. Dort fühlen sie sich sicher und geborgen. Sobald sie etwas Spannendes in ihrer Umgebung sehen, zum Beispiel einen Hund auf einer Wiese, lösen sie sich von den Eltern und laufen neugierig dorthin. Sobald das Neue jedoch zu aufregend wird, beispielsweise wenn es laut bellt, flüchten sie aus der Freiheit wieder in die Sicherheit der elterlichen Arme zurück.

Doch genau dieser Loop ist bei vielen Menschen gestört: Ihre Eltern waren nicht in der Lage, ihnen ein zuverlässiges Gefühl von Geborgenheit und Bindung zu vermitteln. Wenn Kinder große Gefühle wie Wut, Scham oder Angst spüren, ihr unreifes Nervensystem aber nicht in dem größeren, stabileren Nervensystem der Eltern entspannen können, wird das Kind so von diesen Gefühlen überwältigt, dass es sie abspalten muss. Es muss sich taub und gefühllos machen, um weiter funktionieren zu können. Und auch wenn dies ein intelligenter Mechanismus ist, so behindert er uns im späteren Leben. Denn die ins Unbewusste verdrängten Gefühle stehen uns nicht mehr lebendig zur Verfügung. Da wo ursprünglich Trauer, Furcht oder Scham saßen, ist nur diffuse Leere. Unsere Basis ist wackelig, da wir wichtige Teile von uns selbst nicht fühlen und stattdessen wie auf einem ungleichmäßig aufgeblasenen Luftkissen hin und her wackeln.

In den nächsten Tagen werden wir unseren eigenen frühkindlichen Bindungs- und Individualisierungsprozess erforschen. Ich bin sehr gespannt. Werde ich Neues über mich und das Verhältnis zu meinen Eltern herausfinden? Als junge Mutter und in der Gestalttherapie habe ich mich ausführlich mit meiner

Kindheit beschäftigt, aber das ist lange her. Gibt es da noch interessante Informationen? Dinge, die mir helfen können zu verstehen, wieso ich mein Leben lang so von Krankheits- und Todesängsten verfolgt werde? Warum ich so oft aufgewühlt und unruhig bin?

In Zweiergruppen greifen wir die eingangs von Thomas gestellten Fragen auf: „Wie stabil ist meine Basis?“ und „Wie spüre ich sie?“ Mein Übungspartner ist Stephan H., der Aufstellungs-Therapeut. Er fängt an. Die Geschichte seiner frühen Kindheit ist hart: Als seine Mutter jung, ungewollt und unehelich mit ihm schwanger wurde, verwies die eigene Mutter sie des Hauses. Als Kind war Stephan extrem scheu und hatte Schwierigkeiten seinen Platz einzunehmen. Bis heute begleiten ihn Selbstzweifel. „Ich berühre immer wieder die sehr grundlegende Frage: Habe ich überhaupt ein Recht am Leben zu sein? Meine Biografie ist durchzogen von Minderwertigkeitsgefühlen. Da, wo andere eine stabile Basis haben, ist bei mir viel Unsicherheit.“

Als ich an der Reihe bin, fällt es mir schwer, mich auf das Thema zu fokussieren. Mir fallen hauptsächlich positive Erinnerungen ein. Wie glücklich meine Eltern über meine Geburt waren. Alles drehte sich um mich, das „Wonnele“, den „Sonnenschein“, das „BBB" - das Bilderbuchbaby. Ja, meine Mutter hatte eine postnatale Depression, deren Folgen sie ein Leben lang begleitet haben, aber grundsätzlich - und auf jeden Fall im Vergleich zu meinem Übungspartner - bin ich gut ins Leben gestartet.

„Ich weiß zwar nicht genau, was Thomas damit meint, wenn wir „unsere Basis“ spüren sollen,“ sage ich laut, „aber ich denke, ich habe eine feste Basis. Mein Leben ist in vielem sehr rund. Ich liebe meine Familie und habe einen tollen Beruf. Ich glaube, dieses Basisthema ist für mich nicht so relevant.“

Im Feedback bestätigt mir Stephan, dass ich souverän und stabil wirke. Allerdings nimmt er noch etwas anderes wahr, eine Härte, die ihn einschüchtert. Nicht schon wieder!, denke ich. Denn seit Beginn des Trainings hat mir schon eine ganze Phalanx von Teilnehmern gesagt, dass sie sich aus den unterschiedlichsten Gründen vor mir fürchten. Ich spüre, wie viele sich nicht trauen, mich anzusprechen. Wie verunsichert sie sind, wenn wir eine Gruppenübung zusammen machen oder ich mich zu den Mahlzeiten an ihren Tisch setze.

Den Feedbacks zufolge wirke ich männlich und verstecke meine weiblichen Anteile. Bin streng und diszipliniert. Bin ein „Survivor“, der aus dem Krieg mit einem Panzer zurückgekommen ist. Zugleich höre ich, dass mich eine Aura hellen Lichts umgibt. Man mich gegoogelt hat und sehr beeindruckt von allem ist, was ich auf die Beine gestellt habe. Ich magnetisch, aber unnahbar wirke. Ich nicht in dieses Training gehören würde, denn ich hätte doch gar keine Probleme. Und vieles mehr, zu dem ich meist “Fuck you” denke.

Die nächste Übung beginnt mit einer geleiteten Meditation. Wir fühlen uns in unterschiedlichen Lebensstationen in unsere Verbindung mit unseren Müttern ein. Ich stelle mir meine Mutter heute mit Anfang siebzig vor und gehe dann in der Zeit zurück. Stimme mich auf unsere Beziehung als Dreißigjährige, als Teenager, als Zehnjährige und als Dreijährige ein. Thomas führt uns noch weiter, an den Zeitpunkt unserer Geburt und Empfängnis. Als der Zyklus zu Ende ist, wird es im Raum sehr still und irgendwie bleiern. Ganz unerwartet steigt eine Welle der Emotion in mir hoch. Meine Kehle wird eng, Tränen schießen mir in die Augen. Um mich herum fangen einzelne Teilnehmer an, laut zu schluchzen. Eine Frau, schräg hinter mir, stößt einen Schrei aus und brüllt „Du hast mich alleine gelassen. Wieso hast Du mich alleine gelassen!?". Zwei Assistenten gehen zu ihr. Ich bekomme den Raum nur halb mit. Ich sitze auf meinen Kissen und weine still vor mich hin. Zum ersten Mal seit sehr langer Zeit spüre ich, wie weh es mir tut, keine freie, liebevolle Beziehung zu meiner Mutter zu haben. Wieso ist da diese Kluft der Sprachlosigkeit und des Nicht-Fühlens zwischen uns? Lange nachdem der Saal sich fürs Mittagessen geleert hat, bleibe ich so sitzen. Überrascht von der Tiefe meiner Trauer und zugleich erleichtert, sie so klar fühlen zu können.

Am Nachmittag geht die Achterbahnfahrt weiter. Wir stehen in der ganzen Halle verteilt und folgen Thomas in einer weiteren geleiteten Meditation zur Mutter-Kind-Beziehung. Zum Ende sagt Thomas: "Stimm Dich jetzt auf Dich als Dreijährige ein. Stell Dir vor, Deine Mutter steht vor Dir und Du greifst mit den Armen nach ihr aus. Nimm Dir Zeit, bis Du das wirklich fühlen kannst. Und dann sprich sie an."

Meine skeptische innere Stimme kommentiert: Was soll denn das? Nichtsdestotrotz folge ich den Instruktionen. Ich mache die Augen auf, hebe meine Arme, um meine imaginäre Mutter zu umarmen und sage laut „Mami". Doch völlig automatisch sage ich noch mehr. Nicht nur „Mami", sondern „Mami, alles wird gut."

In derselben Millisekunde durchläuft ein Beben meinen ganzen Körper und ich fange haltlos an zu schluchzen. Mich überschwemmt ein Gefühl der Überforderung, vermischt mit großem Mitgefühl. Überforderung, weil ich spüre, wie unmöglich es für mich als Dreijährige war, meine Mutter halten, beschützen und beruhigen zu können. Mitgefühl, weil mir dieses kleine Kind unendlich leid tut, dieses Mädchen, dass sich nicht einfach selbst schutzsuchend an seine Mutter wenden kann, sondern reflexartig meint, diese Mutter selbst beschützen zu müssen. In diesem Moment bin ich beides: die hilflose Dreijährige und die erwachsene Frau, die unmittelbar erfährt, wie sie als Kind die Ängste ihrer Mutter managen musste.

So stehe ich weinend und zutiefst erschüttert da, die Arme immerfort nach vorne ausgestreckt. Da viele Menschen im Raum auf die Übung lautstark reagieren, geniert mich mein öffentliches Schluchzen nicht. Nachdem ich etwas ruhiger geworden bin, lege ich mich auf den Boden und spüre nach. Mir ist, als hätte ein starker Wind mein System durchgepustet. Wie lange habe ich mich intellektuell mit meiner Mutterbeziehung beschäftigt - und wie viel mächtiger ist es, diese Gefühle der Überforderung, der Sehnsucht und der Einsamkeit so unmittelbar und körperlich zu spüren!

In der nächsten Pause mache ich einen langen Spaziergang entlang der Feld- und Waldwege rund um das Seminargebäude. Ich gehe deutlich langsamer als sonst. Mein Geist ist fokussiert und weich. Ich lasse meine ersten Lebensjahre vor mir Revue passieren. Seit früher Kindheit kann ich mich an die ernste Miene erinnern, mit der meine Mutter von „damals“ sprach. Seit "damals" fielen ihr viele Alltagshandlungen schwer. Wie kochen. Mit der Folge, dass wir als Familie alle Mahlzeiten „beim Chinesen“, „im Block House“ oder als Take Away vom Delikatessenladen oder Hamburger Isemarkt einnahmen. "Damals“ bezog sich auf die starken Angstzustände, die meine Mutter direkt nach meiner Geburt überfielen. Überzeugt an Leukämie erkrankt zu sein, verbrachte sie monatelang in Panik, zuerst mit mir in unserer Wohnung in Hamburg Winterhude, später dann alleine in einer psychiatrischen Klinik. Acht Monate später ging es ihr etwas besser und sie fuhr zur weiteren Genesung mit meinem Vater für einen Monat zum Skifahren in die Schweiz. In dieser Zeit kümmerten sich meine Großeltern um mich. Meine ersten Bindungserfahrungen waren dementsprechend sehr durchwachsen. Da waren einerseits die vielen Fotoalben und Super-8 Filme, in denen ich der ständig strahlende „Wonneproppen“ war, umgeben von Eltern, die mich vergötterten. Andererseits war da meine mal panikerfüllte, dann wiederum ganz abwesende Mutter. Dieses Muster währte meine ganze Kindheit über: Meine Mutter pendelte zwischen Fürsorge und Begeisterung und Überaktivierung, Strenge und eigener Bedürftigkeit. Ein unsicherer Anker. Wie hatte ich mich als Baby da entspannen können, wenn ich aufgeregt und angstvoll war? Eine Welle an Erinnerungen steigt in mir hoch: so viele Momente, in denen ich als Kind mit meinen Ängsten alleine war. Ich hatte Angst vorm Einschlafen, litt unter Alpträumen und schlafwandelte. Später entwickelte ich eine regelrechte Rote Armee Fraktion Phobie und stellte mir vor entführt zu werden. Vor meinem Auge sah ich mich auf dem Titelblatt der Tageszeitung: als Geisel, ein Plakat auf dem Schoß: „Ich bin eine Gefangene der RAF“.In diesen Situationen, so konnte ich jetzt auf diesem Weg durch die niedersächsischen Felder deutlich spüren, gab es niemanden in meiner Familie, der mir die notwendige Sicherheit und Entspannung geboten hätte.

Stattdessen musste ich die Spannungen nicht nur selbst in mir verarbeiten, ich fühlte mich zudem noch verantwortlich für das Gleichgewicht meiner Mutter. „Mami, alles wird gut.“ „Very, very powerful“, schreibe ich abends in mein Notizbuch.

Wenn ich mich bisher in der großen Gruppe gemeldet habe, dann um Sachfragen zu stellen oder neue Fachaspekte in die Diskussion einzubringen. Doch jetzt habe ich ein persönliches Anliegen. Wie kann es sein, dass ich einerseits weiß, wie brüchig meine frühkindlichen Bindungen waren und wie angstbesetzt nicht nur meine Kindheit, sondern weite Strecken meines Lebens waren, mich andererseits aber fest im Leben verwurzelt empfinde? Zeigt nicht alleine die Tatsache, was ich alles aufgebaut habe, dass ich eine gute, stabile Basis habe?

So stehe ich vor der Gruppe, Thomas zugewandt und stelle meine Frage. Doch noch bevor ich zu Ende gesprochen habe, fängt zuerst mein Arm mit dem Mikrofon und kurz darauf mein ganzer Körper pulsartig zu zittern an. Kleine, feine Zuckungen. Thomas schaut mich nur still an und ich starre zurück. „Was ist das?“, frage ich nach einigen Augenblicken. „Denk nicht weiter darüber nach“, erwidert er. „Dieses Zittern ist für Dich super. Es ist genau das Richtige, versuch Dich ihm so lange wie möglich hinzugeben.“

Und so bleibe ich zwei Stunden an meinem Platz sitzen und zittere vor mich hin. Seltsamerweise ist diese starke körperliche Reaktion mit keinem Gefühl verbunden. Fasziniert beobachte ich meinen zitternden Körper. Wie dankbar bin ich, Teil einer Gruppe zu sein, in der solch ungewöhnliche Ausdrucksformen nicht bewertet werden, sondern einfach da sein können. Mein Zittern stört hier niemanden und ich kann mich ihm ganz hingeben.

An diesem Tag weiß ich noch nicht, dass mich dieses Zittern in den nächsten Jahren immer wieder begleiten wird und mir einen tieferen Weg in mein Nervensystem zeigt. Mit der Zeit werde ich Zittern als Stressentladung kennenlernen, mit der sich frühkindliche Anspannungen, die in meinem Körper festsitzen, nach und nach lockern.

Am nächsten Tag geschieht in der Gruppe etwas Seltsames. Eine ganze Reihe von Teilnehmern erzählt von ihren emotional abwesenden und oft strengen Vätern und depressiven Müttern. Die Atmosphäre im TAO wird immer dichter und schwerer. Hier und da kommt es zu dramatischen Gefühlsausbrüchen, Männer und Frauen, die hemmungslos schreien und weinen. Ich schaue ihnen mit einer Mischung aus Erschütterung, Faszination und Scham zu. Ich kann spüren, wie tief ihre Ergriffenheit geht und zugleich ist es für mich unvorstellbar, mich - und hier benutze ich bewusst eine Redewendung aus meinem Elternhaus – „so gehen zu lassen“.

Gabriel, ein Mann um die Vierzig, meldet sich. Mit stockender Stimme trägt er sein Anliegen vor: Weder er noch seine Söhne könnten wirkliche Männer sein. Der Holocaust hätte jedes männliche Ideal zerstört. „Sag mir", fast fleht er Thomas an, „wie ich in Deutschland jemals ein selbstbewusster Mann sein kann." Als ich das höre, zieht sich in mir alles zusammen. Zum ersten Mal seit Beginn des Trainings kann ich mich nicht mehr auf Thomas Antwort konzentrieren, so sehr erfasst mich kalte Wut. Was ist denn das für ein Loser, der die deutsche Geschichte als Feigenblatt benutzt, um sein eigenes Versagen zu erklären, ja sogar zu rechtfertigen!

Nun bin ich lange genug in dieser Gruppe, um bei starken emotionalen Reaktionen hellhörig zu werden. Denn die Wortmeldung hätte einfach durch mich hindurchfließen können. Nach dem Motto: Mann, der projiziert ganz schön! Oder: Bestimmt hat die Nazivergangenheit uns alle geprägt, aber das ist ja nur ein Teil unserer Biografie. Und dann könnte ich mit meiner Aufmerksamkeit zur Gruppe zurückkehren. Aber ich bin so wütend, dass alle anderen Überlegungen verblassen. Und so mache ich das, was ich hier gelernt habe: Ich schaue mir meine Reaktion näher an. Ich versuche der Wut in mir mehr Platz zu geben und sie so deutlich wie möglich zu fühlen. (Das alleine fühlt sich schon mal ziemlich cool an, denn ich bin selten wütend.) Mit Hochdruck läuft in mir ein Film ab, ich höre meine empörte innere Stimme: Musste ich nicht auch gegen viele Widerstände angehen, um der Mensch zu werden, der ich heute bin? Ist nicht auch das Leben meiner Eltern und Großeltern durch die deutsche Vergangenheit gezeichnet? Bin ich nicht dennoch eine selbstbewusste Frau geworden?

Mich überrascht, wie sehr ich diesen Gabriel verachte, diesen armseligen Kerl, der sich als Opfer stilisiert. Je mehr ich in meine Wut und Verachtung hineingehe, desto offenkundiger wird, was mich triggert: Ich kann es nicht ertragen, wenn jemand seine Bedürftigkeit und Schwäche äußert und damit sein lebensweltliches Scheitern begründet. Statt zu Mittag zu essen, gehe ich auf mein Zimmer und widme mich meiner Wut. Sie kocht und kocht. Vielleicht ist jetzt der Zeitpunkt gekommen, an dem ich einen Assistenten um eine Session bitte?

Bis jetzt sind mir Sessions immer etwas suspekt gewesen. Zwar kann ich die Vorstellung dahinter grundsätzlich gut nachvollziehen: Die Teachings ebenso wie die täglichen psychodynamischen Übungen rütteln viele persönliche Themen und junge, unintegrierte Anteile wach, für deren Bearbeitung in der großen Gruppe kein Platz und in den Übungstriaden keine ausreichende Kompetenz vorhanden ist. Aber viele Kursteilnehmer scheinen bei jeder kleinen Gefühlswallung zu einem der Assistenten zu laufen, um sie therapeutisch aufzuarbeiten.

Kein Wunder, denke ich jetzt, als ich mich mit Jürgen, einem Psychodramatherapeuten, in eine Sofaecke zurückziehe. Bei meiner Verachtung für „Schwäche" und „Bedürftigkeit" muss es mir ja unangenehm aufstoßen, wenn Menschen sich ungeniert Hilfe suchen.

Dies ist also meine erste Session. Ich erzähle Jürgen von meiner starken Reaktion auf Gabriels Wortmeldung. Während ich spreche, beobachte ich zugleich unsere Interaktion. Wie geht Jürgen als Therapeut vor? Ich merke, wie sein Blick in mich hineingeht. "Was spürst Du?", fragt er. Seine ruhige Aufmerksamkeit hilft mir, mich zu konzentrieren und mich selbst wie unter einem Mikroskop wahrzunehmen. Ich spüre einen dicken Kloß im Hals. Tränen steigen mir in die Augen. Ich fühle mich stumm und versteinert. Statt eines klaren Gedankens taucht nur das Wort „Not" auf. Für ein paar lange Minuten verharre ich in diesem Zustand, unsäglich klein und völlig hilflos. Plötzlich bin ich nicht mehr allein. Jürgens Aufmerksamkeit scheint genau an demselben starren Punkt in meinem Inneren gelandet zu sein. Ich fühle mich schutzlos und nackt, aber Jürgens ruhige Präsenz und seine Zugewandtheit sind so unaufdringlich und respektvoll, dass ich mich entspannen kann. Ohne etwas zu sagen, verweilen wir einige Zeit zusammen an diesem Punkt in mir. Wie zart, weich und fein es hier ist! Im gleichen Moment sagt Jürgen: „Du kommst mir an dieser Stelle sehr filigran vor, wie eine kunstvoll verzierte Goldschmiedearbeit." Tief in mir gibt etwas noch ein Stückchen nach.

Als wir vielleicht eine Viertelstunde später wieder an der Bewusstseinsoberfläche auftauchen, ist meine Wut verschwunden. Statt ihrer fühle ich große Dankbarkeit. Jürgens Präsenz fungierte wie ein Verstärker, vor dessen Hintergrund ich mich selbst deutlicher spüren konnte. Durch Fragen lenkte er meine Aufmerksamkeit auf bestimmte Körperteile oder innere Bewegungen, die er in mir wahrnahm und die dann auch Teil meiner Erfahrungswelt werden konnten. In diesem größeren, sicheren Raum des Therapeuten konnte etwas Neues auftauchen.

In dieser Form der Therapie gibt es kein normatives Gerüst. Keine Erwartung, dass etwas Bestimmtes passieren muss. Kein vorgegebenes Ziel, zu dem man gelangen will. Man nimmt vielmehr an, dass der Körper seine eigene Intelligenz hat und verdrängte Facetten von selbst an die Oberfläche kommen werden, wenn sie einen sicheren Raum bekommen. Die Selbstheilungskräfte des Nervensystems bewirken, dass eingefaltete, gefrorene Energie, wenn sie wieder im Bewusstsein auftaucht, ihre eigenen unvorhersehbaren Bahnen zieht und dass das Leben sich auf neuartige Weise entfalteten kann.

Wir beenden die Session mit einem Debriefing. Die erste stumme und versteinerte Phase fühlte sich für Jürgen wie eine sehr frühe, präverbale Erfahrung der totalen Überforderung an. Intellektuell macht die Deutung für mich Sinn. Ich kann mir gut die doppelte Überladung vorstellen, die entstand, wenn meine eigenen Reizüberflutungen auf meine Mutter stießen, die ihrerseits im Panikraum war. Die darauffolgende Phase, das Absinken in einen feinfühligen, zarten Raum war wiederum ganz anders. In ihm hätte ich stundenlang ruhen können. Hier war ich ganz bei mir und es gab nichts anderes zu tun als zu verweilen. Zu sein. Jürgen bestätigt meine Wahrnehmung und fügt hinzu: „Ich kann verstehen, dass Du diese tiefe Schicht in Dir schützt und nicht viele Menschen dort hineinlässt.“ Nett von ihm, das zu sagen. Aber das Erstaunliche ist ja, dass ich diese zarte Ebene in mir selbst gar nicht kenne!

Irgendwie bin ich stolz: Nachdem ich bisher nicht verstanden hatte, was die anderen Teilnehmer unter “prozessieren” verstehen, ja sogar etwas abfällig auf die bedürftigen und verletzlichen Menschen geschaut hatte, war ich jetzt selbst durch die Sequenz gegangen und hatte einen ordentlichen Prozess erlebt!

Später gehe ich mit Jasmin, meiner Triadenpartnerin, um den kleinen See und berichte ihr von meiner Erfahrung. „Wieso meinst Du hat es bei mir so lange gedauert, bis ich verstand, was es mit „Prozessen“ auf sich hat?“, frage ich.

„Ich denke, Du räumst Deinen inneren Erfahrungen normalerweise wenig Platz ein. Alles, was ich von Dir weiß, ist, dass Du wahnsinnig produktiv und beschäftigt bist. Das ist toll, weil Du so viele Dinge im Leben gestaltest. Aber wenn Du ständig busy bist, verhinderst Du auch, dass bestimmte zarte oder unangenehme Gefühle auftauchen.“

Während ich Jasmin zuhöre, sehe ich mich in meinem Alltag. Es stimmt: Sobald ich ein bisschen Freiraum habe, fülle ich ihn mit einer Aktion: ergreife ein Buch, zeichne eine Mindmap, tätige eine Überweisung, gehe joggen, schreibe eine E-Mail, räume die Küche auf. Mache ich das wirklich auch, um mich zu betäuben, um Schmerz und Angst nicht zu spüren?

„Hier im Training“, fügt Jasmin hinzu, „fallen diese Kompensationsmechanismen weg. Wir widmen uns sieben Tage ununterbrochen unserem Inneren. Bei jedem kommen dadurch bislang verdrängte Anteile an die Oberfläche und reagieren aufeinander. So wie Dein Prozess von einer Wortmeldung getriggert wurde, so geht es uns allen. Und dann ist da noch die energetisch-spirituelle Dimension: Thomas erzeugt einen sehr hohen Bewusstseinsraum, in dem wir bislang unbewusste Facetten klarer wahrnehmen können.”

In der Nacht liege ich lange wach. Stimmt es wirklich, was mir die Gruppe immer wieder spiegelt? Dass ich hauptsächlich im Kopf lebe und von den Signalen meines Körpers und meinen Gefühlen abgeschnitten bin? Dass meine Schnelligkeit und meine Umtriebigkeit mich davor schützen, mich deutlicher zu spüren? Und zeigen sich diese unterdrückten Aspekte dann wiederum in Form von vielen Ängsten, Starkstromstößen der besonderen Art?

Für mich ist meine Gefühlswelt „normal". Ich würde mich sogar als ziemlich ausgeglichenen Menschen beschreiben. Meist befinde ich mich in einem Zustand, den ich „good enough" nenne (in Anlehnung an die Bezeichnung des britischen Kinderpsychologen Donald Winnicott, dessen Konzept der "good enough mother" mich als junge Mutter ansprach). In diesem Zustand fühle ich nichts besonders intensiv, aber es geht mir "gut genug". Aber vielleicht ist das, was ich „normal" nenne, Ausdruck einer Dissoziation? Bin ich chronisch von Teilen meines Gefühlslebens distanziert? Ich weiß es nicht.

Eines ist mir zu diesem Zeitpunkt jedoch klar: Das, was ich für eine starke Basis gehalten habe, meine feste äußere Struktur, die Stärke und Energie, mit der ich durchs Leben gehe, ist teilweise als Kompensation entstanden. Eine Stärke, die ich mir selbst gebaut habe, um die wackeligen, zittrigen Teile in mir zu überspielen. Und scheinbar gibt es in mir viel zarte und feine Elemente, die ich vor mir und anderen versteckt halte. Diese neuen Anteile faszinieren mich sehr und ich möchte sie unbedingt näher kennenlernen.

Meine öffentliche Zitterattacke hatte noch andere interessante Folgen. Plötzlich kommen mehr Menschen auf mich zu. Sie möchten mit mir mittagessen, um den See gehen, meinen Rat einholen. Manche kostet die Ansprache offensichtlich Überwindung, als wäre es eine Mutprobe, mit mir zu reden! Aber vielleicht ist es das für sie ja? So habe ich viel mehr Kontakt als zuvor. Ich esse mit einer Lübecker Steuerberaterin mittleren Alters, meine Güte - mein Alter! - zu Mittag und höre mir an, wie Kristalle ihr nach der Scheidung Kraft geben. Einen IT-Berater verdächtige ich nur deshalb mit mir sprechen zu wollen, weil er bei *betterplace* einen Job wittert. Eine Teilnehmerin möchte mich als Mentorin für ihren Schritt in die Selbstständigkeit gewinnen.

Ich lasse mich auf diese Begegnungen ein, merke aber auch, dass mir mein kleiner Kreis an Vertrauten in der Gruppe reicht. Menschen wie Jasmin, von der ich mich sehr verstanden fühle. Stephan H., der mir mit seiner Kompetenz und Radikalität imponiert. Ein weiterer Stefan, ein kunstsinniger Schweizer Ökonom, der in London Professor für Innovation ist und mich intellektuell inspiriert. Bettina, die so scharfsinnig komplexe Zusammenhänge analysieren kann und sich zugleich fast mütterlich um mich kümmert, obwohl ich fünfzehn Jahre älter bin.

Am letzten Nachmittag des Retreats gehe ich widerwillig vom Essenssaal ins TAO. Da wird jetzt wieder zu schlechter Musik getanzt, denke ich und stelle mich darauf ein, etwas gelangweilt den anderen von der Seite aus zuzuschauen. Doch irgendwas ist heute anders. Eine junge Frau zieht mich auf die Tanzfläche. So wie sie ihren Körper sinnlich bewegt und mir dabei in die Augen schaut, sollte ich eigentlich schnellstmöglich die Flucht ergreifen. Stattdessen nehme ich ihre Bewegungen auf und bald sind wir in ein spannungsreiches Spiel verwickelt. Bin das wirklich ich, die den Blickkontakt hält, den Bewegungen meines Gegenübers folgt und dann selbst den Takt übernimmt? Noch während wir tanzen, versuche ich zu verstehen, was anders ist. Normalerweise kann ich gut alleine oder mit einem meiner handverlesenen Freunde tanzen. Bei weniger vertrauten Menschen ziehe ich mich aber sofort voller Scham zurück. Und heute? Bewege ich mich ausgelassen mit dieser mir fremden Frau. Nachdem das Lied zu Ende ist, bedanke ich mich bei ihr. Wahrscheinlich hat sie keine Ahnung, was für eine neue Erfahrung das gerade für mich war.

Dieses Erlebnis führte mir eine Prozessabfolge vor Augen, die ich in den nächsten Jahren noch oft erleben werde. In dem Moment, in dem eine gefrorene Schicht in mir auftaut und sich entspannt, erweitert sich mein Verhaltensinstrumentarium. Statt nur auf eine ganz bestimmte Weise handeln zu können, eröffnen sich weitere Möglichkeiten: In diesem Fall kann ich mich plötzlich anderen Menschen (tanzend) öffnen und mit ihnen Kontakt aufnehmen.

Meditationen und Bewusstseinsreisen

Tief in meinem Inneren ist eine große Sehnsucht, die, in Worte gefasst, mir leicht pathetisch erscheint. Ich möchte wissen, was es bedeutet, wirklich lebendig zu sein und dieses Universum so direkt wie möglich zu erfahren. In diesen Sehnsuchtsmomenten verspüre ich den unbändigen Wunsch, meine kleine, eingeschränkte Ego-Identität zu überwinden und in etwas viel Größerem aufzugehen. Und es ist diese sehnsüchtige Ahnung, dass das Leben viel größer ist als das, was ich bislang erfahren habe, die mich letztlich jeden Morgen auf mein Meditationskissen zieht.

Thomas therapeutische Arbeit beeindruckte mich und erweiterte mein Verhaltensspektrum. Seit unserer ersten Begegnung waren es jedoch maßgeblich sein mystischer Zugang und sein spirituelles Wissen, die mich wirklich fesselten. Stundenlang konnte ich seinen Teachings über Bewusstseinsentwicklung und Schöpfung folgen, ohne dass mein Bullshit-Detektor Alarm schlug. Sie waren intellektuell schlüssig und vermittelten mir zugleich das Gefühl für einen viel größeren Bewusstseinsraum, in den ich hineinwachsen könnte.

Thomas Gegenwart wirkte wie ein Verstärker, in dem ich mich deutlicher und prägnanter erfahren konnte. Seine Präsenz, so schien es, ließ mich selbst größer werden und mehr Informationen verarbeiten. In einer schweren Krise ein paar Jahre später sollte ich erleben, wie sich mein völlig verkrampftes und eingeengtes Bewusstsein in seiner Gegenwart entspannen würde. Meine Ängste nahmen nicht mehr 95% meiner Wahrnehmung ein, sondern konnten - im größeren Raum stark geschrumpft - neben vielen anderen Wahrnehmungen existieren. Auch ohne Krise fühlte sich die Welt in Thomas Gegenwart anders an, freier, offener, beweglicher, flüssiger. Als ich ihn kennenlernte, war dies nur ein vages Gefühl, je mehr ich jedoch über Mystik lernte, desto mehr intensivierte sich diese Beobachtung.

In seinen Teachings vermittelte uns Thomas eine Landkarte des Bewusstseins, die wir für uns selbst in Meditationen und Übungen immer wieder überprüfen sollten. Obwohl dieses hier ein persönlicher Erfahrungsbericht ist und keine theoretische Abhandlung über Meditation, erscheint es mir an dieser Stelle sinnvoll, ein wenig auszuholen und einige zentrale Konzepte zu beschreiben.

Wie andere spirituelle Lehrer auch geht Thomas von zwei verschiedenen, aber miteinander verbundenen Reifungsbewegungen im Menschen aus. Da ist zum einen unsere horizontale persönliche Entwicklung (von Wilber „Growing up" genannt), die sich darin vollzieht, dass wir sukzessive unsere Schattenaspekte, das heißt abgespaltene Gefühle und Wahrnehmungen, reintegrieren. In diesem Prozess, den ich im vorherigen Kapitel ansatzweise beschrieben habe, tauen wir die gefrorenen Teile unseres Nervensystems nach und nach auf, so dass wir als Menschen weniger von unserer Vergangenheit eingeschränkt sind, sondern aus einem größeren Verhaltensrepertoire freier wählen und so möglichst dynamisch und flüssig am Leben teilnehmen können.

Erwachen oder „Waking up" bezieht sich hingegen auf eine vertikale Entwicklung, bei der sich unser Bewusstsein um höhere Dimensionen erweitert. Wir alle nehmen verschiedene Ebenen der Wirklichkeit wahr: körperlich, emotional und rational. Die Ratio gilt vielen als die höchste Wahrheit. Doch spirituelle Traditionen gehen davon aus, dass es jenseits des Verstands weitere Ebenen gibt, auf denen sich Realität nochmals anders zeigt. Diese transrationalen Bereiche negieren den Verstand nicht, sondern bieten zusätzliche, noch umfassendere Perspektiven auf die Welt. Inner Work ist die Erforschung verschiedener Bewusstseinsschichten, ermöglicht den Kontakt zum höheren Selbst und ultimativ das Aufgehen in Nondualität.

In seinen Teachings unterscheidet Thomas, wie viele andere Weisheitslehrer auch, zwischen vier verschiedenen Bewusstseinsebenen.

Da ist einmal unser Alltagsbewusstsein, unsere alltägliche grobstofflich sensorische Wahrnehmung von Welt. Auf dieser Ebene fühlt es sich so an, als wäre ich von der Welt getrennt. Hier bin ich als Subjekt, dort bist Du als Objekt.

Über dieses Alltagsbewusstsein hinaus gibt es eine nächste Ebene, die des subtilen Bewusstseins, in der wir feinere, energetische Strukturen und Bewegungen wahrnehmen können.

Danach kommt der kausale Raum, der eine tiefe magnetische Präsenz hat und in dem sich die Unterscheidung zwischen Subjekt und Objekt aufzulösen beginnt.

Und schlussendlich offenbart sich (wenigen Menschen) der non-duale Raum. In ihm erfährt der Mensch sich als Teil der kosmischen Einheit. Er ist Licht, „erleuchtet".

An dieser Stelle ein Hinweis. Mystische Wandlungs- und Durchbruchserfahrungen lassen sich natürlich auch ganz anders rahmen, als Halluzinationen oder Psychosen. Für Menschen, die mystische Evidenzerlebnisse hatten, sind diese jedoch der unhintergehbare Standard von Wirklichkeit. Ich selbst oszillierte lange zwischen einer naturwissenschaftlichen Perspektive (sind das nicht nur chemische Prozesse im Gehirn, die ich vor meinem Sozialisationshintergrund auf eine bestimmte Weise interpretiere?) und der Überzeugung, dass ich es mit sehr realen erweiterten Bewusstseinszuständen, umfassenderen Ausschnitten von einer nie ganz zu fassenden Realität zu tun hatte. Auch wenn ich es bis heute nicht ausschließen kann, dass Bewusstsein ein Produkt des menschlichen Geistes ist, so haben mich die vielfältigen, teils völlig überraschenden Erfahrungen der der letzten Dekade gelehrt, Bewusstsein als davon unabhängig zu verstehen und als Urgrund alles Seienden anzuerkennen. Alle Lebewesen, uns Menschen eingeschlossen, sind Lokalisierungen dieses einen Bewusstseins, erleben uns aber normalerweise als getrennt voneinander und dem großen Bewusstseinsstrom.

Um Zugang zu höheren Bewusstseinsstufen zu erlangen, haben spirituelle Traditionen die unterschiedlichsten Methoden und Praktiken entwickelt, von schamanistischen Ritualen und dem Gebrauch bewusstseinserweiternder Substanzen über die Tänze der Sufi und das christliche Gebet bis zur insbesondere im asiatischen Raum verbreiteten Meditation.

Indem wir im Training Selbstkontakt und transparente Kommunikation übten, schärften wir unsere subtilen Kompetenzen. In Übung nach Übung versuchen wir unsere Wahrnehmungskanäle zu verfeinern und energetische Bewegungen in uns und anderen mitzubekommen. Ich experimentierte in Bereichen, die mir noch vor Kurzem vollkommen abwegig vorgekommen wären: versuchte Seelenenergie zu lesen, gezielt meine Intuition zu kontaktieren oder die kollektiven Schwingungen von Feldern zu lesen. Manches davon machte für mich spontan Sinn und gelang, manches eröffnete ich mir durch intensives Training, anderes ist mir bis heute verschlossen geblieben.

Neben diesen aktiveren Wahrnehmungsübungen nahm Meditation in unserer Praxis einen wichtigen Platz ein. Als Teilnehmer hatten wir uns verpflichtet, auch zu Hause täglich mindestens dreißig Minuten zu meditieren. In unseren Workshops saßen wir morgens und abends eine Stunde in Stille und kamen einmal im Jahr zu einem einwöchigen Schweigeretreat zusammen, während dessen wir zehn Stunden täglich meditierten; im letzten Jahr des Trainings machten wir zusätzlich ein dreiwöchiges Schweigeretreat in Nepal.

In unseren Meditationen erforschten wir drei grundlegende Elemente. „Raum“, „Struktur“ und „Bewegung“ sind die drei wichtigsten Konzepte, die Thomas uns an die Hand gab, um während der Meditation unsere inneren subjektiven Wahrnehmungen zu verstehen und füreinander beschreibbar zu machen.

Raum ist in seiner ultimativen Ausprägung der Bereich des reinen grenzenlosen Bewusstseins. Während die meisten, aber nicht alle Neurowissenschaftler davon ausgehen, dass Bewusstsein eine Funktion des menschlichen Gehirns ist, verstehen die Weisheitstraditionen Bewusstsein als die zentrale Eigenschaft des Universums. Doch den meisten von uns ist nicht der ganze Bewusstseinsraum zugänglich, sondern nur bestimmte, zumeist niedrige Ebenen.

Bewegung bezieht sich auf die Tatsache, dass alle Energie im Leben entsteht, sich bewegt und von einer Form in die andere wechselt. Wir erfahren Bewegung in vielen verschiedenen Varianten, als Lebendigkeit, Sinneswahrnehmung, Gefühle, Gedanken, Inspiration.

Struktur wiederum ist verfestigte Energie. Sie umfasst alles, was eine Form hat, von Wörtern und Konzepten über soziale Normen bis zur konkreten Materie. Strukturen können gesund sein, wenn sie uns eine stabile Basis im Leben geben, oder ungesund, wenn sie statisch und unflexibel sind und uns daran hindern, der Bewegung des Lebens zu folgen. Genau dies geschieht, wenn wir als Menschen überwältigt werden und einen Schutzpanzer aufbauen. Wenn wir unsere Struktur fixieren, verlieren wir die Möglichkeit, auf verschiedene Situationen dynamisch zu antworten. Statt unsere Verhaltensformen frei zu wählen, müssen wir auf eine bestimmte vorgeprägte Art und Weise regieren. Dies nennen wir auch Schicksal.

Alle Weisheit-Traditionen beziehen sich auf „Raum“, geben ihm aber verschiedene Namen. Im Thai Buddhismus spricht man von Original Mind, im tibetischen Buddhismus von Rigpa, im Zen von Geistes-Essenz oder Geistes-Grund. Die non-dualistischen hinduistischen Traditionen bezeichnen Raum wiederum als „timeless witness“, als zeitlosen Zeugen.

Menschen, die eine kontemplative Praxis verfolgen, werden wissen, was Raum ist. Für alle anderen versuche ich es hier praktisch zu beschreiben. (Falls Du solche Anweisungen blödsinnig findest, kannst Du die nächsten Abschnitte gerne überlesen.)

Was nimmst Du wahr, wenn Du Deine Augen schließt und Dein Inneres beobachtest? Wahrscheinlich bemerkst Du Deinen Atem, ein paar Körperempfindungen und Deinen Geist mit Gedanken, die in alle möglichen Richtungen kreuz und quer fliegen. Meist nehmen die Gedanken so viel Platz ein, dass unsere Aufmerksamkeit von ihnen vollständig ausgefüllt wird und wir schnell die Distanz des Beobachters verlieren.

Ein Meditationslehrer würde Dich jetzt bitten, jede Bewegung in Dir genau zu beobachten und dabei insbesondere zu versuchen, Dich nicht in Gedanken zu verlieren, sondern immer wieder auf Deinen Beobachterposten zurückzukommen, von dem aus Du die verschiedenen Bewegungen und Strukturen mitsamt der Gedanken wahrnehmen kannst. Mit regelmäßiger Übung ist es möglich, immer länger in diesem Beobachtungsmodus zu verweilen, von dem aus Du alle Bewegungen in Dir bezeugen kannst, ohne dass sie die Oberhand gewinnen und das gesamte Bewusstsein ausfüllen.

Während Du innerlich ruhiger wirst - viele Traditionen sprechen von dem Bewusstsein als einem dunklen See mit einer klaren, glatten Oberfläche -, gelingt es Dir, alle Bewegungen immer präziser zu betrachten: Du siehst, wie Deine Gedanken kommen und gehen. Du siehst, wie Deine Körperwahrnehmungen entstehen und sich auflösen. Du siehst, wie sich Gefühle formen und weiterziehen. Mit der Zeit fängst Du an, auch den Raum, in dem all dies stattfindet, als solchen deutlicher wahrzunehmen. Du wirst beobachten, dass nicht alles, was Du wahrnimmst, eine Bewegung oder Struktur ist, sondern dass es einen Ort gibt, in dem Deine Wahrnehmungen auftauchen. Ein Ort, den Du mit ICH bezeichnen kannst. Je stärker dieses Gefühl für den Raum wird, in dem alles stattfindet, desto stärker weitet er sich aus. Wie auf einer Bühne tauchen Sinneswahrnehmungen in ihm auf und ziehen wieder weiter.

Die Balance zwischen Raum, Bewegung und Struktur ist für jeden verschiedenartig. Manche Menschen haben Zugang zu einem großen Bewusstseinsraum, in dem viele unterschiedliche Bewegungen und Strukturen ungestört nebeneinander existieren können. Hier ist so viel Platz, dass der Mensch sowohl während der Meditation als auch in seinem Alltagsbewusstsein von Bewegungen und Strukturen nicht überwältigt ist, sondern sie präzise fühlen und einordnen kann. Für andere ist der Raum kleiner und mit Strukturen und Bewegungen vollständig ausgefüllt. Die Buddhisten nennen dies „Monkey Mind" - ein Bewusstsein, das von wild zirkulierenden Gedanken und Sinneseindrücken vollständig besetzt ist und dabei die Fähigkeit verliert, einzelne innere Prozesse wahrzunehmen und zu benennen. Zwischen diesen beiden Extremen befinden sich unzählige Schattierungen, unendlich viele verschiedene subjektive Bewusstseinszustände.

Wie erfahren wir die Welt, wenn wir viel Raum haben? Zum einen bemerken wir den Raum an sich. Unsere Gedanken und inneren Bewegungen sind im Zweifel ruhiger und wir identifizieren uns nicht gänzlich mit ihnen, sondern nehmen sie in ihrem ständigen Wandel, in ihrem Kommen und Gehen, wahr. Während der Meditation können wir über lange Zeiträume beobachten, wie Bewegungen und Strukturen auftauchen und verschwinden.

Im Alltagsbewusstsein sind wir in diesem Zustand in der Lage, unsere Reaktionen auf unsere Umwelt zu beobachten: Wenn jemand uns schlecht behandelt, uns beispielsweise provoziert, reagieren wir nicht automatisch, sondern können unsere Reaktionen beobachten. Ich kann besser wahrnehmen, wie mein Herzschlag sich erhöht und spüre Wut in mir hochsteigen. Ich höre mich selbst denken: „Was für ein Idiot!" Während ich all dies beobachte, identifiziere ich mich nicht völlig mit meinen Sinneswahrnehmungen; sie sind nicht eins mit mir als Subjekt, sondern tauchen als Objekte in meinem Inneren auf. Auf diese Weise kann ich eventuell auch wahrnehmen, was bei der anderen Person dazu geführt hat, dass sie sich so verhält. Vielleicht sehe ich, dass sie das tiefe psychologische Bedürfnis hat, sich Autoritäten gegenüber zu behaupten.

All dies verschafft mir die Pause, von der Viktor Frankl schrieb: „Zwischen Reiz und Reaktion liegt ein Raum. In diesem Raum liegt unsere Macht zur Wahl unserer Reaktion. In unserer Reaktion liegen unsere Entwicklung und unsere Freiheit."

Diese Pause erlaubt es mir auf unterschiedlichste Weise auf die Provokation zu reagieren und damit dem Leben eine neue Richtung zu geben. Statt dem Schicksal zu folgen, habe ich eine Wahl und werde selbst Akteur.

Am anderen Extrem, dem weitgehend unbewussten, von Gedanken und Gefühlen vollständig besetzten Raum, kann ich keine Bewegung von der anderen unterscheiden, geschweige denn sie benennen oder analysieren. Herzrasen, empörte Gedanken und ungefilterte Gefühle tauchen gleichzeitig auf und überwältigen mich. Aus dieser Perspektive sehe ich nur eine Realität und kann auf die Provokation nur automatisch und unbewusst reagieren. Ich sehe keine Alternativen und bin in der Vorbestimmtheit gefangen.

Die Beziehung zwischen Raum und Struktur unterscheidet sich nicht nur von einem Individuum zum anderen, sondern hängt auch von der individuellen Tagesform ab. Gestresst steht mir weniger Raum zur Verfügung, als wenn ich entspannt bin. Das gleiche gilt für den psychologischen Reifungsprozess an sich. Kleine Kinder sind sehr mit ihren eigenen unmittelbaren Bedürfnissen identifiziert: Ich will dieses Eis. Jetzt sofort! Später lernen sie mit ihrem rationalen Verstand rohe Impulse besser zu kontrollieren. Je mehr sie reifen, desto fähiger werden sie, ihre Aufmerksamkeit über ihre unmittelbare körperliche und emotionale Wahrnehmung auszudehnen und mehr und mehr Distanz zwischen ihren unmittelbaren Sinneswahrnehmungen und ihrem Bewusstsein zu kreieren.

Soweit die Theorie. Wie aber sieht das Ganze in der Praxis aus? In meiner Praxis?

Bionic Woman

Wie schön, eine Woche Stille. Es ist unser erstes Schweige-Meditationsretreat in Oberlethe und ich freue mich nach hektischen, arbeitsintensiven Wochen im *betterplace lab* auf eine Auszeit. In den ersten zwei Tagen kämpfe ich allerdings vor allem gegen meine Müdigkeit an. Kaum dass ich versuche, meinen Körper und seine Empfindungen aus einer möglichst entspannten, aber dennoch fokussierten Perspektive zu betrachten, dämmere ich schon weg. Zwischendurch schrecke ich hoch und hoffe, dass niemand meinen Schlaf mitbekommen hat. Oh nein, geht mir augenblicklich durch den Kopf, beschäftige ich mich schon wieder damit, was „die anderen" denken? Wenn es mir gelingt, über längere Perioden wach zu bleiben, rasen meine Gedanken so, dass eine Viertelstunde vergehen kann, bevor ich merke, dass ich meinen Beobachterposten komplett verloren habe und stattdessen mein nächstes Arbeitsprojekt plane. Dann heißt es zurück auf Start und meinen Atem beobachten.

Halbwegs fokussiert gehe ich auf die Lauer: Bahnt sich da ein anderer Wahrnehmungszustand an? Bin ich jetzt weiter als zuvor? Ist dies mein Zeugenbewusstsein? Meine Güte, selbst beim Meditieren mache ich mir Leistungsdruck! Ein paar Stunden bleibe ich in einem unbefriedigenden, starren Zustand: Zwar kann ich meinen Beobachterposten halten und von hier aus umherstreunende Gedanken schnell wieder einsammeln. Aber vor lauter Disziplin bin ich total verkrampft und starr.

Am dritten Morgen gleite ich völlig unvorbereitet in einen ganz anderen Raum. Plötzlich ist alles ruhig, weit und fast vollkommen gedankenlos. Oh, ich liebe diesen Zustand! Vor meinem inneren Auge erscheint ein tiefer, dunkler See, wie mit Quecksilber gefüllt. Hier ruhe ich einfach. Es gibt nichts zu tun. Ganz selten nehme ich ein paar langsame wellenförmige Energieschübe wahr, doch auch die können die Stille und Weite nicht stören. Nur in der Peripherie meiner Wahrnehmung bekomme ich mit, dass sich das TAO fürs Mittagessen leert und Stunden später wieder füllt. Die ganze Zeit bewege ich mich nicht.

Es ist fantastisch! Ich jubiliere. Was ist das für ein irrer Zustand! Mein Sein fühlt sich so radikal anders an! Wie der Unterschied zwischen fest, flüssig und gasförmig! Die Welt auf diese Weise zu entdecken, so schießt es mir durch den Kopf, ist das Spannendste, was es geben kann. Und dann, für einen Bücherwurm wie mich, ein überraschender Gedanke: Wenn mir dieser Raum öfter zugänglich wäre, würde ich keine Bücher mehr lesen.

Dieser Raum ist wie eine Schneekugel. Alles, was mir in der Meditation begegnet - alle Gedanken und Empfindungen - sind meine unintegrierten Anteile, die herumschwirren und nach Aufmerksamkeit und Anerkennung rufen. In dem Moment, wo mehr und mehr Facetten präsent in meinem Bewusstsein auftauchen, können diese Flirrkräfte wie Flocken in einer Schneekugel auf dem Boden landen. Dann ist alles an seinem Platz und es gibt überhaupt keinen Grund nicht im Hier und Jetzt, in der vollen Präsenz zu sein. In diesen Momenten erscheint mir mein Leben nicht mehr als Generalprobe, sondern als Premiere. Während der Generalprobe irren noch viele Teile von mir orientierungslos im Raum herum. Premiere ist, wenn alles von mir gegenwärtig gefühlt im Bewusstsein auftaucht. Wenn alles da ist, wieso sollte meine Aufmerksamkeit in die Vergangenheit oder in die Zukunft gehen? Wenn alles am Platz ist, gibt es nichts mehr zu suchen.

Am nächsten Tag fühle ich mich sehr verwundbar und einsam. Ich hadere: Wieso konnte dieser wundervolle gestrige Zustand nicht bleiben!? Während einer Stunde weine ich still vor mich hin, ohne benennen zu können warum. Ich merke nur, dass ich an diesem zarten, verletzlichen Platz sehr allein bin. Weder Stephan noch meine besten Freunde können mich hierhin begleiten. Denn an diesen Punkt komme ich selbst nur sehr selten. Ja, ich schütze mich eher davor, ihn zu berühren.

Die Welle von Verletzbarkeit, Einsamkeit und Trauer zieht langsam durch mich durch, als etwas Neues auftaucht, eine mutige, starke Facette. Während ich mich auf diese neue Bewegung fokussiere, wird sie immer präsenter und laserscharf. Mir schießt ein Name für diese Frau - die ich ja selbst bin - durch den Kopf: Bionic Woman. Sie hat etwas von einer stählernen Actionfigur. Wie Trinity, die weibliche Hauptfigur aus der Matrix. Was für ein geiles Gefühl! Bin ich das wirklich? Kann sich das Leben auch so anfühlen? Oh, wie viel würde ich darum geben, mit dieser feurigen Kraft kontinuierlich verbunden zu sein!

Mitten in diesem Zustand muss ich Oberlethe für ein paar Stunden verlassen. Lange im Voraus hatte ich zugesagt, auf dem deutschen Stiftungstag in Hamburg ein Streitgespräch über den Einsatz digitaler Technologien im sozialen Sektor zu halten. Ausnahmsweise - Schweigeretreats verlässt man nicht einfach mal so kurz zwischendurch - hatte ich die Erlaubnis bekommen, mit dem Zug nach

Hamburg zu fahren, dort im großen Saal des Kongresszentrums meinen Vortrag zu halten, um dann wieder ins Retreat zurückzukehren.

Es war eine irre Erfahrung. Völlig anders als meine sonstigen Bühnenauftritte, vor denen ich meist aufgeregt und nervös war. Während der Zugfahrt schlägt in mir ein gleichmäßiger, ruhiger Takt und ich sehe keinen Grund, mich auf meinen Auftritt vorzubereiten. Auch dies im krassen Unterschied zu meinem normalen Verhalten. Beim Betreten der Bühne mache ich eine mentale Übung, die Thomas mit uns in der Woche zuvor praktiziert hat: Ich stelle mir vor, der gesamte Boden des großen Konferenzraumes ist mit Wasser gefüllt und ich - mit beiden Füßen fest im Boden verankert - nehme über dieses Wasser mit dem ganzen Raum Kontakt auf, bis in seine letzten Ecken hinein.

Während ich aufmerksam die Sitzreihe durchgehe und mir meine Zuhörer anschaue, wird mir bewusst, wie ängstlich ich mich sonst in mich zurückziehe. Normalerweise bin ich so damit beschäftigt, meine Aufregung unter Kontrolle zu halten, dass ich mit meinem Publikum wenig Kontakt aufnehme. Heute kann ich sowohl in mir ruhen, als auch den anderen zugewandt sein.

Der Unterschied ist riesig. Mir wird klar, dass ich bislang immer eine unsichtbare Trennscheibe zwischen mir und meinen Zuhörern aufgebaut habe. Jetzt kann ich Hunderte von Menschen auf einmal in meinem Inneren auftauchen lassen und mit ihnen im Kontakt sein.

Die neue Bühnenerfahrung bewegte mich sehr, war sie doch das erste Mal, dass ich einen konkreten und sehr positiven Zusammenhang zwischen innerer Arbeit und meinem Beruf herstellen konnte. Von diesen Transferleistungen würde es später noch sehr viel mehr geben.

Was geschah mit Trinity, der Bionic Woman? Nun, sie verschwand genauso mysteriös, wie sie gekommen war. Aber in den nächsten Jahren kam sie gelegentlich wieder zum Vorschein. Und von einem dieser Auftritte möchte ich noch berichten. Es ist Herbst und wieder einmal hat unsere Gruppe eine Schweigewoche hinter sich. Am letzten Abend leitet Thomas eine Initiation. Ein Schüler nach dem anderen tritt vor ihn und wird gesegnet. Als die Reihe an mir ist, trete ich auf Thomas zu und sehe ihm direkt in die Augen. Sie sind weit, weit weg. In diesem Moment werde ich in eine andere Realität geschleudert. Wäre dies ein Comic, würde ich die Szene ungefähr so beschreiben:

Joana verwandelt sich in eine sehr mächtige, starke Gestalt. Da steht nicht mehr sie, sondern eine viel größere Version ihrer selbst. Mit einer stählernen Rüstung bekleidet, hält sie ein Feuerschwert in der Hand, das sich mit dem ebenfalls stark energetisch aufgeladenen Schwert von Thomas kreuzt. Die beiden Schwerter berühren sich und Joana, innerlich bebend, muss all ihre Kraft und Konzentration darauf verwenden, um Thomas standzuhalten.

Mir ist, als würden sich zwei riesige Energiekörper begegnen. Dabei stehen sich aus Sicht aller anderen in der Halle nur die ganz normale Joana und Thomas in einem Abstand von gut zwei Metern für ein paar Minuten gegenüber. Die Kraft, die mich durchzieht, ist so stark, das ich von Kopf bis Fuß vibriere. Wobei „mich" oder „ich" den Zustand nicht treffen, denn hier steht eine viel prägnantere, wildere und fundamentalere Gestalt.

Ein paar Minuten später sitze ich wieder auf meinem Kissen. Alles in mir bebt - mein Körper, meine Gefühle, meine Gedanken. Stundenlang noch, fast die halbe Nacht, sitze ich in der Meditationshalle und versuche zu verstehen, was gerade geschehen ist. Mit einem Mal merke ich, dass es um mich herum laut summt. Ich suche den Raum mit den Augen ab. Hat sich hier ein großes Insekt verirrt? Aber da ist nichts. Zugleich wird das Geräusch immer stärker. Wie ein stark summender Elektrozaun. Mit einem Mal wird mir klar, dass das Summen in mir und um mich herum vibriert.

Thomas hatte davon erzählt, dass manche Menschen, wenn sie mit höheren Energiefrequenzen Kontakt haben, entweder Licht sehen oder einen hohen Ton hören. Kann es sein, dass es dieser Ton ist? Mir fällt ein, dass er mir sehr vertraut ist, ich ihm aber nie irgendeine Bedeutung zugeschrieben habe. Wie viele Dinge nehme ich nicht wahr, weil mir die konzeptionelle Landkarte für sie fehlt! Denn Inner Work bedeutet auch, neue Konzepte und eine Sprache zu erlernen, mit der man die Welt präziser verstehen kann. Ich nehme mir vor, zukünftig auf diesen Ton zu achten.

Reisen mit Substanzen

Von Abraham Maslow, dem berühmten amerikanischen Psychologen, stammt der Vergleich, die Einnahme von LSD oder anderen psychedelischen Drogen sei so, als würde man mit dem Fahrstuhl auf den Mount Everest fahren. Maslow interessierte sich sehr für „peak experiences", außergewöhnliche Bewusstseinszustände, in denen wir tiefe Erfahrungen von Liebe, Tod oder Selbstvergessenheit machen. Drogenindizierten Peak Experiences stand er jedoch skeptisch gegenüber, da diese nicht nachhaltig ins Leben einzubetten seien. Wozu war es gut sich selbst zu transzendieren, wenn es danach nicht gelang, diese Erfahrung in den Alltag zu integrieren und gesellschaftlich fruchtbar zu machen?

Mir geht es ähnlich. Zum einen habe ich großen Respekt, oder ehrlicher, Angst vor Kontrollverlust, zum anderen kenne ich zu viele Menschen, denen regelmäßiger Substanzgebrauch leere Augen und flatternde Energie beschert hat. Auch Thomas Hübl spricht sich dezidiert gegen den Konsum von bewusstseinserweiternden Drogen wie LSD, Psilocybin oder MDMA aus.

Und dennoch. Drogenreisen können wichtige Referenzerfahrungen ermöglichen. Wer einmal ganz direkt erfahren hat, wie völlig anders die Welt sein kann, für den verändert sich die grundlegendste Wahrheit im Leben. Wer weiß, dass unsere Alltagswahrnehmung von Realität nur eine Spielart von vielen ist, für den eröffnet sich ein potenziell reichhaltiges Experimentierfeld. Ein Raum, dem man sich dann mit langsamen, kontemplativen Techniken nähern kann.

Als Stephan also eines Tages von einem Therapeuten erzählte, der seit vielen Jahren mit bewusstseinserweiternden Substanzen arbeitet, war ich sofort neugierig. Meine (illegale) Drogenerfahrung beschränkte sich auf einige Joints und einen sehr lange zurückliegenden, aber höchst eindrucksvollen MDMA-Trip.

Heute, insbesondere seit Veröffentlichung von Michael Pollans Buch *How to Change Your Mind,* welches die intensive Erforschung von psychedelischen

Substanzen für eine ganze Reihe von therapieresistenten Erkrankungen (von Alkoholismus bis Depression) an namhaften medizinischen Institutionen beschreibt, erleben wir eine Renaissance der Beschäftigung mit bewusstseinsverändernden Drogen. Signifikante Gelder fließen in die Forschung. Bücher, Konferenzen und Talkshows enttabuisieren das Thema in der breiteren Gesellschaft. Meine Sessions mit GF, dem Berliner Therapeuten, fanden ein paar Jahre vor dieser Öffnung statt und so war ich jedes Mal ziemlich aufgeregt, wenn ich in das kleine Haus am Berliner Stadtrand fuhr, in dem der Therapeut seine Sessions abhielt.

Drei Mal war ich schon bei GF gewesen. In einem Vorgespräch hatten wir jeweils geklärt, welche Themen ich mir in der abendlichen Session anschauen wollte. Es waren meine üblichen Lieblinge: Krankheits- und Todesängste, Leistungsdruck und meine Unfähigkeit, mich tiefer zu entspannen. Anschließend waren wir in einen mit Matratzen und Kissen ausgestatteten Raum im hinteren Teil seiner Praxis gegangen und hatten beide die jeweiligen Substanzen (beim ersten Mal MDMA, beim zweiten Mal eine Mixtur aus MDMA und Psilocybin, beim dritten Mal reines Psilocybin) eingenommen. Prost und gute Reise!

Zu sanfter Hintergrundmusik warf ich als Einstimmung die Würfel für das I Ging und GF las die entsprechenden Abschnitte des *Buchs der Wandlungen* vor. Während der nächsten drei bis vier Stunden glitt ich in andere Wahrnehmungsräume, die nur von gelegentlichen Fragen und Dialogen mit dem Therapeuten unterbrochen wurden. Nachdem die Wirkung abgeklungen war, bereitete GF noch ein leichtes Abendessen vor und ließ mich dann die Nacht alleine in der Praxis verbringen. Am nächsten Morgen zum Frühstück folgte ein Debriefing. Ein paar Tage später fand dann noch ein ausführlicher Rückblick statt, um die während des Drogentrips gemachten Erfahrungen besser einordnen zu können.

Die ersten drei Reisen waren frustrierend. Obwohl ich in einen größeren Bewusstseinsraum hinüberglitt, spürte ich die ganze Zeit, wie ich mich festhielt und kontrollierte. Da lag ich auf der Matratze, umgeben von schamanistischen Ritual-Gegenständen und psychedelischer Musik, und spürte unentwegt mein Bedürfnis nach Struktur, Halt und Sicherheit. Klar und fokussiert floatete ich irgendwo herum, aber ich hielt und hielt und hielt. Und wünschte mir nichts sehnsüchtiger, als aus mir herauszutreten, den inneren Wachturm zu überlisten, den Druck in mir zu überwinden, zu expandieren und Neuland zu betreten.

Ich wurde ärgerlich. Wieso war ich nur so ein Kontrollfreak? Wieso konnte ich nicht loslassen? Offensichtlich hatte ich mir als Kind sehr früh Strukturen geben müssen, hatte gelernt, nicht nur mich, sondern auch meine Familie zu halten. Dieses Kontrollbedürfnis verfolgte mich jetzt schon so lange und verhinderte, dass ich mich richtig entspannen und dem Leben auf einer tieferen Ebene zuhören konnte.

Zudem nervten mich GFs Interventionen. Immer wieder führte er mir vor Augen, wie sehr ich Ohnmachtsgefühle abwehrte. Seiner Theorie zufolge holten diese mich aber in Form meiner Krankheitsängste ein und verhinderten darüber hinaus tiefere Beziehungen zu anderen Menschen. Sein Rezept:

Ich müsste die Kontrolle verlieren und meine Todesangst direkt konfrontieren. Ja, ja, das mag ja alles sein, dachte ich. Aber die Art und Weise, wie der Therapeut mich immer wieder in die gleichen Bahnen führte, störte mich. Selbst als ganz andere Themen hochkamen - ich von Liebe für meine Eltern überflutet wurde oder eine starke, kreative Bindung zwischen mir und Stephan spürte - versuchte GF mich immer wieder in die dunkle Ecke der Todesangst zu drängen. Ich fühlte mich manipuliert und sagte ihm das auch. Irgendwann verschloss ich mich seinen Fragen und versuchte einfach nur für mich alleine die Erfahrung zu erforschen.

So bin ich durchaus ambivalent, als ich im Oktober 2013 nach einem langen Arbeitstag an den Berliner Stadtrand fahre, um eine weitere Reise zu machen.

Statt die Erfahrung jetzt, acht Jahre später, zu rekonstruieren, teile ich hier meinen Tagebucheintrag vom Tag danach.

„Dieses Erlebnis war die überwältigendste Erfahrung meines Lebens. Und es erscheint mir falsch, von „meinem Leben“ zu sprechen, denn diese Einheit hat sich im Laufe einer Nacht völlig aufgelöst.

Nachdem ich die Substanz zu mir genommen habe - sie schmeckt wie gemähter Rasen in Orangensaft -, tritt ziemlich schnell eine Wirkung ein. Mit einem Mal bin ich ganz woanders. Mein Körper ist verschwunden und ich befinde mich irgendwo im All. Aber statt wie ein Astronaut herum zu schweben, BIN ich das All. Ich bin die Urkraft, eine wahnwitzige Quelle von Energie und Kraft und allem was ist. Ich bin gleißendes, sprühendes, Funken schlagendes Licht. Im nächsten Augenblick bin ich ein mächtiges wildes Tier; ein weißer Wolf. Ich bin so unbändig stark. Ich bin „die Kraft der Welt. Ich bin der Ursprung aller Energie“, schießt es mir durch den Kopf. Der Ursprung von allem, ein funkensprühendes Sonnenrad, nirgendwo da draußen, sondern ganz tief in mir.

Irgendetwas in mir kann diese Erfahrung beobachten. Zugleich bin ich untrennbar mit dem Geschehen verbunden. Ich habe keine Angst, ich bin nur fasziniert. Ich liege auf dem Rücken, lache, schmunzle und gluckse. Auch die Musik, die GF aufgelegt hat - von einem mexikanischen Komponisten extra für Mescalin-Reisen komponiert -, ist in mir. Ich frage mich „Gibt es so etwas wie Musik wirklich? Wo findet sie statt?“

Irgendwann bittet GF, ich möge mich aufsetzen. „Wie geht es Dir?", fragt er. Ich antworte: „Absolut fantastisch." Die Antwort scheint ihn zu irritieren und ich höre ihn fragen: „Spürst Du denn Deine Panik nicht?" Und setzt hinzu: „Wenn Du jetzt keine Angst spürst, machst Du mir Angst!"
Sobald ich meine Aufmerksamkeit von dem Allumfassenden abziehe, schwappt eine riesige Panikwelle über mich. Ich bin weit, weit weg und habe jeden Halt in der gewohnten Realität verloren. Jetzt kann ich nur noch die Kluft zwischen den beiden Welten wahrnehmen und spüre unbändige Angst.

In der nächsten langen Phase wechseln sich kosmische Entgrenzung und bodenlose Angst ab. Meine Alltagsrealität, mein ganzes bisheriges Leben, erscheint mir so unendlich weit weg, dass ich Mühe habe, mich überhaupt daran zu erinnern. Ganz weit hinten taucht der Name *betterplace* auf. Oder gibt es das in Wirklichkeit gar nicht? Doch, das hat etwas mit dem Internet zu tun! Aber was bitte ist das Internet?

Mein einziger Realitätsanker auf dieser kosmischen Reise ist Stephan. Ja, da gibt es jemanden, der Stephan heißt und der auch schon mal mit GF in diesem Raum war. Ich kann mich jetzt auch an meine Fahrt vom *betterplace* Büro zu GFs Haus erinnern. Auch wenn Erinnerungsfetzen vorbeiziehen, ist da kein „Ich", das sie sieht.

Sobald meine Aufmerksamkeit dahin geht, wie sehr ich mich aufgelöst habe, werde ich von Panik geflutet. Ich bin ein Zombie - ein Körper ohne Inhalt. Immer wieder versuche ich mich damit zu beruhigen, dass Stephan auch in diesem Raum gewesen ist und mit GF eine Reise unternommen hatte. Aber in der nächsten Sekunde schwemmt die Angst alles wieder weg.

An dieser Stelle geschieht etwas, was mir die nächste Stunde zur Hölle werden lässt. Ich frage GF, wie lange dieser Zustand anhält. Wie lange wird es dauern, bis ich wieder in meinem Normalbewusstsein gelandet bin? Und höre ihn sagen: „Manche kommen da nie raus." (Später wird er sich daran nicht mehr erinnern und natürlich kann es auch sein, dass ich ihn missverstanden habe.) Das gibt mir den Rest: Ich sehe meine Seele im Kosmos herumirren, ziellos und allein in dieser riesigen Weite. Und ich denke: „Wenn Du jetzt noch einen Schritt machst und Dich weiter fallen lässt, dann löst Du Dich auf. Dann siehst Du Stephan, Lilian und Vico nie wieder. Ja, das ist der Tod. (Und während ich dies aus meinem Tagebuch auf meinen Laptop übertrage, steigt tiefe Trauer und Verzweiflung in mir hoch.)

Ich verankerte mich gedanklich in den dreien, versuche mich mit meinem Körper zu verbinden, mich zu erden. Aber dann übernimmt wieder der Kosmos das Steuer und fragt „Gibt es die Welt überhaupt? Habe ich eine Geschichte? Bin ich überhaupt jemals geboren worden? Habe ich Eltern?" Zu diesem Zeitpunkt gehen Vergangenheit und Zukunft völlig ineinander über. Dieses Leben ist eine Illusion, nur eine Geschichte, die irgendwo abläuft, aber mit dem großen Ganzen nichts zu tun hat.

Wie ein Detektiv versuche ich herauszufinden, ob es *betterplace* wirklich gibt. An welche konkreten Ereignisse kann ich mich erinnern? Oh ja, da ist ein Fetzen: Ich sehe mich gemeinsam mit meinem Kollegen Jonas in einer Telko mit unserem Kunden von *Telefonica*. (Dieser Call hatte ein paar Stunden vorher stattgefunden). Ah, also *betterplace* ist real! Aber es ist soooo klein! Aus meiner kosmischen Warte - denn ich schaue aus einer Entfernung von 1.000 Jahren auf die heutige Welt zurück - ist *betterplace* ein absolut unbedeutendes Phänomen. Und diesem „fast nichts" widme ich einen Großteil meiner Lebenszeit!

Mit der nächsten Welle taucht die nächste Grundsatzfrage auf. „Habe ich Kinder?" Alles in mir zittert. Was, wenn ich mich nicht an sie erinnern kann? Doch da sehe ich in meinem Inneren mein iPhone mit Vicos Foto, das aufleuchtete, als er ein paar Tage zuvor aus Sierra Leone anrief. Weitere Bilder tauchen auf: von Vico in Venedig und Lilian in Portland.

Doch meine Angst, nicht mehr ins Leben zurückzufinden, wird immer größer. Was soll ich machen? Ich muss hier raus, an die frische Luft! Auf der Straße torkle ich wie ein Zombie umher. Neben mir geht GF und sagt: "Du stehst unter Schock. Du bist aus Deinem Körper rausgegangen, um die überwältigende Angst nicht zu spüren."

Zurück im Haus ziehen Bilder aus meiner Kindheit an mir vorbei: von meinen Schulfreunden Monika Rüter, Nicola Monitor, Thorsten Neugebauer, Carsten Rhode und Stephan Bolz. Das Gesicht eines sterbenden Freundes, des Kameramanns Martin Kukula, taucht auf. Ich frage mich: „Wieso haben wir eigentlich so viel Angst vor dem Tod? Gibt es ihn überhaupt? Ist er nicht nur ein Schattenkonstrukt?"

Nochmals überflutet mich die Angst, in dieser Zwischenwelt stecken zu bleiben, wie eine Raumfahrerin, die im schwerelosen All durch die Atmosphäre treibt, dazu verdammt auf ewig dort umher zu schweben.

Mit einem Mal stehe ich vor einer Entscheidung: weiterfliegen und mich völlig auflösen - oder wieder auf die Erde zurückkommen. Mir ist, als stehe ich auf einer sehr hohen Bergklippe. Wenn ich darüber hinaus gehe, entgrenze ich mich gänzlich. Wenn ich andererseits diesseits den Berg hinabsteige, komme ich wieder in meiner limitierten Form zur Welt zurück. Mit großer Willenskraft entscheide ich mich für Letzteres. Ich sage sogar laut (es gibt von der Session eine Aufnahme): „Ich wähle ganz bewusst die Welt des Schmerzes und des Leids und der Sterblichkeit und will dort dienen." Ganz frei fühlt sich diese Entscheidung jedoch nicht an. Der Schritt über die Klippe ist einfach zu groß.

Irgendwann sagt GF: „Die ersten vier Stunden sind vorbei." Langsam bin ich wieder mehr in mir verankert. GF legt Ludovico Einaudi auf und ich experimentiere mit meiner Wahrnehmung. Zuerst lasse ich verschiedene Menschen in mir hochsteigen und tauche in ihre Empfindungswelt ein. Meine Freunde kommen mir so verletzlich vor. Dann schaue ich mir *betterplace* genauer an und spiele im Kopf konkrete Entscheidungen durch, die wir in den nächsten Wochen zu fällen haben. Mir ist, als könnte ich alles fühlen, als würde sich mir das energetische Wesen von allem erschließen. Wir sind alle miteinander verbunden.

Nach einer weiteren Stunde bereitet GF ein leichtes Abendessen vor. Wir essen schweigend. Dann lege ich mich hin und schlafe erschöpft ein.

"Das klingt alles extrem grandios. Und dennoch war es genauso", schließe ich meinen Tagebucheintrag. "Diese Erfahrung teilt mein Leben in ein „davor" und „danach."

Selbst jetzt, Jahre später, wirkt die hier beschriebene Erfahrung auf mich überwältigend. Sie war so stark, dass ich die nächsten sechs Jahre keine weiteren Drogenexperimente machte.

Dennoch habe ich diesen Trip nicht bereut. Obwohl ich Höllenängste ausgestanden hatte, war die Erfahrung, dass meine Energie und die der Welt eins sind, noch viel gewaltiger. Innerhalb eines Abends hatte ich Raumzeit transzendiert, war Teil der Schöpfung gewesen und hatte aus 1.000 Jahren Entfernung auf die heutige Erde zurückgeschaut. Immer wieder, bis heute, tauchen die Bilder der Reise in mir auf und dienen mir als Bestätigung und Rahmen für meine kontemplative Praxis. Sie sind ein weiterer empirischer Beweis dafür, wie konstruiert mein alltägliches Realitätsverständnis ist und dass ich mehr von der Welt erfahren kann, wenn ich mich ihr hingebe.

Erst Michael Pollans 2018 erschienenes Buch *How to Change Your Mind* erweckte mein Interesse an psychedelischen Drogen erneut. Jetzt las ich, dass in klinischen Studien an der Johns Hopkins Universität in Baltimore und im Imperial College London zahlreiche Probanden vergleichbare Einheitserfahrungen gemacht hatten. Zu meiner großen Überraschung fand ich auch heraus, dass die mir von GF verabreichte Dosis von fünf Gramm, der ich bis dato keine weitere Bedeutung zugeschrieben hatte, als maximale Psilocybin-Dosis galt und unter dem Namen „the heroic dose" zirkulierte. Auch neurobiologisch machte meine Erfahrung Sinn, denn Forscher haben mittlerweile festgestellt, dass Psilocybin und LSD das so genannte Ruhezustandsnetzwerk (englisch: default mode network) deaktivieren. In dieser Gehirnregion kommen viele der Nerven zusammen, die für unseren Sinn für uns selbst, für unsere Ego-Identität zuständig sind.

Indem Psilocybin das Ruhestandsnetzwerk lahmlegt, hebt es die Unterscheidung zwischen Subjekt und Objekt auf. Stattdessen lösen sich die Grenzen zwischen dem Ego und der Welt auf, der Mensch erfährt seine unendliche Verbundenheit mit aller Schöpfung. Meine eigene Energie ist die Energie der Welt.

Interessanterweise lassen sich bei erfahrenen Meditierenden vergleichbare neurobiologische Veränderungen wahrnehmen. Auch bei ihnen ist das Ruhestandsnetzwerk weitgehend deaktiviert und die selbstreferenzielle Ego-Identität des Meditierenden löst sich zugunsten einer tiefen Verbindung mit anderen Menschen, Naturphänomenen oder weiteren Aspekten der Schöpfung auf.

Vergleiche ich meine wenigen Drogentrips mit den Zuständen und Erkenntnissen, die mir während Meditationen und in therapeutischen Settings zuteil wurden, so ähneln sie sich darin, dass sie mir jeweils außergewöhnliche Zustände zeigten. Ich finde die Theorien plausibel, die davon ausgehen, dass verschiedene Bewusstseinsschichten außerhalb des menschlichen Organismus existieren, das heißt, dass das Bewusstsein nicht vom Gehirn produziert wird, sondern eine Art Urgrund des Universums ist. Unterschiedliche Techniken ermöglichen es uns, diese Schichten zu kontaktieren und an ihnen Teil zu haben. In einem nur wenige Wochen zurückliegenden Schweigeretreat machte ich beispielsweise die spektakuläre und mich zugleich tief verstörende Erfahrung, dass ich und meine Umwelt aus der gleichen Substanz waren. Während einiger Stunden verzerrten sich die Grenzen zwischen mir und dem Haus, in dem das Retreat stattfand, als wenn ein Maler mit einem breiten Pinsel über sein Porträt einer Frau und ihrer Umgebung hinüberwischt, sodass alle Farben und Konturen ineinander überlaufen.

Wie diese Bewusstseinssphären zusammengesetzt sind, wie sie mit Raumzeit und der dunklen Energie, die im leeren Raum nachgewiesen wurde, verbunden sind oder ob verschiedene Bewusstseinsschichten, wie Rupert Sheldrake vermutet, kollektive Inhalte bergen, sind für mich faszinierende Fragen. Ich versuche mich ihnen zu nähern, indem ich naturwissenschaftliche Bücher wie Carlo Rovellis *Die Ordnung der Zeit (2017)* oder (wissenschaftlich umstrittener) Rupert Sheldrakes Arbeiten zu morphogenetischen Feldern lese und mit meinen eigenen Erfahrungen abgleiche.

Gleichzeitig bin ich fest davon überzeugt, dass die meisten Drogenerlebnisse für sich alleine keine ausreichende Basis für nachhaltige Bewusstseinserweiterung bieten. Sie können, wie Maslow vermutete, Neugierde wecken und Türen öffnen. Doch für wirksame Persönlichkeitsentwicklung müssen sie durch andere psychotherapeutische Ansätze ergänzt werden, die helfen, die oftmals überwältigenden Eindrücke in die Persönlichkeitsstruktur zu integrieren.

Die Lektüre der Drogenerfahrungen anderer Menschen sind meist befremdend. Da schreibt jemand über eine für ihn oder sie tief erlebte ganz andere Realität, doch die Wucht der Erfahrung ist schwer vermittelbar. Eine 4D-Erfahrung wird auf 2D reduziert. Wenn ich doch ausführlicher von diesem Trip berichtet habe, dann auch deshalb, weil er eine Rolle in der Beziehung zu meiner Arbeit spielen sollte. Mein heiß geliebtes Unternehmen aus einer Warte von 1.000 Jahren zu sehen (und ich wusste in diesem Moment sehr präzise, dass ich so weit aus der Zukunft auf heute schaute), schuf eine Distanz, eine Relativierung dessen, was es bedeutet, ein Unternehmen aufzubauen.

Ich empfand diese Distanz als Freiraum, als Einladung, neu über mein Leben nachzudenken. Der Trip schleuderte mich aus meinem Autopilot-Programm und säte neue Fragen. Dabei ging es nicht darum, ob *betterplace* ein gutes Unternehmen war. Davon war und bin ich überzeugt. Aber ich fing an zu hinterfragen, ob die Art, wie wir das Unternehmen führten, wirklich die Beste war. Und auch, ob ich den Großteil meiner weiteren Lebenszeit damit verbringen wollte, *betterplace.org* und *betterplace lab* noch größer zu machen. Vielleicht lag meine Begabung eher darin, Neues in die Welt zu bringen und es dann in der Wachstumsphase an andere abzugeben?

Es dauerte noch etwas über ein halbes Jahr, bis ich mich mit dem *betterplace lab* Team traf und ihnen von meinem Vorsatz berichtete, die Führung des Unternehmens abzugeben. Damals wusste ich noch nicht, in welcher Form und in welchem Zeitrahmen dies geschehen könnte. Aber der erste Samen für die Transformation war gelegt.

Authentische Beziehungen

Das zweite Jahr des *Timeless Wisdom Trainings* hat begonnen. Nachdem in den ersten zwölf Monaten der Kontakt mit uns selbst im Fokus stand, dreht sich jetzt alles um Beziehungen.

Wie bin ich in Beziehung? Welche Muster habe ich gelernt, im Elternhaus, in der Schule, im Beruf, mit Freunden, meinem Partner und den Kindern? In der Morgen-Session erläutert Thomas das mystische Prinzip der Balance zwischen Aktivität und Rezeptivität. Idealerweise bin ich mit der Hälfte meiner Aufmerksamkeit bei mir und mit der anderen in der Außenwelt, zum Beispiel bei meiner Gesprächspartnerin. Zwischen uns ist der Beziehungsraum, in dem meine Wahrnehmung auf die ihre trifft. Ich zeige mich, drücke mich aus und lausche zugleich ihr und ihren Botschaften.

Daraus leiten sich drei Bewegungen ab, die darüber entscheiden, ob wir eine dynamische und offene Beziehung haben: 1. Ich muss mich selbst spüren können. 2. Ich muss sie fühlen können. Und 3. Ich muss mitbekommen, ob sie mich fühlt.

Sind alle drei Kanäle offen, können wir uns gut aufeinander einstimmen. Wir sind in der Lage, die Energie, Empfindungen und Emotionen des anderen Menschen in uns abzubilden. Dann fühlen wir uns bezogen und sicher und können co-kreativ etwas gestalten. Wenn ich mich jedoch selbst nicht fühlen kann, meine Gesprächspartnerin nicht auf dem Schirm habe oder merke, dass sie mich nicht fühlen kann, ist das Beziehungsfeld gestört. Dann haben wir zu einer Person „keinen Draht", können mit ihr „nichts anfangen", fühlen uns unwohl, getriggert oder gelangweilt.

Mir gegenüber sitzt Bettina. Wir sollen erforschen, wie wir miteinander in Kontakt treten. Also schauen wir uns in die Augen und ich versuche der Übungsanweisung zu folgen. Ich hole ein paar Mal tief Luft und verbinde mich mit meinem Körper. Was geht gerade in mir vor? Was nehme ich wahr? Nicht sehr viel. Mein diffuser „Gut Genug-Zustand“. Ich mache den zweiten Schritt und wende mich Bettina zu. Sie scheint stabil in sich zu ruhen. Aber halt, da ist noch etwas anderes, eine Unsicherheit, die sie zu verstecken versucht. Oder ist das nur meine Projektion? Während ich Bettina betrachte, fällt mir auf, wie schwer es ist, meine Aufmerksamkeit wirklich so einzuteilen, dass ich uns beide fühle, mich selbst und sie.

Bettina fängt an, ihre Beobachtungen laut zu teilen. Mich überrascht, wie präzise und differenziert sie unser Kontaktfeld beschreiben kann. Bei manchen Sätzen spüre ich in meinem Körper, dass sie etwas Richtiges getroffen hat, was ich selbst aber nicht ebenso klar sehen und in Worte hätte fassen können. So beschreibt sie einen Punkt zwischen uns, den wir beide nicht überschreiten. “Wir beide”, sagt sie, “trauen uns nicht ganz ins Energiefeld des anderen hinein. Du landest ungefähr hier.” Mit der Hand zeigt sie auf einen Punkt in der Luft, ein Zentimeter vor ihrem Körper. “Und ich komme bis hier.” Ihre Hand stoppt ebenfalls kurz vor meinem Körper. Sie hat recht. Sie spricht weiter und ich bin überrascht, wie genau sie meine Schutz- und Verteidigungsmuster wahrnimmt. Bei manchen Sätzen erscheint es mir, als ob sie in mich hineinleuchten könnte. Ihr Körper scheint meine Signale subtil aufzunehmen und zu spiegeln. Sie bekommt mit, wann ich mich aus meinem Zentrum herauslehne, um näher bei ihr zu sein. Oder wie ich mich zurückziehe, wenn ich mich selbst diffus fühle und niemand anderen daran teilnehmen lassen möchte.

Eine gute Stunde experimentieren wir in gleicher Weise mit unseren Wahrnehmungen. Und dann, kurz vor Ende, macht es „Klick“. Es ist, als würden Bettina und ich uns auf einer tieferen Ebene treffen. Ich merke, wie ich mich entspanne. Plötzlich kann ich sie viel klarer sehen, folge meiner Intuition und stelle eine Frage, die wiederum ihr eine neue Perspektive eröffnet. Was ist da geschehen? Die Antwort taucht ebenfalls intuitiv in mir auf: Bettina hat meine Grenzen respektiert und ich ihre. Das dadurch entstandene Vertrauen hat es uns beiden ermöglicht, unsere inneren Schutzwälle zu öffnen und uns tiefer aufeinander einzulassen.

Die Übung hinterlässt mich euphorisch. Zwar war Bettina „besser“, sprich kompetenter, als ich und ich bedauere, ihr nicht die gleiche Präzision für ihre Selbsterkenntnis zur Verfügung gestellt zu haben. Aber das gemeinsame Tiefersinken war so aufregend, dass ich einfach nur gut gelaunt zu meinem Platz zurückkehre.

Als ich das TWT anfing, war mein Leben voller Beziehungen. Mein Mann Stephan und meine Kinder bildeten das feste Zentrum. Hinzu kamen viele Freundinnen und Freunde aus den verschiedensten Lebensphasen, aus Schulzeit und Studium, Berliner Kinderladen und meiner Arbeit als Kulturanthropologin. Auch

für *betterplace* kam ich mit sehr, sehr vielen Menschen zusammen und war mit einigen eng freundschaftlich verbunden.
Und dennoch. Etwas fehlte. Besonders deutlich wurde mir das eines Tages im Frühjahr 2014. Ich war auf dem Weg vom Büro nach Hause, als mein Handy klingelte. Am andern Ende der Leitung meldete sich ein Mitarbeiter des *Gestalten Verlags*, in dem besonders schöne, hochwertige Bücher erscheinen. Er halte meinen Kinderkrimi *Edwina Ermittelt* in den Händen. Das Buch würde ihnen sehr gefallen und *Gestalten* würde es gerne ins Verlagsprogramm aufnehmen.

Nach dem Telefonat jubelte ich. Wie toll, unser Buch in einem meiner Lieblingsverlage! Ich war so euphorisch! Ich musste diese Nachricht mit jemandem teilen. Natürlich zuerst mit Judith, schließlich hatte ich mit ihr zusammen *Edwina Ermittelt* geschrieben. Aber nach dem Telefonat mit Judith empfand ich immer noch einen solchen Glücklichkeitsüberfluss, dass ich die gute Nachricht noch mit jemand anderem teilen musste. Stephan hielt gerade seine Vorlesung an der Uni, Vico war irgendwo in Israel. Blieb Lilian, bei der es zwar in Portland an der amerikanischen Westküste sehr früh am Morgen war, die aber dennoch ans Telefon ging und sich mit mir freute.

Doch zu Hause angekommen, mischte sich Traurigkeit unter meine Euphorie: Keine meiner Freundinnen war mir heutzutage so nah, dass ich sie spontan angerufen hätte. Außer meiner Kernfamilie nahm niemand so an meinem Alltag teil, dass sie das natürliche Überlaufbecken für meine Gefühle sein konnten. Dazu kam, dass es für meine Kinder bestimmt nicht gesund war, meine Bedürfnisse nach Nähe und Austausch befriedigen zu müssen. Wie war das passiert?

Ein Grund war sicherlich meine Arbeit. Sie nahm viel Platz ein. Auch wenn ich keine festen Stunden verfolgte und sehr viele Freiheiten genoss, waren die letzten zwanzig Jahre meines Lebens sehr von meinen beruflichen Aktivitäten geprägt. Nach meiner Promotion und der Geburt von Vico fing mein Berufsleben mit zweiunddreißig Jahren erst spät, aber dann richtig an. Als Kulturanthropologin hatte ich auf vier Kontinenten geforscht und viele Bücher und Artikel geschrieben. Als Mitgründerin von *betterplace* baute ich ein Unternehmen auf, entwickelte Produkte und Prozesse, stellte Mitarbeiter ein, akquirierte Gelder, etablierte Partnerschaften und beschäftigte mich darüber hinaus noch intensiv inhaltlich mit Digitalisierung und sozialem Wandel. Die Arbeit erfüllte mich sehr und verscheuchte viele meiner Ängste. So wurde es ganz natürlich, dass ich abends noch eine Schicht am Computer einlegte und am Wochenende Fachbücher las und Blogposts verfasste.

Meinen Ausgleich fand ich mit Lilian und Vico. Während der Schulzeit verbrachten wir viele Nachmittage miteinander, in den Schulferien bereisten wir die Welt, fuhren nach Mali oder Usbekistan, Australien oder Botswana. In den Sommermonaten waren wir als Familie in unserem Weiler in Südfrankreich. Dorthin nahmen wir meist eine ganze Horde von Freunden (sowohl unserer Kinder als auch von uns Erwachsenen) mit, so dass ich hier zwar nicht so viel arbeitete, dafür aber endlose Mahlzeiten kochte, Bücher vorlas und Schatzsuchen organisierte. Mein Leben war voll, sehr voll. Und im Zuge dieses Organisierens, Machens, Tuns, Bewegens und Gestaltens war in den Beziehungen zu meinen Freunden der tiefe Kontakt verloren gegangen.

Teilweise hatte das noch andere banale Gründe. Unsere Lebenswelten hatten sich dadurch voneinander entfernt, dass ich mit Anfang vierzig im Zuge der Gründung von *betterplace* noch einmal einen bedeutenden Karrierelauf machte. Einige meiner Freundinnen kämpften zur gleichen Zeit mit gescheiterten Ehen und brauchten niemanden, dessen Leben auf der Überholspur verlief. Manche sagten mir direkt ins Gesicht, dass sie sich von meinem Erfolg, meiner unermüdlichen Energie, meiner sozialen Mission unter Druck gesetzt fühlten. Andere ignorierten mein neues Leben und wenn wir uns trafen, redeten wir nur über ihre Themen. Ich war enttäuscht: Wieso interessieren sie sich nicht auch für mich?

Auch in meiner Beziehung zu Stephan, den ich als Neunzehnjährige kennengelernt hatte, wünschte ich mir mehr. Vor allem wollte ich offener und ehrlicher sein, eingefahrene Muster in unserer langjährigen Beziehung auflösen. Doch immer wieder landete ich an einem Punkt in mir, an dem ich keine Wahl hatte, mich anders zu verhalten, als ich es tat. Mal für Mal ertappte ich mich dabei, dass ich meinen Ärger wegdrückte, Spannungen zwischen meinem Mann und unseren Kindern ausglich, reflexartig Beziehungsprobleme und unliebsame Gewohnheiten, die sich in unsere Ehe eingeschlichen hatten, mit meinem Zwangsoptimismus verdrängte. Dabei wünschte ich mir so sehr in Beziehungen authentisch präsent zu sein. Ich wollte zugleich mir treu und den anderen gegenüber offen sein. Doch immer wieder geriet ich in Situationen, in denen ich mich verbog, meine Wahrheit verschwieg. Vermeintlich aus Scheu, den anderen zu verletzen. Oder aus Angst, zu sehr aus der Norm zu fallen. In anderen Situationen konnte ich wiederum scharf, oft zu scharf, urteilen, ohne mein Gegenüber empathisch auf dem Schirm zu haben. Danach war ich über meine eigene Härte erschrocken.

Hier ein typisches Beispiel aus meinem Berufsleben. Gemeinsam mit einem Dutzend weiterer Menschen war ich zu einem Abendessen mit Melinda Gates eingeladen. Melinda, eine der reichsten Frauen der Welt und mit der *Bill & Melinda Gates Stiftung* philanthropisch sehr engagiert, wollte mit uns über die Rolle von Frauen und Zusammenarbeit in der Entwicklungspolitik diskutieren.

Der Abend fing schon seltsam an. Obwohl die meisten Gäste weiblich waren, hatte die Veranstalterin, die ehemalige Geschäftsführerin einer großen deutschen Stiftung, zwei Männer aufgefordert ins Thema einzuführen. Ihre Impulse waren spröde und uninspiriert. Danach sollte diskutiert werden. Aber statt eines wirklichen Gesprächs wetteiferten die Geladenen darum, Mrs. Gates mit vielen Worten zu demonstrieren, was für tolle Arbeit doch ihre Organisationen machten. Männer hätten nicht besser um die Wette pissen können.

Auch ich wollte etwas beitragen, hatte das *betterplace lab* doch gerade eine Studie veröffentlicht, für die wir die Kluft zwischen Männern und Frauen in Bezug auf Digitalisierung in fünf Ländern empirisch erforscht hatten. Aber war es sinnvoll, mich in den Kanon der Statements einzureihen, während ich innerlich vor allem wütend war? Wäre es nicht viel authentischer und für uns alle interessanter, unsere eigene Dynamik aus der Metaperspektive zu beleuchten? Sollte ich nicht meine Beobachtung teilen, dass sich die Pathologien des Diskussionsthemas - welche Rollen spielen Frauen in der Entwicklungsarbeit? - eins zu eins in unserem eigenen Verhalten und der Inszenierung des Abends widerspiegelten? Wir hatten Männern den Vorrang gelassen, Impulse zu setzen. Und wir sprachen so miteinander, dass kein Beitrag auf dem anderen aufbaute, kein Erkenntnisgewinn in Sicht war, sondern sich alle nur selbst darstellten, wahrscheinlich mit dem Hintergedanken, von der Gates Foundation weitere Förderungen zu bekommen.

Doch kaum hatte ich das Wort, schreckte ich vor meiner eigenen Courage zurück. Statt einen Beitrag zu leisten, der den Abend zwar aufgemischt, aber vielleicht auch lebendiger gemacht hätte, berichtete ich brav von unserer Studie und meiner eigenen Feldforschung in Indien. Noch während ich sprach, verfluchte ich mich: Wie konnte ich nur so feige sein! Ich hatte genau wie alle Redner vor mir brav das vorgegebene Format akzeptiert und zu einem entsetzlich langweiligen und arschkriecherischen Abend beigetragen.

Das Erlebnis, mittlerweile schon einige Zeit her, geniert mich immer noch und erinnert mich daran, wie schwer es mir fällt, mich in öffentlichen Settings zu trauen, den festgelegten Rahmen zu sprengen und mich nicht opportunistisch dem Mainstream anzupassen.

Dabei habe ich ein Ideal. Besonders in Romanen begegne ich Passagen, die mich sehr ansprechen. Entweder indem sie meine eigenen Muster nachzeichnen oder beschreiben, wie es anders sein könnte.

Jonathan Safran Foer begleitet in seinem Roman *Here I Am* die Eheleute Julian and Julia in ein Hotel, in dem sie viele Jahre vorher als junges Paar eine wundervolle Liebesnacht verbracht hatten. Jetzt ist vieles nicht mehr wie damals, aber sie überspielen ihre Enttäuschung und Wunden mit Phrasen und Gewohnheitshandlungen. Foer beschreibt über mehrere Absätze, wie ein ehrlicher Dialog zwischen beiden hätte aussehen können. In dem sie offen teilen, was sie fühlen, wovor sie Angst haben und worüber sie sich schämen. Das imaginierte Gespräch wirkt wie eine frische Brise und als Leserin denke ich: Ja, so ist es richtig und gut. Doch stattdessen tun die beiden so, als wäre alles noch wie damals. So retten sie zwar ihr Gesicht und vermeiden kurzfristige Beschämungen, nehmen ihrer Beziehung aber die letzte Chance auf Lebendigkeit. Wie anders ist da die Gruppentherapie-Session zu Beginn von Irvin Yaloms *Schopenhauer Kur,* in der alle Teilnehmer schonungslos offen und klar ihre Gefühle und auch ihre Beziehungen zueinander beschreiben. Sie sind vollkommen ehrlich und trauen sich derart aus der Komfortzone heraus, dass mir fast schwindelig wurde, als ich die Szene das erste Mal las. Ich merkte, wie sehr ich mich danach sehnte, auch auf diese Art und Weise in Beziehung treten zu können. Aber, dachte ich damals, das Leben ist keine Therapie-Session und eine solche Transparenz unmöglich.

Das war, bevor ich Straight Talk kennenlernte.

Am Morgen kündigt Thomas eine Übung an, die mich ruckartig wach werden lässt. Wir sollen durch den Raum schlendern und vor einem Menschen stehen bleiben, der uns entweder sehr anzieht oder sehr abstößt. Beide Reaktionen, so Thomas, sind interessant, weil sie etwas Prägnantes über uns selbst aussagen. Wenn wir jemanden sehr sympathisch finden, dann besitzt diese Person wahrscheinlich Eigenschaften, die uns wichtig sind oder die wir selbst gerne hätten. Sind wir dagegen von jemandem abgestoßen (statt uns neutral oder indifferent zu fühlen), ist das ein Zeichen dafür, dass der andere in uns Facetten berührt, die wir lieber unangetastet lassen.

Meine Gedanken offen und ungefiltert laut aussprechen? Geht das? Ich schaue mich in der Gruppe um. Innerhalb des letzten Jahres haben wir viel miteinander geteilt, uns voreinander sehr nackt gezeigt. Dadurch ist ein großer vertrauensvoller Raum entstanden, in dem auch Experimente wie dieses möglich sind. Radikal offen sprechen, radikal offen zuhören.

Dennoch, mein Herz rast. Werde ich mutig genug sein, meine Gedanken wirklich unzensiert laut auszusprechen? Oder doch wieder höflich und zuvorkommend? Interessanterweise habe ich keine Angst vor dem Straight Talk der anderen. Aber da sehe ich schon mehrere Menschen auf mich zugehen. Oh mein Gott, jetzt kommen sie, um mit mir abzurechnen!

Als Erstes steuert mich eine robuste Frau meines Alters an und schleudert mir, kaum stehen wir voreinander, ihre Wut entgegen. Sie bezieht sich auf etwas, das ich am Tag zuvor in der großen Gruppe gesagt habe. „Während Du gesprochen hast, habe ich nur gedacht: Unerträglich, wie Du selbst hier im Training Deine professionelle Nummer abziehst und von oben herab mit uns sprichst." Ich versuche ganz offen zuzuhören. Die Frau ist sehr getriggert. Ich dagegen bin ganz ruhig. Ich erinnere mich, dass sie beim letzten Retreat meine Nähe gesucht hat und damals sagte, wir seien uns so ähnlich. Das sah ich anders und hatte sie mit einer Höflichkeitsfloskel abgewimmelt. Jetzt schaue ich sie an und sage: „Ich kann Deine Wut gut spüren und ich freue mich fast ein bisschen über sie. Was Du inhaltlich gesagt hast, macht für mich keinen Sinn. Beim Sprechen gestern war ich sehr aufgeregt und fand mich alles andere als professionell."

Als Nächstes steht ein schmaler junger Mann vor mir, mit dem ich am Vortag eine Triade hatte. Er räuspert sich und schaut mich etwas verlegen an: „Es fällt mir nicht leicht, Dir in die Augen zu sehen, denn ich komme mir sehr klein vor. Ich finde Dich unheimlich attraktiv. Gestern in der Triade konnte ich Dir gar kein Feedback geben, so beeindruckt war ich von Deiner Ausstrahlung." Ich merke, wie ich erröte. Wow, das ist wirklich alles sehr transparent. Umgehend sage ich, was in mir vorgeht. Ich bin beeindruckt von seinem Mut und etwas beschämt über das Kompliment, weil ich es nicht erwidern kann.

Bevor noch jemand anders mich in Beschlag nimmt, bewege ich mich in die Raummitte, um meinerseits jemanden zu finden, dem ich ein Feedback geben möchte. Da steht Philippe, ein Typ, der mich wirklich aufregt. Ich stelle mich vor ihn hin und sage: „Wenn ich Dich sehe, zieht sich meine Brust zusammen und ich lauere geradezu darauf, was Du als nächstes Unmögliches machen wirst. Mich empört es, wie Du Thomas nachmachst, ähnliche Klamotten trägst, die gleichen Redewendungen verwendest, Dich in den Pausen auf sein Sofa setzt. Als wenn Du auch ein spiritueller Lehrer wärst. Mich triggert das enorm. Mehr noch, ich spüre, wie viel Verachtung in mir hochsteigt." Habe ich mich das wirklich getraut zu sagen? Verachtung? Wie wird Philippe darauf reagieren? Aber der steht einfach nur da und schaut mich mit großen, treuherzigen Augen an, ohne etwas zu sagen. Ich winde mich innerlich und möchte nur noch weg. Aber genau das ist ja interessant. Wieso regt er mich so auf? Steckt dahinter meine Angst, selbst eine Blenderin zu sein? Mehr zu scheinen als zu sein? Der Kaiser hat ja nichts an?

Als Nächstes steht Brit vor mir. Sie ist eine ältere Israelin, die ihr Leben lang spirituellen Gemeinschaften angehört hat und unsere Diskussionen oft mit ihren eigenen metaphysischen Erkenntnissen bereichert. Jetzt schaut sie mir in die Augen und sagt mit ihrer warmen, dunklen Stimme: „Joana. Immer wenn ich Dich sehe, geht mir das Herz auf. Du leuchtest so wundervoll. Ich würde Dich so gerne näher kennenlernen und mehr Zeit mit Dir verbringen." Einen Moment zögere ich, denn ich spüre zwei Reaktionen in mir. Eine höfliche, gewohnheitsmäßige, die sich sehr bedankt und natürlich für eine nähere

Begegnung zur Verfügung steht. Und eine andere. Ich sage: „Beim Zuhören ist in mir leichte Panik hochgestiegen. Ich habe zwar gehört, dass Du sehr nett über mich gesprochen hast, aber meine körperlich-emotionale Reaktion ist eindeutig: Ich fühle mich an die Wand gedrückt und atme flach. Ich finde Dich nett. Aber ich habe überhaupt kein Bedürfnis nach einem engeren Austausch."

Wow, ich habe es geschafft, sehr ehrlich zu sein und mich klar abzugrenzen. Doch kaum ist mein Satz beendet, als ich leicht zu zittern anfange. Brit bemerkt es auch. Sie schaut mich einfach nur freundlich an. „Lass uns hinsetzen", sagt sie, und ich bin dankbar, dass sie mir so fürsorglich begegnet, obwohl ich ihr gerade gefühlt eine Ladung Mist ins Gesicht geworfen habe. Inzwischen zittert nicht nur mein Oberkörper, sondern auch meine Arme und die Kinnlade. Brit und ich sitzen einfach nur zusammen und beobachten.

Nach einiger Zeit frage ich: „Wie ist das für Dich, wenn ich Dir sage, ich will keinen engeren Kontakt? Das ist doch eine ziemlich heftige persönliche Zurückweisung, oder?"

„Wieso?", fragt Brit etwas verwundert. „Ich habe Dich etwas gefragt und Du hast ehrlich geantwortet. Wo ist das Problem?"

Ja, wo war das Problem? Wir sprechen weiter und ich erzähle, dass ich mich für meine Gesprächspartner verantwortlich fühle. Oft ist es mir unmöglich, ehrlich zu sein, aus Angst mein Gegenüber zu verletzen oder zu beschämen.

Schon wieder überrascht mich Brits Antwort: „Ich würde sagen, dass es Dir weniger um das negative Gefühl im anderen geht, sondern dass Du selbst vermeiden willst, Verletzung oder Scham zu spüren. Und indem Du mir nicht ehrlich antwortest, stellst Du Dich über mich. So nimmst Du mir meine Autonomie und Verantwortung. Ich bin doch ein erwachsener Mensch und kann für mich sorgen!"

Ich kann den Perspektivwechsel, den Brit mir anbietet, körperlich spüren. Ich fühle mich entlastet und freier. Aber auch beschämt, denn sie hat recht: Indem ich mich in eine positionelle Überlegenheit begebe, lasse ich einen Dialog auf Augenhöhe gar nicht zu.

„Wie war denn das in Deinem Elternhaus?", fährt Brit fort. "Konntest Du Deine Meinung frei sagen und wurdest damit ernst genommen?"

Nein, konnte ich nicht. Mein Vater, aber mehr noch meine Mutter hatten sehr dezidierte Ansichten. Über das Leben, über Politik, über Manieren, über die deutsche Geschichte. Abweichungen erzeugten endlose Diskussionen und oft heftige Auseinandersetzungen. Als Kind erlebte ich nicht, das verschiedene Meinungen als unterschiedliche Perspektiven nebeneinanderstehen konnten. Ich gewöhnte mir an, mein Gegenüber sorgfältig abzuchecken, mögliche - für mich gefährliche - Reaktionen vorauszusehen. Einfach nur „aus mir heraus" zu sprechen, so wie wir das in der transparenten Kommunikation lernten, erschien mir undenkbar. Um meine Integrität zu retten und meine innere Wahr-

heit zu schützen, schwieg ich, zog mich zurück, erfand Lügen und lernte, viel Spannung in mir selbst auszuhalten.
"Du erinnerst Dich doch sicher an das, was Thomas über unsere zwei Grundbedürfnisse gesagt hat?" sagt Brit. "Sicherheit auf der einen und Selbstausdruck auf der anderen Seite?" Ich nicke.

"Mir scheint, als wenn Du als Kind in dem Dilemma warst, Dich für eine der beiden Seiten entscheiden zu müssen. Als wenn beides zugleich nicht möglich gewesen wäre: in Beziehung zu sein und dennoch Deine eigene Haltung zu entwickeln. Um die Beziehung zu Deinen Eltern nicht zu gefährden, die für Dich ja überlebenswichtig war, hast Du gelernt, Dich selbst zurückzunehmen und nicht in den offenen Konflikt zu gehen."

Jetzt, wo Brit das Muster vor mir ausgebreitet hatte, konnte ich es überall sehen. Denn ich hatte es weit über die Zeit in meinem Elternhaus beibehalten. Es begleitete mich aufs englische Internat und ins Studium. Ich sah es in meiner Schwierigkeit, Grenzen zu setzen. Nicht nur Freunden, Kollegen, Geschäftspartnern, sondern selbst wildfremden Menschen gegenüber. Es fiel mir schwer, Erwartungen der Außenwelt nicht zu erfüllen. Nein, ich habe keine Zeit, Dir Feedback zu Deiner Diplomarbeit zu geben. Nein, ich kann nicht schon wieder einen kostenlosen Vortrag übernehmen. Nein, ich möchte Dich nicht auf einen Tee treffen. Stattdessen versuchte ich es viel zu vielen Recht zu machen.

Noch entscheidender prägt dieses Muster meine Beziehung zu Stephan. Statt bei Meinungsverschiedenheiten einfach zu sagen: „Ich sehe das so und möchte das“ und dann ihm die Chance zu geben, seine Antwort zu finden, verschlucke ich den potenziellen Konflikt und denke mir in endlosen Gedankenschleifen eine „gute Lösung“ aus, die für uns beide passt. Diese Lösung unterbreite ich ihm dann aber nicht mehr als Vorschlag, sondern als Fakt. Und wenn er meine „gute Lösung“ nicht so gut findet, reagiere ich wütend und enttäuscht, denn ich habe doch so gründlich für uns beide nachgedacht! Die Tendenz, Konflikte nicht nach außen zu tragen, aus Angst, Sicherheit und Bezug zu verlieren, sondern sie privat in mir zu „lösen“, hatte dazu geführt, dass eine ganze Reihe von „schwierigen“ Themen in unserer Partnerschaft stecken geblieben waren. „Ich verstehe", sagt Brit: „Sobald Du einen Konflikt wahrnimmst, steigt Deine innere Spannung und Du verlässt die Beziehung, um das Thema in Dir zu wälzen. Erst wenn die „heiße Phase“ vorbei ist und sich Deine inneren Wellen geglättet haben, kommst Du wieder in die Beziehung zurück und unterbreitest Deinen Lösungsvorschlag.“

Das traf es genau. Wie oft hatte mir Stephan gesagt: „Ich möchte bei Schwierigkeiten angesprochen und einbezogen werden. Wir können dann alles diskutieren und gemeinsam eine Antwort finden.“ Aber erst jetzt, mit Brit auf dem Boden des TAO sitzend, verstand ich, was damit gemeint war.

Gefangen in meinem Muster managte ich automatisch alle Prozesse in unserer Familie. Jede offene Entwicklung erschien mir unkontrollierbar und damit gefährlich. Ständig war ich damit beschäftigt, meine Umwelt zu stabilisieren und auszugleichen. Und ich machte dies alles nicht „in Beziehung", sondern alleine mit mir selbst aus. Ein Verhaltensmuster, erworben zwischen Geburt und Teenageralter, verfolgte mich bis jetzt. Die Angst vor dem unberechenbaren Verhalten meines ersten bedeutsamen Gegenübers, meiner Mutter, übertrug ich auf all die anderen Menschen in meiner Umgebung, obwohl sie weder unberechenbar waren, noch ich ihnen hilflos ausgesetzt.

Tränen steigen in mir hoch. Da ist er, der innerliche Druck, meine Umgebung zu kontrollieren, mich und andere zu halten, um mich sicher zu fühlen. Was sich bis eben noch wie ein ganz normales Verhalten anfühlte, ist plötzlich als meine sehr individuelle Verzerrung sichtbar. Offensichtlich fühlen sich andere Menschen nicht immerzu für ihre Umgebung verantwortlich. Befürchten nicht, dass alles auseinanderbricht, wenn sie nicht pausenlos „im Dienst" sind.

Das Gespräch mit Brit, das mit einer schroffen Abgrenzung meinerseits begonnen hatte, endete mit einem großen Erkenntnisgewinn. Mit ihrer Hilfe hatte ich ein festgefahrenes, weitgehend unbewusstes Muster ausgegraben und beleuchtet. Diese Brit war interessant. Ich sollte sie mir doch mal näher anschauen.

In den kommenden Wochen beobachte ich meine Art, mit anderen Menschen umzugehen. Abends mache ich mir oft ein paar Notizen. Über Situationen, in denen ich mich nicht traue, klar meine Meinung zu sagen. Gespräche, in denen ich mich meinem Gegenüber nicht „zumute" und meine, ihn oder sie „schonen" zu müssen. Momente, in denen ich mich, obwohl von Freunden umgeben, alleine und unverbunden fühle.

So oft nehme ich Menschen nicht genau wahr. Wir sprechen zwar miteinander, aber in Wirklichkeit treffe ich nur die Schablone, die abgespeicherte Gewohnheit meiner neuronalen Netze. Wie langweilig ist das, denke ich, zwei Menschen, die sich nicht frisch begegnen, sondern ihre jeweiligen Erwartungshaltungen vor sich hertragen und diese miteinander kommunizieren lassen!

Ich ringe aber auch noch mit einem anderen Thema, das ich im letzten Retreat identifiziert habe; meiner positionellen Überlegenheit und Überheblichkeit. Es ist mir unangenehm, auch jetzt beim Schreiben, wie sehr ich mich in bestimmten Situationen überhöhe. Mich lebendiger und kreativer, attraktiver und schlicht „besser" als andere finde. Ich muss an eine Übung denken, die wir gemacht haben. Thomas nannte sie "das besondere Kind" und mit ihrer Hilfe erforschten wir die Tendenz von Kindern, die zu wenig Resonanz erfahren haben, ihr Selbstwertgefühl aufzublasen. Da sie zu wenig Sicherheit und Zugehörigkeit erlebt haben, retten sie sich nach vorne, ins Tun und in die Überheblichkeit. Dadurch, dass sie sich überlegen fühlen, überspielen sie ihre eigene Einsamkeit und den daraus resultierenden Leidensdruck.

Was sollten die Eltern und die engere Umgebung uns schon bieten können, wo wir ihnen sowieso voraus sind? Mit dieser künstlichen Aufwertung - ich sehe eine groß aufgeblasene Plastikfigur der kleinen Joana vor mir - ging so vieles einher: meine Tendenz, die meisten Aufgaben alleine bewältigen zu wollen, statt um Hilfe zu bitten. Die Annahme, Menschen in Krisen müssten von mir gerettet oder gefixt werden. Aber auch die Tendenz, meine eigenen Bedürfnisse nicht wirklich ernst zu nehmen. Denn wer sich ständig überhebt, kaschiert damit unbewusst seine Unsicherheit und verwendet viel Energie darauf seine Umgebung abzusichern. Da bleibt wenig Platz, um herauszufinden, was man selbst eigentlich gerade braucht und will.

In unseren wöchentlichen Skype-Triaden studieren wir unsere jeweiligen Muster genauer. Wenn Dafna oder Jasmin ein Problem beschreiben und ich mich schuldig fühle, weil ich ihnen nicht direkt die Lösung präsentieren kann, stoppen sie meine „Rettungsaktionen" meist schon im Keim. „Kein Fixing, kein Saving", sagt dann Jasmin und lenkt meinen Blick stattdessen auf meine inneren Reaktionen. Ja, da ist sie, die Enge und Traurigkeit, die mich erfasst und die dazu führt, dass ich automatisch in den Lösungsmodus springe. Mein „guter Rat" hilft also zuerst einmal mir selbst.

In dieser Zeit wird Stille für mich zu einem spannenden Studienobjekt. In der wöchentlichen Triade gehen wir oft im Zeitlupentempo vor, um subtile Reaktionen und Gefühle besser wahrzunehmen. Wir haben aufgehört zu sprechen, um die Leere zu füllen und sind manchmal minutenlang still, um darauf zu warten, dass eine von uns den Impuls spürt, etwas beizutragen. Mittlerweile genieße ich die Stille, die ich vor wenigen Wochen noch als peinlich und beklemmend empfand. In unserem Dreieck zwischen Zürich, Tel Aviv und Berlin fühlen wir uns miteinander eng verbunden, ohne ständig senden und empfangen zu müssen. Wenn eine von uns ein Thema präsentiert, verspüre ich nicht mehr den Zwang, schnell darauf zu reagieren. Inner Work, das ist Stille aushalten, Pausen schaffen und innere Prozesse unter Zeitlupe ansehen.

Ich lerne, dass Themen sich schon allein dadurch veränderten, dass sie Raum bekommen, sich zu entfalten. Vor allem achte ich nicht mehr nur auf die gesprochenen Worte, sondern beziehe auch die Energie dahinter in mein Hören ein. Ich trainiere, alle meine Sinne einzubeziehen oder wie Thomas sagte, "so wahrzunehmen, als sei mein ganzer Körper voller Augen".

Bislang war ich davon ausgegangen, dass mein Leben hauptsächlich von meinem Intellekt gesteuert wurde und Gefühle und Körperempfindungen sich diesem unterordnen. Sowohl in der transparenten Kommunikation als auch der Meditation lernte ich, dass dies nur eine mögliche Einflussrichtung war. In manchen Situationen geschah es wirklich, dass ein Gedanke am Anfang stand und ein freudiges oder negatives Gefühl auslöste und sich daraufhin mein Magen oder meine Kehle zusammenzog oder weitete.

Je mehr ich mein Innenleben erforschte und insbesondere meine Ängste beobachtete, umso mehr sah ich jedoch, dass viele Empfindungen primär in meinem Nervensystem abgespeichert waren und dort vor sich hin rotierten. Diese erregte Energie schoss mir dann in den Verstand und produzierte dort katastrophisierende Gedanken. Ich lernte, es gibt zwei gegenläufige Kreisläufe: vom Kopf runter in den Körper und vom Körper hoch in den Kopf. Beide Kreisläufe finden ständig statt, doch ich hatte bislang ausschließlich Ersterem Aufmerksamkeit geschenkt, nur ihn als real angesehen.

Für mich war diese Erkenntnis bahnbrechend. Ohne Zweifel waren Kopf und Intellekt wichtig und hatten zu vielen großartigen Errungenschaften in der Welt geführt. Aber einzig und allein im Kopf zu leben und zu versuchen, das Leben von dort aus zu steuern, war nicht nur unmöglich. Es führte auch zu vielen schlechten Entscheidungen und einem verarmten Lebensgefühl. Ich musste meine anderen Wahrnehmungsinstrumente, insbesondere meine Gefühle und meine Körperempfindungen ebenso auf dem Schirm haben. Doch diese kannte ich viel weniger. Ich nahm sie oft nicht wahr und selbst wenn doch, fehlten mir Landkarte und Sprache, um sie zu registrieren und ihnen den Platz und Raum zu geben, den sie brauchten, um sich weiter zu entfalten und sich mir in ihrer ganzen Intelligenz zu offenbaren.

Mit mir verändern sich auch meine Freundschaften. Das ist ein wichtiger Aspekt von Inner Work: Freundschaften klären, verletzbar werden, sich öffnen und Unterstützung einholen. Statt Ratschläge zu geben, lege ich eine Pause ein und versuche mir selbst und meinen Freundinnen erst mal besser zuzuhören. Nicht nur intellektuell, sondern mit dem ganzen Körper. In diesem Einlassen auf die Beziehung, auf das, was gerade ist, liegt ein großer Zauber. Statt mich für alles verantwortlich zu fühlen, reicht es oft aus, das Gesagte zu bezeugen und nur dann etwas zu sagen, wenn ich wirklich einen Beitrag habe. Ich erinnere mich daran, was Thomas öfter sagt: Eine Reaktion ist eine Handlung vor dem Fühlen. Eine verantwortliche Antwort - Respons-ability - dagegen ist eine Antwort nach dem Fühlen.

Von einigen Beziehungen, die sich mit den Jahren überholt haben und nur noch Gewohnheit sind, verabschiede ich mich. In andere gehe ich intensiver hinein, zeige mich mehr und teile auch Dinge, die mir nicht leichtfallen. Einige meiner Freundinnen bemerken die Veränderung. Renate, meine Studienfreundin aus München, stellt eines Tages überrascht fest: "Du sprichst ja so viel langsamer als früher. Was ist passiert?" Ein paar neue Freundschaften kommen hinzu, die ich als sehr bereichernd empfinde. In ihnen gelingt es mir verletzbarer und offener zu sein, auch meine Traurigkeit und Schwere, Ängste und Selbstzweifel zu teilen.

Aber insbesondere die Beziehung zu Stephan beginnt sich zu verändern. Wir nehmen uns mehr Zeit füreinander, sprechen bewusst - meist noch recht vorsichtig - über Dinge, die wir als herausfordernd empfinden. Wir reden über unsere "Economy of Love". Welche Aspekte unserer Beziehung sind transaktional? Wo geben wir uns "Liebe" im Tausch gegen Stabilität, Sex, keine Gegenworte, Aufmerksamkeit? Wo steht unsere Liebe für sich, ohne etwas von dem anderen als Gegenleistung zu erwarten? Ich bemühe mich, meinen Partner von mittlerweile sechsunddreißig Jahren nicht als meine neuronale Gewohnheit zu sehen, sondern so wie er heute ist. Wenn es uns gelingt, uns neu zu begegnen, dann fühlt sich das sehr aufregend an. Der Prozess kommt mir vor wie eine Zentrifuge, die flüssigen Lehm verrührt. An den Rändern des Topfes hat sich eine Schicht harten Lehms angesammelt. Aber im Laufe der Gespräche fallen immer wieder harte Brocken in die flüssige Masse. Dort werden sie anfangs als feste Klumpen mitgeführt, bis sie sich im Strudel der Bewegung auflösen. Irgendwann sind sie dann nur noch Teil der dynamisch fließenden Bewegung. Inner Work ist Liebe.

Die Diagnose

Dienstag morgen, den 29. Juli 2014, legte ich mir spontan einen Termin für eine Enddarmspiegelung. In der Woche zuvor hatte ich Blutspuren im Stuhl entdeckt und wollte eine Entwarnung, um unbeschwert in die Sommerferien zu fahren. Damit war es dann sehr schnell vorbei, als die untersuchende Ärztin sagte: „Das da gefällt mir aber gar nicht." Auf dem Bildschirm zeigte sie mir eine pflaumengroße Geschwulst mit einer porösen, blutigen Oberfläche im Rektum.

Reflexartig stellte ich auf Hyperwahrnehmung um: Wie genau war ihr Tonfall? Klang sie wirklich besorgt oder wollte sie sich nur gegen alle Eventualitäten absichern und empfahl mir deshalb, gleich ins Krankenhaus zu einem Spezialisten zu gehen? Eindeutig Ersteres. Eine Stunde später saß ich auf dem nächsten Untersuchungsstuhl, diesmal von zwei Ärzten begutachtet. Deren Mienen waren ebenfalls nicht schwer zu lesen und als ich fragte, ob die Geschwulst bösartig sein könnte, sagte der Oberarzt: „Ja. Ich würde Ihnen vorschlagen, gleich für ein paar Tage hier im Krankenhaus zu bleiben. Dann können wie eine Koloskopie und ein CT machen lassen." Das jetzt also ist der Moment, so schoss es mir durch den Kopf, vor dem ich mein Leben lang Angst hatte. Der Beginn eines Lebens als Krebspatientin.

Sofort fühlte ich mich von der Maschine der Medizin aufgesogen: Hier war der standardisierte Weg, den das System für Kranke vorgesehen hatte. Ich wehrte mich dagegen mit einem kleinen Aufbäumen. Nein, ich würde nicht gleich im Krankenhaus bleiben, sondern mich zu Hause auf die Darmspiegelung vorbereiten und erst am nächsten Morgen erscheinen. Jetzt war der Zeitpunkt, um Stephan eine SMS zu schicken. Er war auf dem *Celebrate Life Festival,* dem jährlichen Sommerretreat von Thomas Hübl auf Gut Oberlethe. Meine SMS würde seine Meditationen sehr unsanft beenden.

Den Abend verbrachten wir zu viert zusammengeknuddelt auf dem Sofa. Meine Kinder waren auf ihre unterschiedliche Weise geschockt – Lilian, 21, brach sofort in Tränen aus, Vico, 19, nahm die Nachricht ruhiger auf. Die nächsten achtundvierzig Stunden, die wir im Krankenhaus und zu Hause zwischen Untersuchungen, dem Warten auf Testergebnisse und dem Verarbeiten dieser verbrachten, waren eine der intensivsten in unserem Familienleben. Gemeinsam oszillierten wir zwischen Panik, die hauptsächlich von mentalen Horrorszenarien getriggert wurde, stark gefühlter Angst und einer Gelassenheit, dass wir alles, was kommen würde, annehmen und damit leben würden können. Ja, irgendwo in mir spürte ich sogar eine Neugier, wie ich wohl mit dieser Situation umgehen und was sie in meinem Leben verändern würde. In diesen Momenten wurde mir bewusst, dass das, was auch immer kommen würde, „Leben" war. Ganz bis zum Ende und dass es an mir lag, dieses anzunehmen.

Schrecklich dagegen war das konstante Kopfkino; Visionen von Diagnosen und therapeutischen Prozeduren und der Aussicht, vom medizinischen Apparat überschwemmt zu werden. In der ich die Kontrolle über mich verlieren würde. Ich versuchte anzuwenden, was ich in den Retreats der letzten Jahre gelernt hatte: Das ist Mindfuck. Konzentriere Dich auf die reale Angst, die Du in Deinem Körper spürst, statt auf die mentalen Horrorszenen. Für kurze Zeit gelang dies, dann nahmen die Geschichten wieder mein ganzes Bewusstsein in Beschlag. Wie würde der Arzt aussehen, wenn er mit dem Ergebnis der histologischen Untersuchung ins Zimmer kommt? Was würden seine ersten Worte sein und wie würde ich darauf reagieren?

Er hat sowieso ein zögerliches, trauriges Gesicht, dieser Arzt, und da steht er dann vor meinem Bett, Stephan rechts neben mir und sagt: „Leider hat sich meine Vermutung bestätigt. Die Geschwulst ist bösartig." Er macht ein ernstes Gesicht und wartet meine Reaktion ab. Ich bin gefasst, ich bin ganz auf Zuhören eingestellt. Damit hatte ich sowieso gerechnet. „Es handelt sich um ein anales Plattenepitelkarzinom. Das ist äußerst selten – im Großraum Berlin gibt es davon nur fünfzig Neudiagnosen pro Jahr. Das Gute ist, dass dies ein Karzinom ist, das gut behandelbar ist. Sie haben Krebs, aber Sie werden ihn wieder los." Meine einzige Reaktion ist große Erleichterung.

Wir besprechen die Therapie: sieben Wochen ambulante Bestrahlung und Chemotherapie, gefolgt von sechs Wochen Pause, bevor ich zur Untersuchung wieder im Krankenhaus erscheinen muss. In Gedanken bin ich schon geheilt. Und wenn ich den Therapiebeginn richtig time, kann ich im Oktober sogar wie geplant zu meinem dreiwöchigen Meditationsretreat nach Nepal fahren.

Abends kommen Lilian und Vico ins Krankenhaus. Lilian hat mir selbst gemachtes Granola mitgebracht, an der Tankstelle auf der anderen Straßenseite kaufen wir ein Weißbier und teilen es uns im Park des Krankenhauses. Wir freuen uns, dass es „nur" ein Krebs mit guten Heilungschancen ist. In dieser Nacht schlafe ich wie ein Stein.

Doch am nächsten Morgen setzt der Mindfuck wieder ein. Ich muss noch weitere Untersuchungen machen lassen; darunter eine Computertomografie. Meine Gedanken eskalieren: Wenn der Tumor nun schon gestreut hat? Oder wenn auf den Röntgenbildern „zufällig“ ein Schatten auf der Lunge erscheint? Wurde Christoph Schlingensiefs Lungenkrebs nicht auch im Rahmen einer Routineuntersuchung festgestellt?

Das Kopfkino versuche ich mit Rationalität zu bekämpfen: Was ist in meinem Leben noch offen? Habe ich nicht innerhalb von neunundvierzig Jahren alles erreicht, wofür ich auf die Welt gekommen bin? Meine eigene Lebenswelt erschaffen – in Berlin und Frankreich. Meine Fähigkeiten entwickelt - Bücher geschrieben, ein tolles Unternehmen gegründet, die wundervollsten Kinder großgezogen? Bin ich nicht seit dreißig Jahren mit einem Partner zusammen, mit dem ich alles durchleben kann? Habe ich nicht Freunde, die mich unterstützen werden? Kann es sein, dass mein Leben genau auf diese Strecke angelegt war?

Was möchte ich noch dringend erleben und gestalten? Die Zukunft meiner Kinder. Meine eigene Reise hinter die Kulissen der Welt und ihren Erscheinungen. Die Erforschung des Bewusstseins. Sonst noch was? Ja, da ist meine ganz schlichte Lust am Leben. Zu erleben, wie das Morgenlicht ins Schlafzimmer fällt. Abende vor dem Kamin, ein Buch auf dem Schoß. Das Schimmern des Meeres beim Strandspaziergang. Mit Vico in einem Café in Santa Fe sitzen. Beim Gedanken an alltägliche Sinneserfahrungen überkommt mich ein abgrundtiefer Schauer. Das alles nie mehr erfahren?

Wenn meine Gedanken Amok laufen, versuche ich die Angst zu fühlen, statt sie zu denken. Das ist gar nicht so leicht. Immer wieder wischt der Geist dazwischen und erobert die Bühne. Ich versuche zu meditieren. Finde streckenweise zu einer großen Gelassenheit, die mich selbst erstaunt. Immer wenn ich Angst spüre, merke ich, wie ich mich zusammenziehe. Wenn ich mehr Raum einnehme, mehr Dinge in meinem inneren Wahrnehmungsfeld integriere, weicht der Druck.

Die CT ist clean. Ich kann wieder atmen. Wird diese Achterbahn so weitergehen?

Heute ist der vierte Tag und Wochenende. Ich bin sehr im Jetzt. Ich habe keine Angst. Ich fühle mich mit Stephan so verbunden wie lange nicht mehr. Zugleich sehe ich, was das Wort „Krebs“ mit mir und meiner Umgebung macht. Als Oberbegriff für ein großes Spektrum von Erkrankungen ist es ein Synonym für Leid und Tod. Ich bekomme mitfühlende Nachrichten, Worte der Aufmunterung und Unterstützung. In ihnen klingt aber zugleich auch die Angst und Sorge derjenigen durch, die mir schreiben und diese zieht mich weiter runter. Wie ein Mantra rufe ich mir dann die Worte meines Arztes in

Erinnerung: „Wenn Sie sich einen Krebs aussuchen müssten, dann würden Sie den hier wählen."

Am Wochenende fliege ich in unser Haus nach Südfrankreich. Eigentlich wollten wir dort mit Thomas, Yehudit und ihrer Tochter Ferien machen. Jetzt kann ich nur drei Tage dazu stoßen, danach fängt in Berlin die Therapie an. Thomas und Yehudits Präsenz nimmt meiner Angst ihre Schärfe. Thomas gibt mir zwei lange Sessions. Wieso wird mein eigener Raum in seiner Gegenwart so viel größer? Vielleicht weil er keine Angst vor dem Tod hat und ich mich darin entspannen kann? In diesen Momenten ist mir, als wenn der Angstblase in meinem Oberbauch die Luft entzogen würde und sich die dort sitzende Spannung vollkommen auflöst. Danach fühle ich mich frei und lebendig. Die Angst, die mich mit so unglaublicher Kraft in ihren Strudel zieht, offenbart sich "nur" als Energie. Erstaunlich, welche höchst unterschiedlichen Zustände ich erlebe: Mal ergreift mich totale Panik und mein starrer Angstbauch verhindert, dass ich irgendetwas essen kann. Mal bin ich in meinem „normalen", das heißt relativ offenen, ausgeglichenen Bewusstseinszustand. Und zwischendurch gibt es sogar Phasen tiefster Ruhe und heller Weite.

Meine Angst hat nicht nur etwas mit der Krebsdiagnose zu tun, sie berührt auch alle anderen Ängste, die mich seit meiner Kindheit begleiten und in verschiedensten Formen immer wieder auftauchen. Die letzte massive Angstphase liegt schon länger zurück und bringt mich in Gedanken nach Ibiza. Mit unseren kleinen Kindern verbrachten wir dort unsere Sommer. So auch 1998. Damals war mein Gleichgewichtssinn nach einem Wasserskiunfall gestört; ich wusste aber nicht was hinter meinem ständigen Schwindel lag und fiel in eine bodenlose Panik. Anders als heute hatte ich keine Handhabe, keine Methode um mit der Angst umzugehen. Der gleichen überwältigenden Angst begegnete ich auch nach der Trennung von Martin, meiner ersten großen Liebe. Und sie stand am Anfang einer acht Jahre währenden Angst, die meine Studienzeit überschattete.

Ich denke, diese Situation ist meine Chance, diese Angst zu transformieren. Ich möchte sie nicht verdrängen, indem ich mich ablenke. Diese Krise muss zu etwas gut sein. Also versuche ich die Angst nicht auszugrenzen, sondern in sie hinein zu schmelzen. Der aus dem Nichts aufgetauchte Krebs zeigt mir, dass ich mein Leben nicht kontrollieren kann und das annehmen muss, was ist. Will das Leben gerade jetzt durch mich mit dieser Krankheit einen Sprung machen? Ist das die Art, wie ich mein Leben aktualisiere? Wenn dem so wäre, könnte ich dem Leben und allem was kommt, einfach vertrauen, überflüssiges Gepäck abwerfen und meiner Essenz noch näher kommen. In manchen Momenten erscheinen mir solche Gedanken plausibel, in anderen vollkommen hohl.

Lilian begleitet mich wie ein starker Engel. Sie hat in den letzten Wochen fast jede Mahlzeit für mich vorbereitet und sich intensiv mit Ernährung und Krebs beschäftigt. Natürlich habe ich Angst, dass sie das alles überfordert – und ja, sie schläft schlecht und bricht hier und da in Tränen aus. Sie muss momentan zu viel machen, aber ich nehme es an und wir reden offen darüber. In zwei Wochen ist sie sowieso wieder in Portland.

Vico fliegt schon nächste Woche zum Studienanfang nach Santa Fe. Wie traurig war ich, als mir klar wurde, dass er diesen Schritt ohne mich machen muss. Statt meiner wird Stephan ihn begleiten. Stephan hat mit seiner eigenen Angst zu kämpfen – ich spüre ihn fest bei mir, aber ich sehe auch die Grenzen seiner Belastbarkeit. Vico ist auf eine stille, sehr zugewandte Weise bei mir. Auch er hat Angst, sagt aber, dass sie ihn nicht überwältigt und er bislang gut damit klar kommt. Ich denke, die Tage mit Thomas waren für uns alle in dieser Situation unbeschreiblich viel wert. Und haben dazu geführt, dass Vico und Lilian mit Meditationskissen an ihre Unis fahren.

Jeden Morgen um 10:20 – an insgesamt dreiunddreißig Tagen - muss ich in die Strahlenklinik. Sie liegt in einem unterirdischen Bunker, eine hermetisch abgeschlossene Welt. Dort ist der Ablauf exakt durchgetaktet: ich werde aufgerufen „Frau Dr. Breidenbach, Kabine 4", ziehe mich aus und gehe in den Bestrahlungsraum. Dort auf der Liege wird mein Becken von zwei MTAs exakt ausgerichtet. Kleine, an meinen Lenden und auf dem Bauch eintätowierte Punkte - ja, ich bin jetzt tätowiert, aber anders, als ich mir das vorgestellt hatte - dienen als Orientierung. Dann schließt sich die Tür und das Bestrahlungsgerät zoomt auf mich runter. Es rattert, während die Kapsel mehrmals um mich herum fährt. Während der nächsten Minuten versuche ich gedanklich die Strahlen bei der Zerstörung der Krebszellen zu unterstützen und zugleich meine gesunden Zellen zu schützen. Ich stelle mir vor, wie sich die T-Lymphozyten in der Thymusdrüse bilden und von dort systematisch alle defekten Stellen in meinem Darm absuchen, zusammenkehren und über die Nieren ausscheiden. Nach fünf Minuten kommt die Raumkapsel zum Stehen, die Türen der Kammer gehen auf und ich kann raus.

Begleitet wird die Bestrahlung von zwei Wochen Chemotherapie. Sie soll die Schleimhäute zersetzen, damit die Bestrahlung besser wirkt, und schnell wachsende Zellen im ganzen Körper töten. Beim ersten Besuch in der onkologischen Praxis erschrecke ich. Ich habe jetzt eine Onkologin, denke ich und das bedeutet, dass ich Krebs habe. Es ist, als tauche ich in eine andere Welt. Alle Menschen, die hier sitzen, im Wartezimmer, auf den Gängen und im Behandlungsraum, haben Krebs. Es sind so viele und sie sind so unterschiedlich. Viele sind älter als ich, sehen blass und krank und ängstlich aus. Aber es gibt auch einige junge Leute - da ist ein Mann, keine Zwanzig. Sein Bauch ist voller Wasser – fühlt sich an, als wenn ich schwanger wäre, sagt er – es müsse unbedingt abgepumpt werde. Tief durchatmen.

Am Tag nach der Diagnose wurde mir im Krankenhaus ein Port ins linke Brustbein implantiert. Eigentlich sollte der kaum sichtbar sein, aber da ich dünn bin, ragt er heraus wie ein grober Knochen. In den Port wird in der onkologischen Praxis eine Nadel eingeführt. Daran hängt ein langer Schlauch mit einer Flasche. Das ganze Gerät nennt man Pumpe. Diese soll ich eine ganze Woche mit mir rumtragen. Tropfen für Tropfen fließen die Zystostatika in meinen Körper. So muss ich nicht in der Klinik am Tropf hängen, sondern kann „normal" herumlaufen. Ich trage eine Canvas Hose mit großen Taschen, in der die Pumpe verschwindet. Die ersten Tage habe ich keine Nebenwirkungen, nur schaue ich immer wieder erschreckt auf die Apparatur, die jetzt Teil meines Körpers geworden ist. Nachts liege ich wach und verfolge bewusst, was gerade in meinem Körper vorgeht. Ich fühle mich ja mit dem Tumor nicht krank, erst die Therapie macht mich elend.

Am dritten Tag ist mir morgens flau. Ich nehme Nux vomica und versuche in der Meditation in das dumpfe Gefühl im Magen hinein zu schmelzen. Jede Bewegung kostet mich Überwindung. Am liebsten sitze ich einfach nur still in einem Sessel in meinem Arbeitszimmer mit einer Tasse Tee. Ich lese nicht, ich höre keine Musik, mir ist nicht nach Reden. Ich muss mich sehr zum Essen zwingen. Ich gehe spazieren, die Rehwiese entlang, um den Schlachtensee, um die Krumme Lanke. Versuche an nichts zu denken, konzentriere mich auf meine Schritte, auf die Bewegung meines Körpers. Manchmal begleitet mich eine Freundin oder ein Freund. Oder ich telefoniere während des Spaziergangs mit meinen ältesten Freundinnen in Bern, London und München. Meist geht es mir nach einiger Zeit der Bewegung besser. Ich setze mich auf eine Parkbank in die Sonne und denke: So verbringt man also seine Tage als Krebspatientin.

Nach dem Abnehmen der Pumpe gestern erwartete ich Erleichterung. Aber stattdessen kommt eine riesige Welle der Kraftlosigkeit auf mich zu. Mein Kreislauf ist so in Mitleidenschaft gezogen, dass ich mich fast nicht bewegen kann, geschweige denn irgendwas organisieren, kochen oder beruflich machen kann. Diese Kraftlosigkeit erschreckt mich sehr.

Diese Woche – die sechste Woche der Bestrahlung – ist Stephan für ein Retreat verreist. Zuerst wollte er mich nicht allein lassen, da diese Therapiewoche angeblich physisch besonders hart ist. Aber ich habe das Bedürfnis einmal ganz allein zu sein – seit der Diagnose bin ich immer von meiner Familie umgeben. Ich will erfahren, wie es mir geht, wenn nichts abgefedert wird und ich auf mich alleine gestellt bin. Die ersten drei Tage sind ziemlich krass, weil ich totale Energieflauten erlebe. Schon nach dem Aufstehen bin ich so müde, dass ich meine ganze Disziplin aufbringen muss, um alles hinzukriegen: frühstücken, Bestrahlung, nach Hause fahren. Am vierten Tag komme ich aus meinem Energietief raus. Mit einem Freund gehe ich abends essen, mit einem anderen umrunde ich den Schlachtensee. Zwei Freundinnen kommen aus München zu Besuch. Wir laufen durch den Schlosspark von Sanssouci und gehen abends zu einem Italiener in Mitte. Wir sind jetzt stiller miteinander, teilen zugleich aber viel mehr von uns.

Die letzten zwei Wochen sind körperlich sehr mühsam. Durch die Bestrahlung bin ich ganz wund und setze mich vorsichtig hin, wie eine alte Frau. Dennoch bin ich optimistisch, dass ich diese Begleiterscheinungen schnell in den Griff bekommen werde, sobald die Therapie beendet ist. Dann folgt die sechswöchige Wartezeit, deren Auswirkungen ich mir noch gar nicht vorstellen kann. Und es bleibt: Ein Tag folgt dem anderen und genauso nehme ich ihn.

Schon während der ersten achtundvierzig Stunden hatte ich ein kleines Team organisiert: eine Handvoll Freunde, die ich an meiner Diagnose per SMS und E-Mails teilnehmen lasse. Ich informiere meine Vorstandskollegen und die Mitarbeiter des *betterplace lab*. Erleichtert stelle ich fest, dass ich mich nicht für unersetzbar halte, sondern darauf vertraue, dass alles auch ohne mich gut weiterläuft. Erstaunlich wie unwesentlich mir plötzlich meine Arbeit erscheint, auch wenn sie neunzig Prozent meines Alltags ausmacht und ich darin aufgehe.

Am Montagmorgen im Stand-up, fünf Tage nach der Diagnose, erzähle ich dem ganzen Team von meiner Krankheit. Ich spreche sehr direkt, nehme mir Zeit und mache eine Pause, als mich die Emotionen überwältigen. Nach dieser Rede, so schießt es mir durch den Kopf, wird mir kein öffentlicher Auftritt mehr schwerfallen. Die offensichtliche Sorge von einigen im Team berührt mich sehr.

Auch die Fäden der Freundschaft und menschlichen Verbindungen tun mir gut. Erstaunlich, wer in so einer Krise aus der Ferne nah ran rückt, und wer aus der Nähe sich vor lauter Angst eher fern hält. Meine besten Freundinnen aus dem Studium sind präsent und es rührt mich zu sehen wie lebendig unsere Freundschaft immer noch ist. Meine Sharing-Partnerinnen sind an meiner Seite und Yehudit schickt mir aus Tel Aviv Instruktionen für meine Zeichnen-Praxis. Manchmal ist Inner Work auch das: Zeichnen und Malen um überbordende Ängste zu regulieren.

Soll ich „anales Plattenepitelkarzinom" googlen? Bislang habe ich mich auf einen kurzen Ausflug auf die Website der deutschen Krebsgesellschaft beschränkt. Ich traue den mich behandelnden Ärzten und besorge mir alternativmedizinische Unterstützung, damit ich den Heilunsgprozess unterstütze und die konventionelle Therapie besser vertrage. Ich sehe mit Sorge und leichtem Ärger den vielen Menschen in meiner Umgebung entgegen, die mir erklären werden, welches meiner psychischen Handicaps zu einem Krebs im Arsch geführt haben und welche Alternativtherapien ich eigentlich hätte wählen sollen, statt der bösen Schulmedizin.

Ich begebe mich in die Hände von Stephans Ärztin, die auf Komplementärmedizin spezialisiert ist. Sie verschreibt mir eine lange Liste von Mineralstoffen und Nahrungsergänzungen. In die Praxis gehe ich auch für meine wöchentlichen Klangtherapie-Termine. Intellektuell bin ich skeptisch, was diese Ansätze bringen sollen, aber die Sessions entspannen mich und sind ein willkommener energetischer Ausgleich zu den neonbeleuchteten Praxen der Standardtherapie.

Richtig wütend macht mich jedoch der Anspruch beider Therapieansätze allein gültig zu sein. Die Onkologin bekommt eine zittrige Stimme, wenn ich ihr Fragen zu Alternativtherapien stelle. Meine Alternativmedizinerin wiederum beschwört mich mit weit geöffneten Augen, ich müsse ihr einfach vertrauen, weil sie schon so viel Erfahrung mit der Begleitung von Krebspatienten hätte. Beides ist für mich einfach nicht gut genug. Wie angenehm ist es dagegen mit meiner Münchner Ärztin aus Studienzeiten zu sprechen, die mir geradeaus sagt, dass man in vielen Bereichen einfach keine belastbaren Aussagen machen kann. So ringe ich beispielsweise mit der Frage, ob ich die vielen Immunabwehr-stärkenden Mittel auch während der Chemotherapie nehmen soll. Vielleicht verhindern diese ja, dass die Chemie ihr gewollt zerstörerisches Werk tätigen kann?

Sehr umstritten sind auch die Ernährungsrichtlinien. Laut meinem Radiologen und der Onkologin kann ich alles essen, solange es leicht verdaulich ist. Die Alternativmediziner sind da ganz anderer Meinung – kommen aber untereinander zu keiner Übereinkunft. Manche empfehlen eine streng vegane Diät oder frisch gepresste grüne Säfte, andere schwören auf ketogene Kost, bei der man jeden Zucker, ebenso wie die meisten Kohlenhydrate meidet. Da meine Alternativmedizinerin vehement für letztere eintritt, stelle ich meine Ernährung darauf um. Das bedeutet vor allem kein Brot, kein Reis, keine Nudeln, keine Kartoffeln – alles Lebensmittel, die ich gerne esse. Stattdessen kaufe ich im Bioladen Saaten"brote" und esse Zucchini-Spaghetti. Manchmal überkommt mich ein wahnsinniger Hunger auf Laugenbrezen mit Salami.

Meine Tage sind zwar monoton, aber ich komme mit einem breiteren Gefühlsspektrum in Berührung als je zuvor. Ich bin empfindsamer und verletzlicher. Greife schneller die Gefühle meines Gegenübers auf und erlebe sie mit. Als mir gestern Nico, mit der wir uns ein Haus teilen, erzählte, wie traurig sie noch fünf Jahre nach der Trennung von ihrem Mann ist, da erlebte ich den gleichen Schmerz wie sie und wir saßen beide weinend zusammen.

Oft verbringe ich Stunden nur damit, in meinem Sessel im Arbeitszimmer zu sitzen, die Füße im Schneidersitz verschränkt, und vor mich hin zu sinnen. Ich bin von einem Kokon aus Kontrolle umgeben, der mich festhält, mich vorm Abrutschen bewahrt, aber auch von meinen rohen Gefühlen isoliert. Ich lese fast nichts. Lesen erscheint mir wie eine Ablenkung von dem, was ist. Wenn ich lese, dann auf andere Weise. Nicht um einfach noch mehr zu wissen, sondern weil ich tiefer in die jeweilige Materie eindringen möchte. Erkenntnisinteresse statt Wissens-Bulimie.

Am Tag meiner letzten Bestrahlung fahre ich im Anschluss zur großen *Denk ich an Deutschland* Konferenz der Alfred Herrhausen Gesellschaft. Ich bin unendlich erleichtert, dass die Therapie vorbei ist. Erstaunlich, wie einfach es mir fällt, wieder unter Menschen zu sein. Ich halte mein Plädoyer für den verstärkten Einsatz von digitalen Technologien fürs Gemeinwohl, im Anschluss an Deutsche Bank CEO Anshu Jain und Innenminister Thomas de Maizière. Was für ein Kontrast zwischen dieser öffentlichen Facette meines Lebens und den letzten Wochen im Bestrahlungsbunker und Onkologiesprechzimmer! Beides ist Teil des Lebens, könnte aber nicht unterschiedlicher sein. Beim anschließenden Abendessen fällt mir Gesine Schwan um den Hals und erzählt in großer Runde, was für eine tolle Frau ich sei und wie gut ich aussehen würde, trotz meiner Krebserkrankung.

Schweigen in Nepal

Wenige Tage später steige ich ins Flugzeug nach Nepal. Gemeinsam mit Thomas und hundert Teilnehmern unseres Trainings werde ich dort drei Wochen verbringen, in einem Retreat Center, zwei Autostunden von Kathmandu entfernt. Ich bin froh, es hierher geschafft zu haben. Besser die Wartezeit bis zum ärztlichen Check-up, bei dem ich herausfinde werde, ob die Therapie erfolgreich war, im Himalaya verbringen als in Berlin.

Jeden Morgen um sieben, während die Sonne über der atemberaubenden Kulisse einer Reihe von Sieben- und Achttausendern aufgeht, treffen wir uns zur einstündigen Gehmeditation auf dem Feld. Anschließend praktizieren wir bis spät abends im Stundentakt unsere Sitzmeditation. Wir sitzen reglos da und lassen unsere Empfindungen – Körperwahrnehmungen, Gefühle und Gedanken – innerlich vorbeiziehen. Ohne sie festzuhalten, ohne uns mit ihnen zu identifizieren. So die Theorie.

In der Praxis verfolgen mich in den ersten Tagen pausenlos Gedanken. In hundert Varianten höre ich meinen Arzt beim Check-up sagen „Oh, das sieht leider nicht gut aus." „Ich bedaure, aber die Therapie hat nicht angeschlagen". Innerlich sehe ich mich mit einem künstlichen Darmausgang oder/und einer nur noch kurzen Lebenszeit konfrontiert. Nach ein paar weiteren Tagen Kopfkino konsultiere ich Thomas. Er rät mir, nicht wirklich überraschend, die Gedanken zu konkreten körperlichen Wahrnehmungen und Gefühlen zurückzuverfolgen. Denn meine Gedanken sind nur eine Manifestation von diesen „basalen" Empfindungen.

Aber es fällt mir schwer, mit meiner Angst enger Kontakt aufzunehmen. Stattdessen treffe ich auf eine Isolierschicht, die mich halbwegs abschirmt und bewirkt, dass ich mich „ganz ok" fühle. Je länger ich sitze, desto bewusster wird mir, dass diese Isolierschicht nicht nur jetzt da ist, sondern Teil meines „normalen" Empfindens ist. Sie schützt mich schon seit langem davor, meine

Unsicherheit, meine Ängste, mein inneres Zittern zu spüren. Es gibt einen Teil meiner Gefühlslandschaft, den ich nicht kenne, der bedrohlich ist und der sich nur indirekt bemerkbar macht; in meinem super schnellen Sprechen, in meinem Fokus auf Vergangenheit und Zukunft, statt auf der Gegenwart.

Zeitweise gelingt es mir in der Leere-Meditation alle Empfindungsformen verblassen zu lassen. Ich drifte in einen tiefen subtilen Zustand. Für die nächsten Stunden scheint mein Körper in einem anderen Aggregatzustand zu sein: Meine normalen Empfindungen und Gedanken sind völlig in den Hintergrund getreten. So als wenn sie von 100% auf 20% gedimmt sind. Ich werde von einer fließenden, schwebenden Energie erfüllt. Sie zieht durch mich hindurch und ich beobachte erstaunt, wie aus der Ferne, wie sie sich in den verschiedenen Körperteilen verteilt. Der Zustand begleitet mich auch während des Mittagessens. Wie schon bei einigen Retreats zuvor, ist es, als wenn nicht „ich" gehe und sitze, sondern ich gegangen und gesessen werde. Was ist das, frage ich mich? Es fühlt sich an, als würde ich meinen Körper einer anderen unpersönlichen Macht - dem Leben? meiner Lebensenergie? - zur Verfügung stellen und das Beste, was „ich" machen kann, ist möglichst wenig im Wege zu stehen.

Ein anderes Mal erfahre ich ein tiefes Gefühl für „Heimat". Ich fühle mich untrennbar mit mir selbst verbunden. Erstaunt höre ich mich denken: „Das bedeutet, ganz in sich und der Welt beheimatet zu sein!" Vor dem Hintergrund dieser Erfahrung verstehe ich zum ersten Mal auch die Aussage des Buddha: Life is Suffering. Denn so in allem verwurzelt, statt ständig zwischen gut und böse, schön und schlecht zu unterscheiden, gibt es kein Leid. Mein Leiden entsteht da, wo ich mich von der Welt getrennt fühle. In diesem Zustand kann ich mich sogar dem Krebs ganz furchtlos zuwenden. Nicht er ist das Problem, sondern dass ich nicht wirklich in mir und der Welt zuhause bin. Eine große Sehnsucht steigt in mir auf und ich verstehe, was Menschen meinen, wenn sie von ihrer „Sehnsucht zu Gott" sprechen.

Auch viele der Nächte sind „arbeitsintensiv". Da wir uns verpflichtet haben, während des ganzen Retreats die Meditation in der großen Halle aufrechtzuerhalten, sitzen viele von uns auch nachts. Ich liebe diese nächtlichen Meditationen, besonders, wenn ich nach aufreibenden, bedeutungsvollen Träumen diese in der Meditationshalle noch auf mich wirken lassen kann.

In einer Nacht begegnet mir eine immens große Energiewolke, die ich intuitiv mit der Farbe braun assoziiere. „Nicht von dieser Welt", denke ich, da öffnet sich auch schon mein Herz. Aber es befindet sich nicht in mir, sondern außerhalb meines Körpers. Und in ihm sind vierhundert Herzen, die alle leiden. Das alles macht natürlich rational überhaupt keinen Sinn, aber ich sitze eine Stunde still da, vollkommen überwältigt von meiner Erfahrung. Mir scheint, als hätte ich einen Gottesbeweis bekommen. (Doch in meinem Tagebuch-Eintrag vom nächsten Tag setze ich hinter das Wort Gott ein Fragezeichen: ein Beweis, dass es Gott (?) gibt.)

Ein anderes Mal überwältigt mich eine starke sexuelle Energie, die von meinem Becken im ganzen Körper aufsteigt. Ein tolles Gefühl. Nie hätte ich gedacht, dass der leere Raum so kreativ sein kann. Ein Einfall nach dem anderen purzelt nur so in mich hinein. Eine Inspiration löst die andere ab, für *betterplace*-Projekte, für nächste Reisen, aber auch für ein neues Buch.

Andere Tage und Nächte sind nicht nur weniger ereignisreich, sondern schlichtweg frustrierend. Nichts geschieht – ich sitze einfach nur da und versuche zu meditieren. Ich verkrampfe mich beim Versuch, mich zu entspannen und tiefer zu sinken.

Eine große Erkältungswelle geht durch die Gruppe und in der letzten Woche erwischt es auch mich. Körperlich elend breche ich zum ersten Mal während des Retreats psychisch zusammen. Ich verbringe einige Stunden in meinem Zimmer, bitterlich weinend. Doch wie schon oft zuvor werden mit meinem Körper auch meine psychologischen Kontrollmechanismen schwächer. Und als ich von meinem Schlafzimmer wieder zurück in die Meditationshalle gehe, spielt mir das Bewusstsein einen Spezialeffekt vor. Ich schaue in die Natur und es ist, als wäre mein Bewusstsein in der Natur und ich würde von dort „draußen" auf mich schauen. "Außen" und "innen" haben den Platz gewechselt, wie bei einem Vexierbild, wo mal die eine Figur im Vordergrund steht und dann die andere.

Meine Wahrnehmung ist in der Natur verankert, ein glatter, tiefer See, der sich vor mir ausbreitet. Von hier aus bin ich mit nichts besonders identifiziert. Auch „ich" spiele keine wichtige Rolle. Ich/Es bleibe für einige Zeit in diesem Zustand und genieße ihn einfach nur. Später schreibe ich in mein kleines Notizbuch: „Der Hintergrund wird zum Vordergrund und reines Bewusstsein lässt sich erahnen. Heute habe ich zum ersten Mal verstanden, was es bedeutet, wenn Lehrer sagen „die Erleuchtung ist für jeden sofort und hier zugänglich. Wie wunderbar." Diese Bewusstseinsebene ist immer da – ich schaue nur durch zu viele Kontrollfilter, um mich dieser Frequenz zu öffnen, loszulassen und im reinen Bewusstsein aufzugehen."

In Nepal lerne ich: Inner Work, das ist der Versuch, alle Grenzen zwischen Selbst und Welt aufzulösen und sich für Gnade zu öffnen.

Mein Rückflug nach Berlin ist stark verspätet. So kommt es, dass ich noch eine Nacht in Istanbul verbringe. Abends setze ich mich mit einem Glas Rotwein in die Hotelbar, hoch über den Dächern der Stadt und schreibe:

„Ich war mir die letzten zwanzig Jahre immer bewusst, dass ich ein sehr beglückendes, privilegiertes Leben führe. Und dennoch war ich nicht ganz an meinem Platz. In mir gab/gibt es etwas Rastloses, Gehetztes. In den Wochen im Himalaya habe ich tiefer verstanden, was fehlt: Ich lebe mit einem großen Teil meiner Aufmerksamkeit in der Zukunft und kann mich auf die Gegenwart, diesen Augenblick, nicht wirklich einlassen. Wieso nicht? Nun, um wirklich im Leben Platz zu nehmen, muss ich mich der tief in mir sitzenden Angst stellen. Sie annehmen und integrieren. Diese Angst ist ein Zittern, ein inneres Beben und füllt einen leeren Raum in meiner Basis. An dieser Stelle habe ich kein Vertrauen in die Eigendynamik des Lebens, in das, was das Leben durch mich werden will. In der Gegenwart zu leben bedeutet, zuerst in mir selbst zu Hause zu sein und alles anzunehmen, was ist. In den letzten Wochen habe ich erfahren, dass mein innerer Raum so groß sein kann, dass Begriffe wie „Krebs", „Metastasen" und „künstlicher Darmausgang" keine Katastrophen sind, sondern neue Situationen, die ich in Präsenz erfahre."

Ich schließe an diesem Abend mit einem Eintrag, der mich an ähnliche frühere erinnert. Sätze, die mir in der Situation sehr wahr und wichtig erscheinen, im Nachhinein jedoch pathetisch klingen: "Was auch immer geschieht: Ich werde für mich und das Leben da sein. Für alle meine Gefühle und Empfindungen. Ich werde sie halten und bewusst erleben."

Mittwoch, der 29. Oktober ist der Tag, auf den ich seit drei Monaten gewartet hatte. Der Check-up nach Therapieende. Am Vormittag bin ich so aufgeregt, dass ich im Garten sechs große Säcke Laub zusammenfege. Um kurz vor 13 Uhr fahren Stephan und ich ins Krankenhaus. Im Wartezimmer bin ich erstaunlich ruhig, obwohl wir zwei Stunden warten müssen, bis der Arzt aus dem OP kommt und mich bittet auf dem Untersuchungsstuhl Platz zu nehmen. Mit dem Finger tastet er meinen Schließmuskel ab. „Da kann ich nichts mehr spüren", sagt er. Hoffnung. Dann führte er die Mikrosonde ein. Auf dem Bildschirm tauchten eine Reihe ebenmäßiger, konzentrischer Kreise auf. „Nichts mehr zu sehen. Der Tumor ist vollständig verschwunden." Ich hörte die Worte und merkte nur, wie sich mein Körper tief, tief entspannt.

Mein größter Wunsch ist in Erfüllung gegangen. Als erstes denke ich daran, wie sehr sich meine Kinder über diese Nachricht freuen werden. Und dann, dass ich sie jetzt gleich in der nächsten Woche, nach unser jährlichen *betterplace* Konferenz, in Santa Fe und Portland besuchen werde. Ich bin ganz ruhig. Statt mich laut zu freuen, fühle ich mich nur unendlich erleichtert. Der Arzt erklärt mir das Nachsorgeschema: in drei, sechs, neun und zwölf Monaten sind die nächsten Check-ups dran. In fünf Jahren erfolgt die letzte Untersuchung.

Als ich wieder ins Wartezimmer gehe, sitzt da Stephan. Ich lache breit und strecke beide Daumen in die Höhe. Stephan nimmt mich in die Arme und ich

sehe Tränen in seinen Augen. Was ich spüre ist luftige Freude: ich bewege mich so leicht wie seit Monaten nicht mehr. Sofort mache ich einen Termin zur Explantation des Ports. Dieses Ding will ich so schnell wie möglich loswerden.
Ich lasse meine Freunde wissen, dass die Therapie erfolgreich gewesen ist. Im *betterplace* Büro rufe ich am nächsten Tag ein Mini-Stand-up ein. Ohne mir vorher überlegt zu haben, was ich sagen will, überrasche ich mich damit, dass ich spontan „das Richtige“ sage. Etliche Mitarbeiter kommen auf mich zu, umarmen mich.

In der Rückschau ist es überraschend, wie wenig mich die Krebserkrankung in den Jahren danach beschäftigte. Als ausgeprägte Hypochonderin hätte ich erwartet, vor einem Rückfall große Angst zu haben. Insbesondere, da im folgenden Jahr zwei gleichaltrige Freunde, die zur gleichen Zeit eine (wesentlich gefährlichere) Krebsdiagnose bekamen, starben. Aber die Erfahrung brachte andere langfristige Veränderungen mit sich, die ich im Kapitel über den *betterplace lab* Team Transformer aufgreifen werde.

Gefrorene Zeit

Nachdem wir uns im ersten Jahr des *Timeless Wisdom Training* mit der Beziehung zu uns selbst und Kompetenzen wie Selbstkontakt und Selbstreflexion beschäftigt hatten und im zweiten Jahr der Kontakt zu anderen Menschen im Vordergrund stand, widmeten wir uns im dritten Jahr der kollektiven Dimension unserer menschlichen Existenz. Wieso erfahren wir uns von der Welt getrennt, wenn wir doch eigentlich untrennbar miteinander verwoben sind, ein Umstand, den Thich Nath Tanh als "Interbeing" bezeichnet? Wie können wir uns mehr mit der Schöpfung verbinden und Teil der bewussten Evolution werden, aktive und bewusste Mitgestalter der Welt? Wieso sind unsere Reaktionen so oft verzögert, so dass wir mit offenen Augen in die Klimakatastrophe rennen und weiter shoppen, obwohl wir wissen, dass uns die neue Billigjeans nicht glücklicher machen wird?

Jedes individuelle Leben baut auf einhundertfünfzigtausend Jahren Menschheitsgeschichte und vierzehn Milliarden Jahren Evolution auf. Kein Mensch kommt als unbeschriebenes Blatt zur Welt, sondern wird in eine vielschichtige bestehende Struktur hineingeboren. Wenn wir gehen und sprechen lernen, bauen wir auf uralte Muster auf. Unsere Werte, Normen und Verhaltensformen sind von unseren Vorfahren geprägt, auch wenn sie sich im Laufe der Zeit ständig wandeln.

Sowohl der Begriff Karma als auch das Kollektiv spielen in Thomas Hübls Arbeit eine zentrale Rolle. Ohne diese hier en detail wiederzugeben - dem interessierten Leser sei sein Buch *Healing Collective Trauma* (2020) empfohlen - möchte ich ein paar Grundthesen zu kollektivem Trauma skizzieren, soweit sie zum Verständnis meiner eigenen inneren Arbeit relevant sind.

Neurowissenschaftlern zufolge braucht eine Emotion neunzig Sekunden, um durch unseren Körper und unser Gehirn zu laufen. In neunzig Sekunden tauchen die Angst, Scham oder Freude begleitenden Empfindungen - Adrenalin, Hitze, zusammengeschnürte Kehle oder schneller Herzschlag - auf, erreichen ihren Höhepunkt und verschwinden wieder. Wie kommt es, dass wir viele Gefühle, insbesondere unangenehme, über Stunden, Tage, ja Wochen oder sogar Jahre hinweg mit uns herumtragen und unser Leben prägen lassen?

Im Idealfall würden wir dynamisch auf alle Impulse reagieren, Erfahrungen durch uns hindurchlaufen lassen. Wir wären damit innerlich so fluide und durchlässig wie unsere Außenwelt. Doch offensichtlich ist das nicht der Fall, sondern viele Impulse überfordern uns, brauchen Zeit, bis wir sie verarbeitet haben oder sind so abgespalten, dass wir uns ihrer gar nicht bewusst sind.

Im Laufe der Menschheitsgeschichte haben unsere Vorfahren vieles erlebt, was sie überwältigt hat, was ihre Nervensysteme nicht verarbeiten konnten; Naturkatastrophen und Kriege, emotionale und körperliche Vernachlässigungen, häusliche und sexuelle Gewalt, Demütigung und Diskriminierung. Die Liste lässt sich unendlich erweitern. Um sich vor überfordernden Erfahrungen zu schützen, spalteten die, die vor uns kamen, diese ab und froren sie ein. Wenn ehemals lebendige Nerven taub, gefühllos und unbewusst werden, sprechen wir von einer Traumatisierung.

Diese unverarbeiteten Überbleibsel der Geschichte sind das, was man im Hinduismus "Karma" nennt. Karma sind alle Erfahrungen, Gefühle und Gedanken, die nicht durch uns durchlaufen, sondern als gefrorene, abgespaltene Areale in unserem Energiefeld festsitzen. Wir gehen zwar davon aus, dass wir hier heute im Jahr 2021 leben, aber in Wirklichkeit sind viele Anteile von uns gar nicht "hier", sondern in der Vergangenheit. Energetisch ist unser Körper eine wilde Mischung aus Präsenz und allen möglichen Verzerrungen und eingefrorenen Teilen, die an der Gegenwart nicht lebendig teilnehmen. Durch diese Verzerrungen entsteht unser Zeitempfinden, spalten wir die Gegenwart in Vergangenheit und Zukunft auf. Ohne Karma gäbe es keine Zeit, denn wir würden ganz in der Gegenwart leben.

In Thomas eigenen Worten: "When we are unable to be fully present because a vital part of us is still processing an earlier event, the time we spent dislocated from the present and replaying the past experience can be explained as "aftertime". (...) Aftertime refers to the time required to integrate an experience that was left undigested when it originally occurred. A collective experience such as the Holocaust may remain unprocessed for many generations. (...) The aftertime created by this atrocity remains heavy in the world even today. (Hübl, 2020:57-58)

Jeder von uns wird in eine Struktur hineingeboren, die teils aus freien, präsenten Elementen und solchen besteht, die an die Vergangenheit gefesselt sind. Diese Mischung drückt sich in unserer Kultur aus: in den Wahrnehmungsfiltern, ethischen und moralischen Vorstellungen, Weltbildern, Glaubenssätzen und Verhaltensnormen, die wir als "normal" ansehen. Einige karmische Anteile sind individueller Natur und haben mit meinem persönlichen Sozialisierungsprozess zu tun. Viele aber sind kollektiv und beeinflussen ganze historische Epochen, Gesellschaften und Kulturfelder.

Als ich Thomas zum ersten Mal über kollektive Traumatisierungen und karmische Strukturen sprechen hörte, wurde ich sofort neugierig. Denn seit meinen frühen Jahren als Kulturanthropologin bin ich gegenüber Ansätzen, die unsere Welt aus einer rein individualpsychologischen Perspektive erklären wollen, misstrauisch. Als zutiefst soziale Wesen, die kollektive Bedeutungswelten schaffen, sind Menschen weit mehr als nur die Ergebnisse ihrer individuellen Kindheit und Sozialisation.

Mich interessierte immer brennend, wie Individuen und Gesellschaft zusammen wirken. Unter anderem deshalb liebe ich die Werke der französischen Schriftstellerin Annie Ernaux, die individuelle Biografien so in ihren gesellschaftlichen Kontext einwebt, dass beide miteinander höchst kunstvoll verschmelzen. Und genau dieser Schnittstelle widmen wir uns im dritten Jahr unseren Studien. Konkret erforschen wir, wie sich kollektive Muster und Traumatisierungen identifizieren lassen und wie wir diese wiederherstellen können. Denn das Leben, so Thomas, hat eine natürliche Tendenz, sich selbst zu heilen. Schöpfung strebt danach, gefrorene Teile wieder zu beleben und in den Fluss des Lebens zu integrieren, damit sich dieses weiterentwickeln kann.

Mich berührt diese Vision tief. Ist es möglich, mit meinem eigenen Lebensbeitrag etwas dafür zu tun, abgespaltene, tote Areale meiner Gesellschaft wieder lebendig zu machen? Kann ich, indem ich mich meinen eigenen Trauma-Anteilen widme und diese mehr integriere, zu einer gerechteren, inklusiveren, glücklicheren Welt beitragen?

Schon früh im Training war klar, dass der Holocaust und der Nationalsozialismus eine besondere Rolle spielen würden. Viele von uns berichteten von emotional abwesenden, oft physisch gewalttätigen Vätern und depressiven Müttern. Von Eltern, die sich in die Arbeit flüchteten, Angst vor tieferen Gefühlen und ein starkes Ordnungs- und Sicherheitsbedürfnis hatten. „Das tut man nicht", „darüber spricht man nicht", „ihr macht, was ich sage". Einer verglich sein Familienklima mit einer „stillstehenden, grauen Soße". Andere erzählten, dass selbst extreme Ereignisse wie der Selbstmord eines Familienmitglieds oder Gewaltverbrechen in ihren Elternhäusern sprachlos unter den Tisch gekehrt wurden.

Von meiner Lieblingstante Regina bekam ich ungefähr zur gleichen Zeit zwei Bücher von Sabine Bode geschenkt. In *Die vergessene Generation: Die*

Kriegskinder brechen ihr Schweigen (2004) und *Kriegsenkel: Die Erben der vergessenen Generation (2015)* setzt sich Bode mit den seelischen Störungen der zwischen 1934 und 1943 geborenen „Kriegskinder“ und deren Kinder, der „Kriegsenkel“ (1960-1975) auseinander. Ich war erstaunt, wie bekannt mir viele der dort beschriebenen Muster vorkamen.

Historiker schätzen, dass in Folge des 2. Weltkriegs 60-65 Millionen Menschen an Verbrechen und Kriegsfolgen starben. Meine Eltern, 1938 und 1940 geboren, fallen genau in die Zeit, in der die Traumatisierungen der Eltern direkt an die Kinder weitergegeben wurden. Selbst massiv gestresst, konnten viele Eltern ihren Kindern keine stabile emotionale Bindung anbieten und reagierten oftmals impulsiv, ja sogar feindselig auf kindliche Bedürfnisse. Diese dramatischen Lebenserfahrungen lassen sich auch auf körperlicher Ebene durch erhöhte Stresslevel und verminderte Oxytocin-Zufuhr nachweisen. Kriegskinder erlebten Bombardierungen, Nächte im Bunker, Flucht und Vertreibung, Kapitulation und Besatzung. Über eine Million Bomben wurden zwischen 1942-45 über deutschen Städten abgeworfen und töteten mehr als 500.000 Zivilisten. In den Nachkriegsjahren herrschte großer Mangel und pures Überleben. Viele Kinder wuchsen ohne Väter auf, oder mit solchen, die der Krieg traumatisiert hatte. Dazu kam die Scham und Entwertung durch die Kriegsniederlage und die Konfrontation mit den mörderischen Verbrechen an Juden, Andersdenkenden und Behinderten. In diesem Milieu war wenig Platz für empfindsame Kinderseelen. Stattdessen wurden sie aufgefordert, sich „zusammenzureißen“, sich “nicht so anzustellen”, zu funktionieren. In den wenigsten Familien wurde über die Nazis, den Krieg und den Holocaust gesprochen. Eine ganze Generation spaltete schmerzhafte Gefühle und traumatische Erlebnisse ab.

Den Kriegsenkeln wiederum, meiner Generation, ging es materiell gut. Aber sie sehnten sich nach emotionaler Resonanz und bedingungsloser Liebe. Sie erfuhren ihre Elternhäuser oft als beklemmend schweigsam und starr. Teilweise herrschte eine rigide Moral und Konformität. Die Eltern mussten sich selbst managen und hatten wenig Kapazität, auch noch dynamisch auf ihre Kinder einzugehen. Kritische und tiefe Gespräche über die Vergangenheit fanden auch hier selten statt.

Im Training hatten wir schon öfter den dicken, schweigsamen und gefühllosen Schleier um die Verbrechen des Naziregimes berührt. Intellektuell leuchtete es mir ein, dass wir in Deutschland ein spezifisches Traumafeld hatten, in dem unsere Gesellschaft systematisch bestimmte Gefühle, Wahrnehmungen und Empfindungen ausblendete und unsere Kultur dadurch maßgeblich, aber weitgehend unbewusst geprägt war.

Kollektive Traumatisierungen unterscheiden sich von individuellen darin, dass sie kulturbildend sind. Wenn sich unbewusste Teile des Einzelnen in Folge eines historischen Ereignisses mit vielen ähnlich gelagerten Traumata verbinden, bilden sie einen kollektiven Schatten. Diese können wir uns, so Thomas, wie dunkle unterirdische Seen vorstellen, die unter dem Alltagsbewusstsein lagern. Sie erzeugen spezifische blinde Flecken in der Gesellschaft, führen zu bestimmten Tabus und Sprachlosigkeit und verzögern unsere Reaktionszeit auf aktuelle Entwicklungen. Traumatisierte Bevölkerungen sind dann nicht mehr in der Lage, adäquat auf Krisen wie die Klimaerwärmung, die desaströsen Folgen des Turbo-Kapitalismus oder die Spaltung von Realität in Fake News zu antworten.

Diese Perspektive auf die deutsche Geschichte machte für mich Sinn. In meinem beruflichen Alltag staunte ich immer wieder über das ausgeprägte Sicherheitsbedürfnis und den Drang, „Sachen richtig zu machen“. Ich fragte mich, woher der Fatalismus kam, dass wir viele eklatante Missstände einfach akzeptierten und sagten, “So sind die Dinge nun mal.” Aber auch unsere gesamtgesellschaftlich stark verzögerte Reaktion auf Trends wie Digitalisierung und die oft kritische, ja abwehrende Haltung gegenüber Innovationen ließen sich zumindest teilweise plausibel damit erklären, dass wir Deutschen weniger in der Gegenwart leben, da wir noch stärker mit dem Verdauen der Vergangenheit beschäftigt sind als manche anderen Gesellschaften.

Aber erst in einem einwöchigen Retreat in Israel, wo Thomas und Yehudit seit Kurzem lebten, kam ich mit diesem Traumafeld nicht nur als intellektuelles Konstrukt, sondern als gefühlte Erfahrung in Kontakt.

Bei der Zusammensetzung unserer Gruppe, um die einhundertfünfzig Teilnehmer aus Israel, Palästina, Deutschland und den USA, lag es nahe, dass der Holocaust eine Rolle spielen würde. Das Ereignis, von dem ich hier erzählen möchte, begann mit der Wortmeldung eines deutschen Teilnehmers, von dem ich wusste, dass sein Großonkel einer der führenden Nazis und Mastermind hinter der Judenvernichtung war.

Mir geht es nicht darum, den Inhalt des halbstündigen Dialogs zwischen Thomas und dem Großenkel, nennen wir ihn Henning, wiederzugeben, sondern die Auswirkungen auf unsere Gruppe zu beschreiben. In den Tagen zuvor hatte sich in der Gruppe eine vertrauensvolle Atmosphäre entwickelt. Wenn viele Menschen zusammenkommen und sich aufmerksam aufeinander einlassen, entsteht eine Gruppenkohärenz, die es jedem Einzelnen leichter macht, subtile Energien wahrzunehmen. Spannungen, Gefühle und Widerstände intensivieren sich. Als Henning sich meldet, macht er einen innerlich vollkommen in sich gefangenen und versteinerten Eindruck. Thomas spürt ihn in dieser Erstarrung auf und führt ihn behutsam an gefühlvollere Schichten heran. Währenddessen entfaltet sich im Raum eine sehr dichte, höchst konzentrierte Atmosphäre. Niemand bewegt sich, niemand spricht, alle folgen gebannt dem Austausch. Nach und nach sinkt Henning in tiefere emotionale Schichten ab und durchlebt ein ganzes Spektrum an Emotionen, von Wut über Angst bis Scham.

Mittendrin verändert sich die Stimmung im Raum. Mir ist, als wenn eine dunkle Wolke durch die Gruppe zieht. Aus meinem Augenwinkel kann ich Stephan sehen, der seltsam starr vor sich hinschaut. Eine ältere israelische Therapeutin bricht in stummen Tränen auf ihrem Stuhl zusammen. Die neben ihr sitzenden Teilnehmer rücken an sie ran und halten sie im Arm. Eine junge Frau schreit spitz auf, sie zittert am ganzen Körper. Mich selbst überkommt eine bleierne Schwere, ein mir fremdes Gefühl, das ich auch nicht richtig als „meines" identifizieren kann.

In der ganzen Gruppe scheinen heftige Emotionen und Reaktionen aufzubrechen, unterschiedliche Facetten einer dunklen, furchterregenden, starren Qualität. Nach einer weiteren Viertelstunde bricht Thomas den Dialog mit Henning ab und wendet sich der Gruppe zu. Still bleiben wir so sitzen, als lauschten wir einem unbekannten Spektakel, das sich immer wieder in vereinzelten Tränen- und Wutausbrüchen zu Wort meldet. Ich selbst fühle mich unsäglich traurig und hoffnungslos.

Ich hatte schon mehrmals von vergleichbaren Situationen gehört. Situationen, in denen die Gruppe eine tiefe gemeinsame Erfahrung durchläuft. Später erklärt uns Thomas das Phänomen so:

Wenn wir als Gruppe durch unsere Meditations- und Kommunikationspraxis unsere Wahrnehmung immer mehr verfeinern, treten grobstoffliche Wahrnehmungen in den Hintergrund und bieten subtileren Empfindungen mehr Raum. Schwingen viele Individuen auf dieser höheren Ebene, synchronisiert sich die Gruppe untereinander und steigert dadurch insgesamt ihr energetisches Niveau. Der neue, offene Raum bietet eingefrorenen und weniger bewussten Anteilen in uns die Möglichkeit, sich zu zeigen und zu entfalten. Auf dieser Ebene kann Starres wieder lebendiger und mehr „Chi", Lebensenergie, freigesetzt werden. In einem solchen Energiefeld können Einzelne Erfahrungen machen, die ihnen im Alltagsleben unzugänglich sind.

In diesem Fall waren wir, so jedenfalls schien es uns, mit dem dumpfen, energetischen Abdruck des Holocausts in Kontakt gekommen, der weniger mit uns als Individuen zu tun hatte, als vielmehr aus einer unpersönlichen, kollektiven Schicht bestand.

In einer der folgenden Nächte habe ich einen intensiven Traum. Es ist Winter in Hamburg. Über die zugefrorene Alster gehe ich zur Schule, als das Eis plötzlich unter mir zerbricht. Ich tauche ins kalte Wasser, schreie und versuche mich an den Rändern des Lochs festzuhalten. Doch das Eis bricht immer weiter weg, ich werde in die Tiefe gezogen und ringe um Luft. Dann wache ich auf.

Was für ein Traum! Die Angst ist noch ganz bei mir. Als Kind liebte ich es, auf der Alster Schlittschuh zu fahren, fürchtete mich aber damals schon davor einzubrechen. Ich schließe die Augen und versuche, mich nochmal mit der Traumwelt zu verbinden. Was steckt hinter dieser Angst vorm Einsturz ins Eis?

Ganz spontan steigt ein Gedanke auf: In meinem Elternhaus wurden die Verbrechen der Nazis nicht offen angesprochen. Hitler und der Holocaust sind von einem starken Tabu umgeben. Der Holocaust ist wie ein großes, stumm schreiendes Loch. Als Kind wie als Erwachsene schleiche ich in Gesprächen mit meinen Eltern auf Zehenspitzen darum herum, denn das Thema ist so aufgeladen, mit so viel Spannung und Not verbunden, dass es mir bislang nicht möglich war, ein ernsthaftes Gespräch darüber zu führen. Wir schaffen es nicht, uns aufeinander zu beziehen, sondern gerade mal uns anzuschreien oder spitze Bemerkungen fallen zu lassen.

Heute, wenn ich dies aufschreibe, verziehe ich mein Gesicht. Denn was im Traum und dem darauffolgenden Halbschlaf so real und schlüssig erschien, kommt mir jetzt wie Küchenpsychologie vor. Und doch: Inner Work ist Traumarbeit und dieser Traum war ein weiterer Impuls, der zu meinem Vorsatz beitrug, mich in den nächsten Monaten dem Holocaust und den Verstrickungen meiner Familie mit der Nazizeit intensiver zu widmen. Mein eigenes Nervensystem, oft aufgewühlt und unter Starkstrom, war irgendwie mit dem Horror der deutschen Geschichte verbunden. Wie genau, das wollte ich herausfinden.

Auschwitz bezeugen

Zuerst einmal aber fahre ich Anfang 2015 für das *betterplace lab* nach Ägypten. Für einen Monat beziehe ich in Kairo ein Hausboot auf dem Nil. Morgens beobachte ich die Ruderer und abends die Partyboote, die an meiner Terrasse vorbeiziehen. Tagsüber interviewe ich ägyptische Sozialunternehmerinnen, besuche Start-ups und Inkubatoren, um einen Überblick über die lokale digital-soziale Innovationszene zu bekommen. Mein Energielevel ist zwar nach der Krebstherapie etwas gesenkt und die katastrophal schmutzige Luft und der wahnwitzige Verkehrslärm machen mir zu schaffen. Aber die vielen Begegnungen mit jungen Ägyptern, Machern und Vordenkerinnen der Zivilgesellschaft erfüllen mich. Viele von ihnen haben sich nach dem Scheitern des Arabischen Frühlings aus der Politik zurückgezogen und gründen Start-ups, die soziale, ökologische und kulturelle Ziele verfolgen. Sie entwickeln digitale Tools - gegen sexuelle Belästigung, für niedrigschwellige Bildungsangebote in Slums oder die Messung der Luftqualität. Ich empfinde große Dankbarkeit, dies alles zu erleben.

Ein paar Monate später ist wieder Inner Work angesagt. Mit einer Gruppe aus dem Umfeld von Thomas Hübl reise ich nach Auschwitz. Wir sind neunzehn Menschen, die eine Woche hier im Stammlager und dem drei Kilometer davon entfernten Vernichtungslager Birkenau verbringen wollen. Jeder von uns hat seinen individuellen Bezug zu Auschwitz. Die Nachfahren von Nazi-Tätern ebenso wie Juden, deren Verwandte hier ermordet wurden. Uns gemein ist, dass wir alle spüren, dass die Nazivergangenheit unseren eigenen Lebensweg beeinflusst hat.

Wir möchten dem Holocaust auf eine andere Weise begegnen als rein intellektuell. Gerade Deutschland hat eine ausgesprochen umfassende Erinnerungskultur, die sich auch darin zeigt, dass ich mich als Schülerin im Geschichtsunterricht über zwei Jahre hinweg mit dem Dritten Reich beschäftigt habe. Diese Gruppe aber möchte sich auf den Ort und seine Geschichte emotional und körperlich einlassen. Was können wir wahrnehmen, wenn wir uns als ganze Menschen dem unfassbaren Geschehen aussetzen?

Untergekommen sind wir in der interkonfessionellen Begegnungsstätte unweit des Stammlagers. Dort starten wir auch, gehen durch den Torbogen mit der Aufschrift "Arbeit macht frei" und sehen uns die Ausstellungen zum Holocaust an. Die meiste Zeit halten wir uns jedoch im Vernichtungslager Birkenau auf. Dort laufen wir durch die endlos langen Reihen der Lagergebäude, in denen die Häftlinge unter menschenunwürdigsten Bedingungen schliefen. Wir verbringen viel Zeit auf der Rampe, dem Ort neben den Bahngleisen, an dem die Züge aus ganz Europa ankamen und die Selektion der Gefangenen stattfand. Innerhalb von kürzester Zeit entschieden hier SS-Offiziere, wer direkt in die Gaskammer geführt wurde oder wer zu den (knapp ein Viertel) Gefangenen gehörte, die zur Zwangsarbeit abgestellt werden sollten, um dann meist kurze Zeit später an Entkräftung, Folter oder Krankheit zu sterben. Wir sehen den Block, in dem Dr. Mengele seine sadistischen medizinischen Experimente durchführte und den Komplex, in dem die Habseligkeiten der vergasten Menschen sortiert wurden. Wir meditieren an den halb zerstörten Gaskammern und Krematorien.

Wir versuchen, die unermesslichen Leiden der 1,1 Millionen Opfer ebenso wie die mörderische Energie der Täter und die Feigheit und Angst der Mitläuferinnen emotional zu bezeugen. Uns, soweit überhaupt möglich, dem kollektiven Verbrechen fühlend zu nähern. Was bedeutet dieser Ort für die Menschheit? Welche Kräfte sind hier am Werk und bis heute spürbar?

Auch wenn wir alleine oder in Kleingruppen herumlaufen, kommen wir immer wieder in der großen Gruppe zusammen, um uns gegenseitig zu unterstützen, mehr wahrzunehmen, mehr zu fühlen. Denn uns allen fällt es schwer, den reflexartigen Schutzmechanismus zu öffnen, der verhindert, dass wir uns auf die systematische Vernichtung so vieler Menschen einlassen. Während der Woche durchlaufen wir in unserer Gruppe die unterschiedlichsten Gefühle — Taubheit, Angst, Panik, Trauer, Scham, Ekel, Überheblichkeit, Wut. Vor allem aber spüren wir immer wieder nur Taubheit und diffuse Betroffenheit.

Am liebsten bin ich allein, gehe in meinem Rhythmus. Ich merke, dass ich die im Stammlager ausgestellten Exponate der Vernichtungsmaschine brauche, um die Verbrechen näher an mich heranzulassen. Konfrontiert mit gigantischen Bergen von Haar, Tausenden von Kinderschuhen, Koffern und Brillengestellen weicht meine Rüstung auf, erlebe ich Momente tiefer Erschütterung. Auch die teilweise sehr guten nationalen Ausstellungen, die die verfolgten Bevölkerungen auf ihrem Weg von ihrem lebendigen, vielschichtigen Leben bis hin zu ihrem Tod dokumentieren, berühren mich zutiefst. Es ist so wichtig, ihr Leben zu zeigen, nicht nur ihren Tod.

Während ich mir in den ersten Tagen viel Druck mache - ich muss jetzt was spüren! Was bin ich für ein Unmensch, dass ich so wenig empfinde! -, lasse ich gen Mitte der Woche etwas los. Ich versuche mich mehr zu entspannen, einfach nur präsent zu sein, zu sehen und wahrzunehmen. Dabei ertappe ich mich bei grausamen Gedanken. Beim Anblick des Fotos einer Gruppe von Gefangenen, die vor der Rampe stehen, schießt es mir durch den Kopf: „Ich weiß genau, wen ich in die Gaskammer schicken würde und wer noch fürs Arbeitslager taugt.“ Kaum gedacht, erschrecke ich furchtbar. Habe ich wirklich diesen Blick in mir, der Menschen in lebenswert und nicht lebenswert einteilen kann? Der auf einen Blick die schwachen Gestalten von den kräftigen, produktiven unterscheidet? Eine Welle der Trauer überkommt mich und tränenüberströmt setze ich mich in eine Ecke des Ausstellungsraumes. In diesem Moment fühle ich mich unmittelbar der Täterenergie verbunden. Verwandt mit denjenigen, die hier als Wachmänner und Teil der Todesmaschine gearbeitet und dabei ihre Menschlichkeit verloren haben.

In einem abgelegenen Waldstück unweit des Lagerzauns in Birkenau breite ich einen alten Biberpelzmantel, ein Erbstück meiner Schwiegermutter, auf dem Boden aus und setze mich. Ich mache eine Übung, die ich aus einem früheren Retreat mit Thomas kenne.

Dafür lasse ich meine Ahnen mütterlicherseits und väterlicherseits vor meinem inneren Auge auftauchen und horche auf Impulse, Gedanken, Gefühle oder körperliche Empfindungen. Ich fange mit meinem Vater an. Klar sehe ich ihn vor mir, denn wir haben eine gute und flüssige Beziehung. Ich sehe seine ganz eigene Mischung aus Lebensfreude und Unsicherheit, Aufrichtigkeit und Scham. Die Bereiche, in denen er offen und lebendig ist und wo er an seine Grenzen stößt.

Ich gehe weiter zu seinen Eltern und bekomme auch hier einen klaren energetischen Eindruck. Von dem emotional kargen und streng reglementierten Haus meiner Großeltern, das mir als Kind große Angst einflößte, taste ich mich in die Nazizeit vor. Mein Großvater, aus adeligem Haus, war ein sensibler und schwacher junger Mann, der nach dem frühen Tod seines eigenen Vaters zur Kadettenschule geschickt wurde, um dort ein “richtiger Mann” zu werden. Unschwer stelle ich mir vor, wie er, unsicher und zugleich standesbewusst in die NSDAP eintritt und als Bürgermeister einer kleinen Ortschaft bei Danzig Karriere macht. Er heiratet eine Gastwirtstochter, nachdem diese von ihm schwanger geworden ist und bricht mit dieser nicht standesgemäßen Beziehung das Band zu seiner eigenen Mutter. Gerüchten zufolge hält sich der junge Bürgermeister-Haushalt tagsüber eine Bedienstete aus dem nahe gelegenen KZ Stutthof. Aber in der Familie wird später über die Nazizeit kein Wort verloren. Keines der vier Kinder traut sich nachzufragen. Die Familienatmosphäre ist gedrückt, es herrscht eine resonanzarme, rigide, ultra-konservative Moralität.

Auch mein Vater, dem ich zu seinem achtzigsten Geburtstag eine Reise nach Israel schenke, traut sich bis heute nicht, den Verbrechen der Nazis ins Auge zu sehen. Während ich unweit von Jerusalem die Gedenkstätte Yad Vashem besuche, bleibt er im Garten davor sitzen. So enttäuscht ich bin, kann ich seine Verweigerung akzeptieren, so offensichtlich ist seine innere Not.

Wenn ich gedanklich-fühlend meine väterliche Ahnenlinie weiter verfolge, meine ich, eine Struktur zu identifizieren, mit der ich mich verbinden kann, die mir Tiefe und Wurzeln gibt. Oder ist das nur Einbildung? Denn natürlich weiß ich, dass dieser Familienzweig seit dem 11. Jahrhundert lückenlos dokumentiert ist und mein Stammbaum auch Martin Luther umfasst. Ich bin in vierzehnter Generation eine so genannte Lutheride, eine direkte Nachfahrin des Reformators, was mich irgendwie freut. Dass Adelshäuser eine ausgeprägtere Identität entwickeln als andere Bevölkerungsgruppen, macht Sinn, denn während Letztere sich meist gerade mal auf ihre Groß- oder Urgroßeltern beziehen können, entwickelten Erstere über Jahrhunderte eine sich ihrer selbst bewusste Identität, die sie an ihre Nachfahren weitergaben. Dieser wissentlich aufeinanderfolgende Strom von Ahnen, so erscheint es mir jedenfalls, steht mir seit meiner Kindheit als Ressource zur Verfügung.

Immer noch auf dem Biberfell sitzend, wende ich mich gedanklich meiner Matrilinie zu. Aus Erzählungen meiner Mutter weiß ich, dass unter diesen Vorfahren viele Ärzte, Offiziere und Künstler waren. Manche von ihnen verkörperten die fürs deutsche Kaiserreich so typische Verbindung zwischen Militär und Kunst in einer Person, wie die Düsseldorfer Schlachtenmaler Christian Sell der Ältere und der Jüngere.

Sobald ich jedoch versuche, mich mit diesen Menschen konkreter zu verbinden, schweife ich blitzartig ab. Es ist ein bisschen so wie mit einem heißen Topf: Sobald ich ihn kurz berühre, ziehe ich meine Hand zurück und weiß gar nicht, ob ich mich schon wirklich verbrannt oder noch gar nicht an die Berührung herangetraut habe.

Eine Person ragt heraus. Mein Großvater Friedrich Christian. Zwei Schwarzweißfotos tauchen in mir auf. Das Eine zeigt ihn in Uniform in Nordafrika, wo er als Adjutant Rommels im Afrika-Korps diente. Das Zweite ist von der Konfirmation meiner Mutter. Sie sitzt umrahmt von ihren Eltern, alle drei formell und elegant gekleidet. Wie schon oft frage ich mich, wieso mein kultivierter und feinfühliger Großvater zugleich ein so glühender Nazi sein konnte, der sich bis weit über den Untergang des Dritten Reiches damit verbunden fühlte.

Ich sehe mich mit ungefähr zehn, elf Jahren das Bücherregal meiner Großmutter durchstöbern. Sie war zu diesem Zeitpunkt schon länger Witwe, so dass ich mich selbst nicht mehr an meinen Großvater erinnere. Im Bücherschrank fand ich seine Militärorden und einen silbernen Teleskop-Becher, aber auch einen alten Taschenkalender von 1950. Ich blätterte ihn durch und fand einen Eintrag, heute weiß ich, dass es der 20. April war: „Heute ist des Führers Geburtstag. Ich bewundere ihn noch immer."

Die Worte, vor über vier Dekaden gelesen, sind bis heute in mein Gedächtnis eingebrannt. Ich spüre den Schock hier und jetzt, der mich beim Lesen dieser zwei Sätze durchfuhr. Ich saß auf dem Teppich vor dem Regal. Die Schublade in Bodennähe aufgezogen. Vor mir das dünne Büchlein, DIN A6 mit dunkelgrünem Ledereinband. Die Handschrift filigran.

In der Schule nahmen wir gerade die grauenhaften Verbrechen der Nazis durch. Unser Deutschlehrer Volker Ullrich, später Autor bekannter Bücher über den Nationalsozialismus, lud Holocaustüberlebende und andere Zeitzeugen ein. In aller Deutlichkeit wurde mir der Schrecken der deutschen Geschichte vor Augen geführt. Und ich war zutiefst verwirrt, denn in meinem Elternhaus herrschte ein anderer Tenor. Da erzählte meine Mutter von den „wundervoll tiefen Gesprächen", die sie als junge Frau in den 1950er-Jahren mit ehemaligen Nazis in der Hindelanger Pension von Ilse Hess, der Ehefrau des in Spandau inhaftierten Stellvertreters Adolf Hitlers, geführt hatte. Was für gebildete Menschen das waren und wie zuerst die Alliierten und später dann die Eliten der Bundesrepublik sie zu Mördern verzerrten.

Ich spüre eine leichte Übelkeit in mir aufsteigen, bleibe aber sitzen. Ungefähr zum gleichen Zeitpunkt, als ich den Kalendereintrag meines Großvaters fand, musste ich meine Mutter auf einer Solidaritätsveranstaltung im Hamburger ICC für den zu lebenslanger Haft verurteilten Rudolf Hess begleiten. Meine Mutter selbst war mit dem Sohn Wolf Rüdiger Hess befreundet, dessen Patenonkel Adolf Hitler war. Ich schämte mich zutiefst, umgeben von Menschen, die sich für etwas einsetzten, was in diametralem Widerspruch zu meinem eigenen Lebensgefühl und den Werten meiner Freunde und Lehrer stand. Aber ich fühlte mich abhängig, gefangen und wagte keinen offenen Widerstand. Stattdessen zog ich mich in mich selbst zurück.

Zwei Tage später meditieren wir in der großen Gruppe unweit des Krematoriums 3. Es regnet und ich setze mich mit einem Regenschirm an einen halbwegs geschützten Platz unter einer Baumgruppe. Seit meiner Ahnenmeditation fühle ich mich wackelig, ängstlich und in mir gefangen. Jetzt atme ich tief durch und versuche mich nicht zu schützen und abzudriften. Erleichtert stelle ich fest, dass ich den Punkt, an dem Angst und Enge zusammenkommen, fokussieren und beobachten kann. Meine Mutter, so schießt es mir mit einem Mal durch den Kopf, kennt diesen Punkt auch! Einen Punkt, an dem sie keine innere Wahl hatte, als die Nazis zu verteidigen.

Ich sehe sie mit ihrem Vater. Zwischen den beiden gab es ein enges Band. Fast täglich schreibt sie ihm aus Zürich, wo sie Anfang der 1960er-Jahre Germanistik studierte und viel ins Theater ging. Und ebenso regelmäßig antwortet er. Sie diskutieren Gedichte von Annette von Droste-Hülshoff und Inszenierungen von Friedrich Dürrenmatt im Zürcher Schauspielhaus. Sie beklagt sich über das Misstrauen, das sie als Deutsche in der Schweiz erfährt. Er schreibt ihr von seinen Kämpfen, sich in Bremen als Vertreter von Stilmöbeln eine neue Existenz aufbauen zu müssen.

Meine Wangen sind nass. Ist das der Regen oder Tränen? Ich versuche das Band der beiden stabil vor Augen zu halten. Ich sehe die Schönheit und die Abhängigkeit zwischen Vater und Tochter. Dieses Aufeinanderbezogensein, sich in der Begeisterung für Literatur und Theater zu treffen, sich damit eine Welt zu schaffen, die über den schwierigen Alltag erhaben war. Meine Mutter hat ihren Vater gestützt, indem sie sich ganz und gar mit ihm identifizierte. Sie ist ihm loyal ergeben und kann Zweifel, die vielleicht auch in ihr aufkommen, nicht mehr mit ihm selbst klären, denn er stirbt früh. Nicht nur will sie ihn schützen, vor dem Urteil der Geschichte und ihrer eigenen Tochter, für die seine Werte ein Verbrechen waren. Sie muss ihn schützen. So wie ich in mir Punkte kenne, die so eng und hart sind, dass ich keine Alternative zulassen kann, so ist sie ebenfalls gefangen. Liebe und Loyalität, wunderbare Eigenschaften, die das Leben meiner Mutter tief geprägt und - welches Wort trifft es? - ja, verzerrt haben. Sie kann - es leuchtet mir so ein! - kein liberales Weltbild haben, denn das würde sich wie ein Verrat an ihrem Vater anfühlen.

Die Erkenntnis fühlt sich stimmig und wahr an. Ich habe jedes Gefühl für meine Umgebung verloren und sitze ganz ruhig da. Obwohl es immer noch regnet, leuchtet es in mir hell und friedvoll.

Die hier beschriebene Abfolge ist typisch für meine inneren Erkenntnisprozesse. Am Anfang begegne ich oft einer unbestimmten Angst und Unruhe, die sich bei genauerer Betrachtung als existenzielle Enge und Not offenbart. Ignoriere ich diese, begleitet sie mich über lange Zeiträume. In den letzten Jahren bin ich jedoch dazu übergegangen, sie bewusster anzuschauen, alleine beim Meditieren, in meiner Triade, während Retreats oder in therapeutischen Settings. Dadurch, dass ich ihnen mehr Aufmerksamkeit gebe, können sie sich ausbreiten und klarer zeigen. Während dieses Prozesses wird der Druck in mir zuerst stärker, ich fühle mich unzufrieden, hilflos oder frustriert und habe Mühe, konzentriert zu bleiben. Doch wenn sich dann etwas in mir entspannt, übertrete ich eine Schwelle, hinter der überraschende Erkenntnisse lauern, die sich viel wahrer und klarer anfühlen als normale Gedanken. Technicolor Erkenntnisse. Lange fragte ich mich, was dieser andere Bewusstseinszustand war. Ich begegnete ihm immer wieder, konnte aber nie genau sagen, was mit mir geschah. Meine Wahrnehmung war so viel fokussierter und präziser. Realität irgendwie viel realer. Ich selbst war so viel mehr bei mir und gleichzeitig mit anderen verbunden.

Mit der Zeit fand ich eine Erklärung, die mich überzeugte: In diesen Momenten sind meine vier Wahrnehmungsebenen, Körper, Emotion, Verstand und Intuition, im Einklang miteinander. Sie sind alle in der Gegenwart und nehmen eine einheitliche Botschaft wahr. Im Gegensatz dazu ist meine Alltagswahrnehmung viel fragmentierter; da bin ich mit den Gedanken vielleicht in der Zukunft, währenddessen mein Körper noch ein Thema aus der Vergangenheit verarbeitet und meine Emotionen taub vor sich hindümpeln. Dazu kommt noch als fünfte Dimension der Raum in mir, in dem ich diesen Vierklang selbst beobachte. Das Ganze ist also eine Art 5-Sync, eine Synchronisation auf fünf verschiedenen Ebenen. In diesem Zustand habe ich neue und überraschende Erkenntnisse, die von einem anderen Platz als gewöhnliches Wissen auftauchen. Dass sie so viel wahrer und fundamentaler erscheinen, ist meines Erachtens Folge der Synchronisierung.

Bei der Suche nach einem prägnanten Wort, das dieses ganzheitliche Verstehen beschreibt, stochere ich noch herum. Im Englischen könnte sich "sensing" oder "sensing-thinking" anbieten, zumal einige Systemdenker diese Kombination verwenden. Ich mag auch die Umschreibung, die Shakespeare in King Lear dem Grafen von Gloucester in den Mund legt: "I see it feelingly", da es Kognition und Fühlen zusammenbringt und auf die sensorisch-körperliche Komponente hinweist, die notwendig ist, um Phänomene aus einer höheren Perspektive zu sehen. Gemeinsam mit einer kleinen Gruppe von Menschen, darunter Bettina Rollow und meinem Mann Stephan, versuchen wir seit einiger Zeit Wahrnehmungsformen wie diese besser zu verstehen, da sie uns als wichtige neue Instrumente erscheinen, um Komplexität zu navigieren und Systeme ganzheitlicher zu sehen. Unsere Recherchen publizieren wir unter dem Pseudonym Keks Ackerman.

Die mystische Erklärung dieses Prozesses geht davon aus, dass durch die Synchronisation mehr "Licht", schöpferische Energie in den Körper einfließt. Das neue Licht im System ermöglicht eine höhere Kohärenz, das heißt Informationen, die bislang unverbunden und fragmentiert nebeneinanderstanden, passen plötzlich zusammen. Dadurch können wir uns von einer höheren Warte aus wahrnehmen. Für mich spielen Träume in diesem Prozess oft eine zentrale Rolle, wohl weil im Schlaf mein Kontrollzentrum ausgeschaltet ist und sich mein Unterbewusstsein einfacher öffnet. Wenn Träume neues Wissen zutage fördern, hat das etwas von einer Geburt, ein sehr körperlicher Vorgang. Etwas windet sich aus der diffusen Subjektivität wie durch einen engen Kanal in die Objektivität hinein und zeigt sich dort außerhalb des Körpers als klar umrissene energetische Wahrheit.

Neue Zusammenhänge werden klar: Ah, so ist dieses Thema mit einem anderen Thema in meinem Leben verbunden! Ah, das ist die Bewegung, die gerade abläuft! Plötzlich ist es mir möglich, Dinge neu zu verstehen, da ich sie in ihrem größeren Kontext sehe. Ich erkenne Muster und Dynamiken, die vorher keinen Sinn gemacht haben.

Das ist so, als wenn ich in einem Labyrinth laufe und immer nur einzelne Ausschnitte sehe: hier eine Hecke, dort eine Biegung, dort ein rechter Winkel und eine Sackgasse da hinten. Wenn ich jedoch aus der Vogelperspektive auf das Labyrinth schaue, sehe ich, dass es zum Beispiel in Form eines Kreuzes angelegt ist, dass jeder zweite Weg eine Sackgasse ist und dass es nur einen Ausgang gibt, den ich von dieser Warte aus auch einfach finden kann. Inner Work bedeutet, die Metaperspektive einzunehmen und sich der eigenen Vergangenheit und Familienlinie zuzuwenden. Das energetische Fundament, auf dem das eigene Leben aufgebaut ist, zu studieren.

Manche Psychologen, Philosophen und Weisheitslehrer verwenden für diesen Perspektivwechsel die etwas sperrige Bezeichnung Subjekt-Objekt-Transzendenz: Der Mensch erkennt etwas, was er bislang als undifferenzierten Teil seiner selbst (Subjekt) angesehen hat, als ein Objekt an. Damit gewinnt er die Freiheit, von außen auf diesen Teil zu blicken und zwischen verschiedenen Handlungsoptionen und Reaktionsmustern auszuwählen, statt automatisch von ihm gesteuert zu sein. Für die Entwicklung eines Kindes ist uns dieser Prozess sehr geläufig, aber Wachstum hört nicht mit Mitte zwanzig auf, sondern ist ein lebenslanger Prozess. Die Subjekt-Objekt-Transzendenz ist somit eine der maßgeblichen Dynamiken für menschliche Reifung, für jedes Growing Up.

Mich fasziniert es immer wieder selbst zu erfahren, wie komplex Wissen und Fühlen, Raum und Bewegung, Vergangenheit, Gegenwart und Zukunft, Bewusstsein und Unterbewusstsein, Körper und Geist miteinander in einer klaren Logik verbunden sind. Und diese Reise nach Auschwitz hatte mir einige wichtige neue Erkenntnisse geliefert.

Auf der Rückfahrt im Zug nach Berlin vergegenwärtigte ich mir nochmals, was ich in der Woche in Polen erlebt hatte. Mir war, als könnte ich die Verzerrung, in die ich hineingeboren wurde, klarer sehen. Das Muster des kollektiven deutschen Traumas, so wie es mein Leben beeinflusst hatte. Das Band der Loyalität zwischen Vater und Tochter. Den hohen Preis, den meine Mutter und in Folge auch mein Bruder und ich dafür bezahlt hatten. Zwischen ihr und der bundesrepublikanischen Gegenwart bestand eine konstante Spannung; sie lehnte die

Welt, so wie sie sich nach 1945 rekonstituierte, in weiten Teilen ab und beschnitt sich damit wichtiger Resonanzerfahrungen und ihre eigene Lebensenergie.

Als Kind wurde ich hin- und hergerissen. Zwischen meinem eigenen Gespür für das Gute, Wahre, Schöne und einem Elternhaus, welches bei aller Liebe für mich die Verbrechen der Nazis verharmloste, ignorierte oder sogar rechtfertigte. Der Spalt dazwischen erzeugte in mir eine wahnsinnige Spannung, die ich nirgendwo entladen konnte und in einer Weise bis heute noch mit mir herumtrage.

Thomas Hübl beschreibt, wie wir in unterschiedliche ethische Linien hineingeboren werden, die mehr oder weniger mit göttlichen Prinzipien, dem zentralen Meridian, übereinstimmen. Und man muss nicht an göttliche Gesetze glauben, um die Verbrechen der Nazis als tiefe Verletzungen anzusehen. Durch innere Arbeit können wir das Karma verarbeiten, welches in den vom Meridian abgewandten Teilen unseres Lebens präsent ist. Mit jeder neuen Stufe gehen neue Tore des Bewusstseins auf, wird mehr Wirklichkeit sichtbar. Indem wir innerlich näher an göttliche Prinzipien herankommen, fangen wir an, uns an höheren Organisationsprinzipien auszurichten. Dadurch kommen aber auch die Spannungsfelder, die diese Ausrichtung bislang verhindert haben, deutlicher zum Vorschein. Wir erleben mehr Stress und begegnen den Kompensationsmechanismen unserer Vergangenheit. In diesem Sinne sind Stress und Leid Treiber unserer Entwicklung, denn sie fordern uns auf, mehr Welt in uns Platz nehmen zu lassen.

Nach drei Jahren ist das *Timeless Wisdom Training* zu Ende und unsere Gruppe löst sich auf. Diejenigen, die weitermachen wollen, treten der *Core Group* bei, einer Gruppe für Fortgeschrittene, die sich drei Wochen im Jahr im Winter, Frühling und Herbst trifft. Für mich ist klar, dass ich den eingeschlagenen Pfad weiter verfolgen möchte und ich melde mich für die *Core Group* an. Aber ich bin auch neugierig, andere spirituelle Ansätze und therapeutische Richtungen kennenzulernen und belege, soweit mein volles Arbeitsleben es erlaubt, diverse Kurse und Workshops. Von einigen dieser Erfahrungen möchte ich hier berichten.

Wild Eros - Unter Jägern und Sammlern

Beim Schreiben dieses Textes am späten Abend nach meiner Rückkehr aus England ergreift mich wieder der energetische Zustand, den ich 5-Sync genannt habe. Als würden einige der Schleier, die sonst zwischen mir und der Welt sind, beiseitegeschoben und ich statt der durchschnittlich acht bis zwölf Megapixel, die mir als Sehkraft zur Verfügung stehen, zweiundzwanzig Megapixel haben, die zudem noch über den ganzen Körper als Sensoren verteilt sind. In diesem Zustand rückt mir die Welt nicht nur näher, Leben erscheint auch viel einfacher. Als müsste ich gar nicht so viel rotieren, machen und produzieren und könnte mich stattdessen in großer Ruhe einigen wenigen Dingen widmen. Vielleicht hat die Woche, die ich hier ziemlich kritisch beschreibe, doch einen interessanteren Effekt auf mein Bewusstsein gehabt hat, als ich dachte.

„Ich wäre so gerne jemand", sagt Claire. Aber jetzt, so kurz vor dem Ruhestand, erscheint ihr eine Kehrtwende unwahrscheinlich. Dennoch plant sie ein Sabbatical, in dem sie noch mehr zu sich finden kann. Auch Matthew ringt mit seinem Leben. Irgendwie hat er trotz Familie und gutem Job das Gefühl, im falschen Leben zu stecken, weiß aber nicht, wie ein richtiges aussehen könnte. Seitdem er vor ein paar Jahren in Amerika auf einer Visionsreise vier Tage fastend durch die Wüste wanderte, nennt er sich Woundhealer, Wundheiler. Matthew erzählt uns, wie er zu diesem Namen kam: Nachdem er, leicht erkältet, seinen Nasenschleim an einem Baum abgerieben hatte, kam eine offensichtlich kranke Fliege angeflogen, leckte an dem Schleim und flog kurz darauf munter wieder weiter. Für Visionssucher gibt es keine Zufälle und so half ein Mentor Matthew, den tieferen Sinn seines Lebens zu deuten: Er war ein Wundheiler. Aber da er immer noch an seinem Leben leidet, ist Matthew jetzt nicht mehr ganz so sicher, ob seine Berufung darin liegt, die Wunden anderer zu heilen oder doch erstmal seine eigenen. Gemeinsam mit Matthew, Claire und dreißig anderen Menschen mache ich einen

Workshop mit dem schönen Namen *Wild Eros*. Geleitet von Bill Plotkin, dessen Bücher *Wild Mind* und *Soulcraft* alle Teilnehmer außer mir gelesen haben, verspricht der Kurs „radical participation in fragmented times". Eine gute Freundin hat mir die Teilnahme empfohlen; hier sei eine fantastische Chance, meine Beziehung zur Natur neu zu erfahren und mich selbst tiefer kennenzulernen. Und da ich zwar gerne in der Natur bin, mein Verhältnis jedoch nie genauer erforscht habe und mir zudem vorgenommen habe, gezielt neue Erfahrungen zu machen, meldete ich mich spontan für den fünftägigen Kurs im Schumacher College in Südengland an.

So sitze ich ein paar Monate später im Stuhlkreis in einem altenglischen Landhaus. Schumacher College ist unter spirituell und ökologisch interessierten Menschen eine bekannte Adresse. Viele Vorreiter der ökologischen Bewegung, aber auch bekannte transpersonale Psychologen haben hier unterrichtet, von James Lovelock und Fridjov Capra über Lynn Margulies bis Stanislav Grof. Bei meiner Ankunft werde ich von einer Gruppe junger Deutscher begrüßt, die hier ihr Freiwilliges Ökologisches Jahr verbringen, den großen bio-dynamischen Garten kultivieren und bei den Retreats aushelfen.

Auf einer Ebene fühle ich mich sofort zu Hause, erinnern mich die neogotischen Gebäude und die lieblich üppige Vegetation an meine Schulzeit im englischen Kelly College, dem Internat, in dem ich Abitur machte. Doch in der Vorstellungsrunde fühle ich mich fremd. Viele der Teilnehmer haben schon andere Kurse von Bill und seiner Partnerin Geneen besucht und sind eine eingeschworene Gemeinde. Nach ihren Visionsgängen haben sie offenbar ihre bürgerlichen Namen abgelegt, denn jetzt stellen sie sich als Moonlight und Cocoon Weaver, Ocean, Ra und Fire vor.

Ich registriere meine Irritation, räume ihr aber nicht zu viel Platz ein. Schon vorhin bei der Anmeldung und unserem ersten gemeinsamen Mittagessen hatte ich Gespräche über Wassergeister und Elfen überhört und mir vorgenommen, meine Urteile vorerst zu suspendieren. Schließlich bin ich hier, um Natur auf ungewohnte Weise zu mir sprechen zu lassen und meine wilden im Zuge der Sozialisation verschütteten Anteile wieder zu entdecken. Und ich freue mich auf die nächsten Tage, in denen ich die umliegenden Wälder voller Redwoods und die prachtvollen Parkanlagen des Dartington Trust erforschen werde, zu dem das Schumacher College gehört. Inner Work, das ist auch die Erforschung der Beziehung zwischen Mensch und Natur.

Unsere erste Aufgabe besteht darin, „Portale" zu finden. Darunter versteht Bill Plotkin Orte, in denen sich die wilde Natur für uns Menschen öffnet. Orte, an denen unsere herkömmliche Realität die mythische Welt berührt. Wir erkennen sie daran, so Bill, dass sie uns zugleich anziehen und ängstigen. Sobald identifiziert, sollen wir uns dem Portal mit einem Ritual oder Opfer nähern. Fortgeschrittene (aber Vorsicht - nur psychologisch stabile Menschen dürfen die folgende Praxis ausführen!) können mit vier Objekten die Himmelsrichtungen markieren und ins Portal „einsteigen". Dort angekommen, können sie „unterirdisch" weitergehen. Jede Richtung steht für unterschiedliche Qualitäten des Lebens und es ist unserer Intuition überlassen, welche wir einschlagen.

Eine mittelalte Engländerin fragt besorgt, wie sie das Portal wieder „schließen" kann. Ihr jüngerer Sitzkreisnachbar möchte wissen, ob er psychisch stark genug ist, ins Portal einzusteigen. Bill rät ihm, vorerst nur am Eingang zu bleiben.

Also ziehen wir los, jeder für sich und durchforsten den großen, das College umgebenden Wald. Ich lasse mich treiben und versuche mich bewusst im Terrain zu verlieren. Ich beobachte die Unruhe in mir - die aufsteigende Sorge, wenn ich wirklich jede Orientierung verloren habe. Spaßeshalber versuche ich „Portale" zu finden, stelle aber fest, dass mir dazu offenbar der wilde Sinn fehlt. Hier sind so viele phantastische Orte, mit Farnen bedeckte Lichtungen, große Redwood Siedlungen, romantische Pfade, von denen mir alle wie Eintrittstore in die Natur erscheinen.

Gespannt warte ich auf die Dämmerung. Bill hatte uns aufgefordert, die „Dunkelheit wie ein Kleid" zu tragen. Je dunkler es wird, desto aufmerksamer werde ich. Im dunklen Wald bewege ich mich anders als während des Tages. Meine Sinneswahrnehmungen sind gesteigert, überall höre ich neue Geräusche und auch mein Geruchssinn ist geschärft. Als ich an eine Lichtung komme, lege ich mich auf den weichen Waldboden und schaue lange in den schon fast ganz verdunkelten Himmel.

Am nächsten Tag müssen wir wieder in den Wald gehen, diesmal, um ein „Gedicht an Haut" zu schreiben, das wir später in der Gruppe vortragen werden. Um die harten, rationalen Ebenen unserer Kultur aufzuweichen, sollen wir uns wann immer möglich in „mythisch-poetischer Sprache" ausdrücken. Überhaupt ist Sprache schwierig, trennt sie uns doch von der Natur. Die Griechen sind schuld. Sie entwickelten die abstrakten Symbole, die unsere heutigen westlichen Sprachen prägen. Wie gut haben es da doch die australischen Ureinwohner, die nicht zwischen Mensch und Natur trennen!

Überhaupt ist die moderne Welt in einem einzigen Verfall begriffen. „Modern Man", „westliche Zivilisation" und „Kultur" sind die großen Schuldigen. Sie haben uns von dem einzig Wahren, der reinen, wilden Natur, getrennt. Der westliche Mensch ist egoistisch, nur auf seinen eigenen Nutzen bedacht. Er fragt: „Was kann ich für mich bekommen?", nicht „Was kann ich der Natur geben?"

Halt! Wollte ich mich nicht wertfrei dem Workshop hingeben? Leider fällt mir das stündlich schwerer. Denn die von Bill und Geneen verbreiteten und von den

Kursteilnehmern unkritisch übernommenen Klischees und Dichotomien tun mir fast körperlich weh.

Technologie ist in ihrem Weltbild die Apotheose des Schlechten. Am Ende des Kurses wird eine Teilnehmerin den Eid ablegen, ein „Smartphone-freies Leben zu führen" und alle im Kreis werden das Gelöbnis grunzend bestätigen. Grunzen, schmatzen, stöhnen, schnalzen sind in dieser Szene beliebt, stammen sie doch aus der wilden vorsprachlichen Zeit. Als bedeutsam empfundene Aussagen der Teilnehmer werden dementsprechend mit einem kollektiven, gutturalen Geräuschkonzert quittiert.

Der moderne Mensch ist zur Inauthentizität verdammt. Die einzigen Zeitgenossen, die noch die ursprüngliche tiefe Beziehung zur Natur leben, sind Deep Ecologists und Neo-Schamanen. Hierarchie ist böse. Menschen und Natur stehen sich auf Augenhöhe gegenüber. Wir werden in den Wald geschickt, um zu erfahren, wie die Bäume uns wahrnehmen und was wir ihnen geben können.

Was mich besonders ärgert, ist die oberflächliche Beziehung, die Geneen und Bill zu den Teilnehmern aufbauen. Viele Interaktionen sind an Banalität nicht zu überbieten. Öffnet sich eine Teilnehmerin und erzählt etwas Berührendes, kommentieren die Kursleiter pauschal: Ja, sie sei gerade dabei, einen wichtigen Schritt zu machen. Wenn „Fire", der sein Gesicht mit großen Kohlezeichnungen bedeckt, erwähnt, dass er sich seiner Hässlichkeit bewusst wird, antwortet Bill ausdruckslos: „I encourage you to look more into this." Ach, wirklich?

Mir ist es unangenehm, wenn die anderen ihre eigene Wahrnehmung scheinbar unkritisch in das präsentierte Raster pressen. Wieso lachen sie so ausgelassen, wenn Bill ein Gedicht über die Resonanz zwischen Mensch und Natur vorliest und eine Kuh auf der Weide vor dem Seminarhaus muht? Reflexartig lästere ich: Ah, die Natur bestätigt die Weisheit des amerikanischen Mannes! Jetzt fehlt nur noch die Quantenphysik. Und wirklich, wenige Augenblicke später verweist der Kursleiter auf den Betrachter, der das Geschehen beeinflusst. Mein Bullshit-Detektor ist auf höchster Alarmstufe.

Zum Abschluss einer Session werden wir gefragt, ob wir uns hier viel lebendiger fühlen als sonst. Als Einzige lasse ich meine Hand unten. Ja, ich mag die Stunden in der Natur und es tut gut, den Wald aktiv wahrzunehmen. Aber ich bin immer noch die, die vor ein paar Tagen hier angekommen ist und gehe oft tief in Gedanken versunken am lieblichen Flussufer des Rivers Dart vorbei, völlig blind für die Schönheit und Lebendigkeit und Vielfalt der Natur. Lebendig ist vor allem mein Widerstand und ich denke: Inner Work ist auch, Bullshit als solchen zu erkennen.

Nach Einbruch der Dunkelheit versammeln wir uns im Wald zum Trance Dance. Von Trommeln begleitet sollen wir uns an die Orte und Zeiten unseres Lebens zurückversetzen, in denen wir „wild" waren und uns lebendig und wach fühlten.

Einzelne Teilnehmer werden von Tieren oder anderen Wesen beschlagnahmt und leben in der Kreismitte ihre „Besetzungen“ aus. Sie wälzen sich auf dem Boden, schreien und fauchen, ziehen Grimassen, ahmen Balzbewegungen nach. Ich versuche mich davon nicht irritieren zu lassen, gebe mich den Rhythmen hin und experimentiere mit verschiedensten Bewegungsformen. Aber ich berühre keine Grenze, an der ich wilder werde als zuvor.

Zu Beginn des Workshops hatte ich mir vorgenommen, mich auf neue Erfahrungen und Perspektiven einzulassen. Aber mittlerweile ist mein Widerstand so in den Vordergrund gerückt, dass es mir schwerfällt, mich selbst für die Teile des Workshops zu öffnen, die eigentlich interessant und stimmig sind.

Mein Widerstand zeigt sich insbesondere in Form von intensiv kreisenden Gedanken. Während ich durch den Wald wandere, spreche ich innerlich mit Bill und Geneen und widerlege ihr regressives Weltbild mit anthropologischen Erkenntnissen über Jäger und Sammler. Wollen wir wirklich in eine Zeit zurück, in der Menschen ihr kurzes Leben in panischer Furcht vor Naturgewalten verbrachten, die sie sich nur dadurch erklären konnten, dass sie sie zu übernatürlichen Wesen erklärten und mit Opfergaben besänftigten? Können wir dem Klimawandel wirklich begegnen, indem wir jaulen und beißen, uns mit Kohle das Gesicht schwärzen und unsere Smartphones ins Hexenfeuer werfen?

So auch diesen Morgen. Nach dem Frühstück hatten wir die Aufgabe bekommen, ein angeblich sehr heiliges und wirksames Ritual durchzuführen, das uns helfen sollte, unproduktive Glaubenssätze zu überwinden. Das Ritual sieht vor, dass wir im Wald ein Objekt aufsammeln und es auf komplizierte Weise wegwerfen. Dabei sollen wir uns vorstellen, dem Tod zu begegnen - This is me falling towards my death. Die Anweisungen erschienen mir mechanisch und hohl. Also ignorierte ich sie und ging stattdessen ziellos im Wald spazieren. Aber statt mich an der Natur zu freuen, werde ich von unendlich kreisenden Gedanken verfolgt. Wie bescheuert muss man eigentlich sein, um zu denken, dass das Wegwerfen eines Steins tiefe psychologische Prozesse in Gang setzen konnte? Waren die Teilnehmer alle brainwashed, wenn sie Bill und Geneen beseelt zuhörten? Wenn sie moosbewachsene Bäume umarmten und unentwegt die gleichen leeren Phrasen wiederholten: Nature is all-empty, all-loving, all-embracing?

So geht es viele Stunden. Bis ich plötzlich, auf einem Stein sitzend und meine Füße im River Dart abkühlend, auf einer anderen Gedankenebene lande.

Wie bescheuert bin ich eigentlich? Diese kreisenden Gedanken an sich sind doch viel interessanter als jede inhaltliche Auseinandersetzung mit Neo-Schamanismus. Wieso lasse ich das ganze Gerede über Wild Eros und Portale nicht lachend und locker durch mich durchlaufen und stelle nüchtern fest, dass es für mich wenig Sinn macht? Wieso verbringe ich Stunden mit inneren Monologen und Widerrede? Und kenne ich dieses Muster nicht schon seit frühester Kindheit,

als ich ebenso ununterbrochen innerlich um mich kreisend gegen das Weltbild meiner Eltern rebellierte?
Ich sehe das Muster jetzt deutlich vor mir: Mit inneren Monologen wehrte ich mich gegen Ideen und Muster, die nicht meiner eigenen Wahrnehmung entsprachen, denen ich mich jedoch ausgeliefert fühlte. Als Kind bestand meine einzige Chance mich zu behaupten und meinen Sinn für Integrität zu bewahren darin, mir eine Parallelwelt aus Selbstgesprächen, Büchern und Tagträumen zu schaffen. Dadurch stabilisierte ich mich und schuf mir meine eigene stimmige Welt. Damals einer Realität ausgeliefert, die nicht meiner eigenen Wahrnehmung entsprach, war das eine intelligente Strategie.

Aber heute bin ich kein abhängiges Kind mehr. Niemand kann mir eine Realität aufdrängen, die meinen Überzeugungen widerspricht. Doch weder traue ich mich meine Wahrheit auszusprechen, noch kann ich die der anderen gelassen hinnehmen.

Ich erinnere mich an ein Teaching von Thomas. Er beschrieb, wie sich manche Kinder ohne stabile menschliche Bindung an Wissen festhalten. Wissen gibt ihnen Sicherheit. Doch wer sich über Wissen und eine bestimmte Weltsicht stabilisiert, empfindet Beziehungen zu Menschen mit grundlegend anderen Überzeugungen leicht als herausfordernd. Wenn mein Sicherheitsgefühl im Leben davon abhängt, dass Du und ich eine gemeinsame Sicht auf das Leben haben, zum Beispiel dass Naturwissenschaften aussagekräftiger sind als magische Glaubenssätze, dann muss es mich triggern, wenn Du meinst, die Kuh würde muhen, weil Bill in seinem Gedicht die Resonanz zwischen Mensch und Natur erwähnt.

Dem gleichen Phänomen begegne ich in meinem Alltag, beispielsweise rund um die politischen Maßnahmen im Rahmen der Corona-Pandemie. Ich leide übermäßig, wenn Freunde oder Bekannte sich als "Querdenker" oder Impfgegner herausstellen. Denn Wissen ist eine essenzielle Säule meiner Orientierung und sobald Menschen bestimmte Fakten infrage stellen, fällt es mir schwer unsere Beziehung aufrechtzuerhalten.

Rational weiß ich, dass ich mich neugierig und offen dafür zeigen könnte, wieso jemand vor 5G große Angst hat oder sich vehement gegen eine Impfung ausspricht. Ich könnte interessiert nachfragen, woher diese Ansichten kommen und zugleich zu meiner Überzeugung stehen, dass nicht alle Perspektiven gleich wahr sind. Ich könnte darlegen, dass Naturwissenschaft und Magie keine gleichwertigen Erklärungen für Phänomene bieten, von denen jeder sich seine auswählen kann. Sondern dass manche Perspektiven die Welt adäquater beschreiben als andere. So könnte meine Wahrheit und die meiner Freundin nebeneinander bestehen, ohne dass ich mich aufgebe und unsere Beziehung Schaden nimmt.

Doch in der Praxis fällt mir ein derart offener Dialog schwer. Zumal ich befürchte, dass meine Verachtung für die Person, die eine so "dumme" Meinung vertritt, sichtbar wird. Als Kind war ich in solchen Situationen wütend, traute mich aber nicht, die Wut direkt auszudrücken. Sie verstummte in Form von Verachtung (Verachtung ist unterdrückte Wut) und diese Verachtung trage ich immer noch in mir.

Um die Freundschaft zu bewahren, umschiffe ich die strittigen Themen also lieber mehr oder weniger elegant. Ich bleibe stumm, meine Energie bleibt stecken und die unintegrierte Emotion versucht, sich in endlosen Selbstgesprächen zu erlösen. Inner Work, das ist das eigene Verhalten besser zu verstehen, weil man die ihm zugrunde liegenden Muster und Bedürfnisse kennt.

Auf dem Rückweg zum Schumacher College nehme ich mir vor, den Stau zu durchbrechen.

Die Gelegenheit dazu bietet sich am letzten Abend. Wir veranstalten eine Aufführung. Jeder Kursteilnehmer soll auf dem „Altar des Wilden Eros" ein Opfer darbringen und hat für seine Darstellung drei Minuten Zeit. Meine spontane Reaktion ist Panik und Flucht. Amateurtheater ist für mich extrem schambesetzt. Als einzige Vorbereitung sammle ich am Nachmittag einen Zweig auf, der wie ein Hirschgeweih aussieht. Das muss als Requisit reichen.

Die Aufführung findet auf einer Holzbühne mitten im Wald statt. Ich wundere mich über mich selbst. Wieso schaue ich einer Teilnehmerin nach der anderen so ruhig zu, obwohl ich selbst keinen eigenen Plan habe? Sie tanzen und singen, führen Rituale, Monologe und Pantomimen auf. Als fast alle ihre Opfer dargebracht haben, entsteht eine Pause. Offenbar sträuben sich die noch übrig Gebliebenen vor ihrem Auftritt. Also stehe ich auf, stecke mir mein „Hirschgeweih" in den Gürtel, so dass es meine ganze Brust bedeckt und gehe auf die Bühne.

Ich bin ganz ruhig und nah bei mir. Ich weiß zwar immer noch nicht, was ich machen werde, aber es wird etwas sein, was mir entspricht. In diesem Moment ist es mir egal, ob ich „gut" bin oder mich blamiere. Wie damals, als ich das Schweigeretreat verließ, um in Hamburg einen Vortrag zu halten, spüre ich, dass ich zugleich bei mir und den anderen bin, statt mich wie gewöhnlich nur von außen zu sehen.

Mir ist, als würde sich ein Schleier lüften und ich dem Leben viel unmittelbarer, direkter gegenüberstehen. Der Zustand füllt mich ganz aus. Ich fange an: Here I am standing at the Altar of Wild Eros. What can I offer? I came to this workshop seeking to establish a deeper relationship with nature. And I have tried: I walked the forest, I meditated in the meadow, I spoke to the ferns, I wrote a poem to skin, I wore the night as a gown. But I found out that there is

nothing I can DO to establish this relationship. I can only be an invitation for nature to touch and communicate with me. And that hasn't happened.
Instead I have been fighting you - ich schaue Bill und Geneen an, die hinten im Publikum sitzen - refuting your ideas, which sounded to me naive and regressive - in my head. I have been angry with many of you, my fellow participants, for buying into the narrative of this workshop, for going along with simplistic ideologies which I reject. It seemed to me as if you were compliant with authority and group pressure, not daring to follow your own thinking and feeling. And I suffered myself, because I wasn't honest about this myself. Even though I did dissent now and then, deep down I longed to show myself more fully in my anger and frustration.

Ich mache eine Pause. Mein Blick wandert zu einzelnen Gesichtern, Menschen, die sich in den letzten Tagen in ihrer Sehnsucht und Verwundbarkeit gezeigt haben und die ich dafür oft abgewertet habe. Doch in diesem Moment bin ich von ihnen gerührt. Und das drücke ich aus:

But you also touched me with your stories. With your openness about your suffering and your needs, your passion and joy. I admire you for showing parts of yourself which I wouldn't have dared to show. I cherish how you are able to support each other in places, where I let myself be seen and touched only by very few people close to me. And I want to thank you for all of that.

Während ich spreche, mache ich längere Pausen - auch das entspricht nicht meiner normalen Bühnenpräsenz. Pausen versetzen mich eher in Panik. Was soll ich sagen? Wird mir etwas Kluges einfallen? Nebel im Kopf. Aber jetzt sind meine gewohnten Schutzmechanismen wie weggeschmolzen und ich bin im Fluss. Ich drücke das aus, was gerade in mir aufsteigt, ohne Sorge, dass dies pathetisch oder falsch klingen könnte. Ich trage meine Kritik vor, aber bleibe auf meine Zuhörer bezogen. Innerlich registriere ich dies mit Staunen und Freude: Wie oft habe ich Menschen schon beleidigt und verletzt, weil ich nur reaktiv aus mir heraus gesprochen und mein Gegenüber nicht richtig wahrgenommen habe? Das war auch ein Grund, weshalb ich so oft Angst hatte, mich „laufen zu lassen", einfach spontan das Wort zu ergreifen, ohne vorher genau zu wissen, was ich sagen würde. Hier gelang es mir.

Ich schweige und warte, aber es gibt nichts mehr zu sagen. Also drehe ich mich um, verbeuge mich vor dem Altar des Wilden Eros und verlasse die Bühne. Der Applaus ist groß und ich sehe, dass meine Worte gelandet sind. Einige kommen auf mich zu und umarmen mich. Ich bin sehr froh, denn ich habe aus meinem Herzen gesprochen, statt aus meinem Schutzpanzer. Ich habe nicht "über etwas", sondern "aus mir" gesprochen. Das ist einfach, wenn ich voller Lob und Liebe bin, aber hier war ich auch mit meinem Zweifel und mit meiner Kritik präsent geblieben. Das war mein Wild Eros.

Der anthropomorphe Kabinettschrank

Die Synchronisationsbewegung, die vielen meiner schönsten Seinserfahrungen zugrunde liegt und die mich auch auf der Bühne des Wild Eros leitete, kann ich nicht auf Abruf herstellen. Gäbe es einen Knopf, würde ich ihn täglich bedienen und wäre ein viel ausgeglichener und rundum glücklicher Mensch. Meist stellt sich dieser Zustand, bei dem mein Körper, Emotion und Geist im Einklang miteinander stehen und ich viel präsenter und klarer auf meinen Füßen in der Welt stehe, ohne weitere Vorankündigung ein. Dies kann in Retreats geschehen, in der Gegenwart einzelner Menschen oder auch nachts im Traum oder Halbschlaf.

Vor ein paar Jahren lernte ich allerdings einen neuen Zugang kennen, der mich ziemlich zuverlässig in den 5-Sync versetzt und mir ein neues Forschungsfeld eröffnete: meinen Körper.

Das erste Buch, das mir Stephan jemals schenkte, war *Bewusstsein durch Bewegung* des israelischen Physikers und Verhaltensphysiologen Moshé Feldenkrais. Ich war neunzehn und saß mit Stephan nach einem Spaziergang durch den Nymphenburger Schlosspark im Ruffini, meinem damaligen Münchner Lieblingscafé. Stephan überreichte mir das schmale Taschenbuch mit einer Geschichte, die ich nicht geglaubt hätte, wäre ich nicht ihr Zeuge gewesen. Er erzählte, dass Feldenkrais sein Leben grundlegend verändert hatte; nach ein paar wenigen Sessions bei einer Feldenkrais Therapeutin habe sich sein Adressbuch halbiert und seine Interessen eine radikale Kehrtwendung genommen.

Vor wenigen Monaten, im Sommer 1984, hatte ich Stephan als exzessiven Partygänger kennengelernt, der sich auf der Münchner Piste die Nächte um die Ohren schlug und mit der Hälfte der Gäste in den einschlägigen Münchner Lokalen, dem Schumann's oder P1 befreundet war. Als ich im Herbst in seine WG in der Schwabinger Isabellastraße einzog, konsumierte er zwar immer noch große Mengen Alkohol und stand erst gegen Mittag auf, um seinen Assistentenjob an der juristischen Fakultät anzutreten. Aber sein Lebensgefühl hatte sich massiv verändert: Die meisten seiner alten Freunde und Bekanntschaften aus der Münchner Szene und bayerischen Adelsgeschlechtern langweilten ihn und statt auf Parties und Bälle zu gehen, wandte er sich spirituellen Klassikern wie David Bohm, Jiddu Krishnamurti und Georges I. Gurdjieff zu.

Damals war ich für die Kehrtwendung froh. Dass ein paar langsame Bewegungen eine neue Lebensphase einläuten konnten, überstieg jedoch mein Vorstellungsvermögen.

Dann lernte ich Jahrzehnte später Rivka Halbershtadt, eine in Berlin lebende Israelin kennen. Schon bei unserer ersten Begegnung überraschte sie mich damit, wie sie meinen Körper las. Bevor ich den Mund aufmachen konnte, um zu erzählen, wieso ich einen somatischen Coach aufsuchte, sagte sie mir auf den Kopf zu, welche Muster sie an meinem Körper wahrnahm. Sie las den Körper wie Thomas emotionale Energie. Dabei ließ sie sich nicht von der Geschichte leiten, die ich von mir selbst hatte und ihr und anderen erzählte, sondern fokussierte sich ausschließlich darauf, was sie als Möglichkeit, als mein Potenzial sah.

Sie verstand sich aber nicht nur auf die Analyse. Klagte ich vor unseren Sessions über Angst, Unruhe, sorgenvolle Gedanken oder Nebel im Hirn, verstand es Rivka durch einzelne, teils durchaus schmerzhafte körperliche Berührungen und Bewegungen mich in einen Zustand herrlicher Ausgeglichenheit und Lebendigkeit zu versetzen. Nach den Sessions schwebte ich aus ihrer Praxis heraus, ein Zustand, der meist einige Stunden oder sogar Tage anhielt, bevor ich mich wieder in alten Mustern verfing. Aber mit der Zeit - ich besuchte sie zweimal monatlich - lernte ich meinen Körper selbst besser kennen und entwickelte ein Selbstheilungsrepertoire, das zu einer nachhaltigeren Veränderung führte.

Ich hatte meinen Körper auf seine mechanische Funktionalität reduziert; trieb regelmäßig Sport, ließ ihn massieren und cremte ihn, ohne ihn als eigenständiges Instrument zu sehen, das einen großen subtilen Einfluss auf meine gesamte Wahrnehmung ausübte. Dies veränderte sich durch die Arbeit mit Thomas, der uns oft aufforderte, die Welt so zu sehen, als hätten wir am ganzen Körper Augen. Es war aber insbesondere meine Krebserkrankung, während derer ich Angst als hochgradig körperliches Phänomen kennengelernt hatte, die mich anspornte, meinem Körper mehr Aufmerksamkeit zu schenken.

Rivka zeigt mir nun all die Stellen, an denen ich mich aus meinem Körper zurückgezogen und anderen Spielern - Gedanken und Emotionen - das Feld überlassen hatte, obwohl die dort gar nichts zu suchen hatten. Wahrnehmung und Bewusstsein entstehen durch das komplexe und selbstorganisierte Zusammenspiel aller Sinnesorgane. Wenn die Körperwahrnehmung reduziert ist, beispielsweise weil sie sich im Zuge von kleineren oder größeren Verletzungen zurückgezogen hat, entsteht ein Ungleichgewicht, eine Verzerrung, die der Organismus versucht auszugleichen, indem andere Sinne das entstandene Vakuum füllen. Der 5-Sync ist gestört.

Rivka zeigte mir nun, wie ich mit meiner Schulter oder meinem Knie die Welt fühlen und subtile Informationen aufgreifen konnte. Dadurch, dass ich meinen Körper präziser wahrnehmen lernte, konnte er sich neu entfalten und seinen Platz in der Gesamtlandschaft meiner Empfindungen einnehmen. Nach einer Session fühlte es sich anders an, Ich zu sein. Klarer, voller, energiegeladener, mit meiner Umwelt direkter verbunden.

Rivka selbst beschreibt ihre Arbeit so, dass sie ihren Klienten hilft, die verschiedenen Sinnesebenen zu sortieren: Indem sich ihr Körperbewusstsein ausweitet und bislang Verdrängtes, Abgespaltenes integriert werden kann, fliegen Gedanken, Gefühle und Körperwahrnehmungen nicht mehr kreuz und quer herum und kolonisieren sich gegenseitig, sondern gelangen jeweils an ihren originären Platz. Mich erinnert diese Beschreibung an ein berühmtes Bild von Salvador Dali. *Der anthropomorphe Kabinettschrank* (1936) stellt eine halbliegende nackte Figur dar, deren Oberkörper statt Schultern, Brüsten, Bauch und Unterleib aufgezogene Schubladen hat. Für Dali, als großen Fan von Sigmund Freud, symbolisierten die Schubladen all das unbewusste Material, welches im Körper gespeichert ist. Wie in diesem Gemälde sind in einem integrierten Körper unbewusste Aspekte bewusst und an ihrem passenden Platz. Die Ebenen stimmen sich flüssig aufeinander ab, Informationen können von den Organen ins Gehirn fließen ebenso wie die Signale des Geistes ihren Weg in den Körper finden. Der Mensch nimmt eine kohärente Botschaft im außen wahr und strahlt eine ebenso einstimmige Botschaft in die Welt aus.

Bis vor Kurzem ging ich davon aus, dass Rivka reduzierte Körperteile und Organe dadurch integrierte, dass sie bestimmte Muskelregionen und andere Körperpartien teilweise sehr intensiv manuell berührt und dadurch Verhärtungen löst oder taubes Gewebe „aufweckt". Als sie während der Corona-Restriktionen anbot, mich via Zoom weiterzubehandeln, war ich daher skeptisch. Wie bitte sollte ihre Methode ohne Berührung wirken?

Doch zu meiner Verwunderung funktionierte es. Alleine indem Rivka meine Wahrnehmung auf bestimmte unterbewusste Körperpartien lenkte, konnte ich diese klarer spüren und mit Energie füllen. In manchen Sessions manipulierte ich bestimmte Körperteile selbst oder führte Bewegungen aus, die verschattete, unbewusste Empfindungen an die Oberfläche brachten. Ich lernte, mein eigenes Energiefeld besser zu fühlen, beispielsweise zu unterscheiden, ob ich in einem konkreten Konflikt mit einem anderen Menschen mich diesem eher öffnen oder vor ihm schützen sollte, indem ich mein eigenes Energiefeld ausweitete.

Eigentlich geht es bei den therapeutischen Ansätzen, die mich ansprechen, immer um das gleiche Prinzip: Sie gehen davon aus, dass Körper, Gefühle und Geist einen natürlichen Bewegungsdrang haben, der durch kollektive, entwicklungspsychologische oder andere Blockaden fixiert ist. Therapeuten, somatische Coaches oder Weisheitslehrer helfen mir dabei, einen größeren Raum zu schaffen, in dem ich Fixierungen wahrnehmen und lösen kann. Einmal gelöst, gewinnt mein Organismus mehr von seiner natürlichen Beweglichkeit wieder und entfaltet sich entlang seiner Eigenbewegung. Inner Work ist in diesem Sinn vor allem eines: Raum und Präsenz schaffen.

Um Fixierungen zu lösen und Bewegung wiederherzustellen, können Therapien und Methoden auf den verschiedensten Ebenen ansetzen: In den letzten Jahren fokussieren sich viele von ihnen, wie Rivka und Moshé Feldenkrais vor ihr auf den Körper. Da die physische Ebene die Basis aller anderen ist, leuchtet es mir ein, dass Veränderungen dort oft wirksamer sind als solche, die beim Verstand anfangen. Wie es in *Bewusstsein durch Bewegung* heißt: Sinnesempfinden, Denken und Fühlen sind aufs Engste ineinander verhäkelt. "In jedem Augenblick bildet das gesamte System ein integriertes Ganzes, das sich im Körper ausdrückt. (...) Ändert man die motorischen Verhaltensschemata in der Muskulatur, so werden die entsprechenden Figuren in der Hirnrinde ausgelöst und die dazugehörigen Gedanken und Gefühle mit ihnen. Gewohnheit hat dann ihre stärkste Stütze, die der Muskeln, verloren. Jetzt lässt sie sich ändern. Der Mensch wird sich selbst verfügbar." (Nachwort: 278)

Erebus - ein immersives Rollenspiel

Komme am Freitag um 20:00 Uhr in die Greifswalder Straße 9. Du wirst abgeholt. Wundere Dich nicht, wenn Du eine Augenbinde umgelegt bekommst. Wir führen Dich dahin, wo Erebus beginnt.

Es ist Freitag Abend. Von meinem Kreuzberger Büro fahre ich zur Greifswalder Straße. Mir ist mulmig. Ich verliere nicht gerne die Kontrolle. Was wird mich erwarten? Werde ich loslassen können? Werde ich diesen Schritt bereuen?

Die Hoftür geht auf. Eine schwarz gekleidete Gestalt mit Schirmmütze und Maske kommt auf mich zu. Vor allem aber sehe ich den Schlagstock, der an dem Hosengürtel baumelt.

"Folge mir", sagt sie. „Faschismus" geht es mir durch den Kopf. Das ist eine faschistoide Gesellschaft, mit der ich den Abend verbringen werde. Eine leichte Angst steigt in mir hoch, aber auch Neugierde und Abenteuerlust.

Kaum im Hof, schlingt mir die Uniformierte eine elastische Binde um die Augen. Sehr fest. Ich sehe schwarz. Von hinten haltend führt sie mich über den kalten, windigen Hof. Klopft an eine blecherne Tür. Der Boden jenseits der Schwelle fühlt sich seltsam weich und ansteigend an. Als wenn ich mitten in Berlin auf einen Sandhügel klettere. Eine weitere Tür öffnet sich und plötzlich ist die Luft warm.

Die Augenbinde wird mir abgenommen und ich stehe in einem kleinen, mit Sofas und Küchenecke spärlich eingerichteten Raum. „Zieh dies an", raunt mir meine martialische Begleitung zu und reicht mir ein geblümtes Kleid. Ich streife es über mein Sweatshirt und die Jeans.

Die Uniformierte führt mich in ein Nebenzimmer. Ich bin allein. Leise Musik dringt aus einem Lautsprecher. Auf dem Boden liegen ein Teppich und ein paar Seile. Auf einer Anrichte finden sich Tarot-Karten, Steine und andere

Ritual-Gegenstände, aber auch eine Eieruhr. Ich drehe sie um, so kann ich wenigstens die Zeit verfolgen. Ein bisschen Kontrolle behalten.

Da kommt jemand taumelnd zur Tür herein. Es ist Sarah, meine Schwester. Sie stürzt auf mich zu und stammelt: „Oh Eva. Heute Nacht ist es soweit. Heute wird es geschehenn.“ Ich nehme sie in die Arme, schaue ihr in die Augen: „Was ist los? Wo bist Du gewesen? Was haben sie mit Dir gemacht?“ Sarah bricht auf dem Fußboden zusammen, sie zittert, sie weint, sie hustet. In ihrem Taschentuch sehe ich einen Blutfleck. „Sarah“, dränge ich sie, „was geht hier vor sich?“ „Du weißt doch“, presst sie heraus. „Du weißt doch, dass wir auserwählt sind. Sie sagen, ich muss mich reinigen, damit das Ritual vollzogen werden kann. Noch heute Abend. Schwester, hilfst Du mir bei der Reinigung?“ Sie deutet auf eine kleine Plastikschüssel, die mitsamt Waschlappen und Schminkutensilien auf dem Boden stehen.

Ich muss herausfinden, was hier gespielt wird. Doch Sarah ist zu verwirrt. Sie schmiegt sich an mich, stößt Laute eines gehetzten Tieres hervor: „Du warst immer die Starke. Du musst mich auch heute begleiten. Lass uns gemeinsam diesen Weg gehen.“

„Was für einen Weg?”, frage ich. “Erzähl mir, was geschehen ist und wieso Du so zugerichtet bist.“

Nur mit Mühe kann ich ihren Sätzen folgen. Sie erzählt von ihren Kindern, die jetzt in Sicherheit sind. Sie sagt: „Für sie machen wir dies. So war es immer. So stellen wir das Gleichgewicht der Welt wieder her.“ Die letzten Tage erinnert sie nur bruchstückhaft. Die Priester haben sie abgeholt. Sie hat lange geschlafen - oder war sie ohnmächtig? Nach dem Aufwachen hatte sie Schmerzen, fühlte sich schwach und elend. „Was haben sie mit Dir gemacht?“, frage ich nunmehr ernsthaft erregt. Sarah zeigt auf ihren unteren Rücken, dort wo die Nieren sitzen. Ja, es gab Gerüchte, dass die Priester Organe entnehmen. Nur wofür? Wir leben ja nicht in der Zeit der Azteken, als Menschen geopfert wurden, um den Lauf der Sonne aufrecht zu erhalten.

Wir befinden uns in der unbestimmten Zukunft. Die von einer Priesterkaste angeführte Gesellschaft ist wohlhabend und stabil, aber autoritär und geheimnisvoll. Insbesondere Zwillinge erwartet ein unbekanntes Schicksal. Sie werden von einem Tag auf den anderen abgeholt und verschwinden. Niemand weiß, was mit ihnen geschieht. Hinter vorgehaltener Hand munkelt man über Organhandel und seltsame Rituale.

Sarah und ich, Eva, sind Zwillingsschwestern. Vor ein paar Wochen wurden wir abgeholt und hier eingeschlossen. Sarah wurde wiederholt von den Priestern weggeführt und kehrte erst nach mehreren Tagen in unsere Zelle zurück, elend aussehend und über Schmerzen klagend. Sie ist die Kleine und Zarte, die immer bei mir Schutz gesucht hat. Ich bin die Große, Starke, auch wenn ich nur ein paar Minuten älter bin als sie. Doch wir unterscheiden uns nicht nur in unserer Robustheit. Während Sarah immer nur das Gute sieht und sich ihrem Schicksal klaglos fügt, bin ich die Rebellin. Misstrauisch gegenüber der autokratischen Regierung begehre ich auf, gegen Konformismus und Intransparenz. Doch meine Mission ist es, Sarah auch in dieser gefährlichen Situation unserer Gefangenschaft zu schützen.

Ein lauter Knall. Die Tür geht auf und herein kommen drei uniformierte Gestalten. Die eine ist die mir schon bekannte Frau im Fascho-Look. Die anderen tragen beige Priestergewänder mit Schärpen und Gürtel, an denen Seile, Schlagstöcke und Taser stecken.

Die Stimmung im Raum gefriert und ich bin sofort im Kampfmodus. Auf die Befehle der Priester reagiere ich feindselig. Schützend stelle ich mich vor Sarah, stecke mein Territorium ab. Als sie ankündigen, dass die Zeit für unser Ritual gekommen ist, greife ich an. Ich schubse und „boxe" und schreie unseren Gefängniswärter, denn als das erkenne ich sie, direkt ins Gesicht. "Was habt ihr mit uns vor? Was habt ihr in den letzten Wochen mit Sarah gemacht? Wieso wird sie immer schwächer? Lasst uns hier raus!"

Mit Taser und Stock gelingt es den Priestern, Sarah und mir nochmals die Augen zu verbinden. Als wir wieder sehen können, stehen wir in einem kalten, abschüssigen und lang gestreckten Raum. Entlang der Wände fackeln Kerzen. Doch ich bin nicht bereit, zum rituellen Reinigungsplatz am Ende des Raumes zu gehen. Stattdessen argumentiere ich lauthals und kämpfe mit den Priestern. Diese versuchen, Sarah gefügig zu machen. Sobald ich mich ihnen nähere, wird Sarah mit dem Taser attackiert. Die Priester drohen, Sarah und ihre Kinder zu töten, wenn ich mich nicht beruhige. Aber ich kann mich nicht fügen. Ich kann dieser faschistoiden Macht keinen Zentimeter Raum zugestehen. Wenn sie argumentieren, spucke ich ihnen meine Verachtung entgegen und schreie laut. „Dann tötet sie doch, Sarah und ihre Kinder. Ihr werdet sie sowieso töten, ganz egal, wie ich mich verhalte. Gebt mir einen glaubhaften Grund euch zu vertrauen, und ich füge mich."

Die Priester sind sichtlich überrascht von meinen Ausbrüchen, zumal sie wohl davon ausgegangen sind, dass meine Liebe und Loyalität zu Sarah alle anderen Gefühle überlagern würde. Sie stellen mir in Aussicht, dass ich nach dem vollzogenen Ritual selbst in den Priesterrang aufsteigen werde. Dass ich die Auserkorene sei, die Priesterschaft anzuführen. Aber ich kämpfe und wüte, schreie laut und fluche. „Wie Mehltau senkt ihr euch über die gesamte Gesellschaft. Wir ersticken an eurer Willkür und Grausamkeit."

Irgendwann stehe ich mit der Oberpriesterin vor dem Reinigungsplatz. Sie hält mir eine Schüssel entgegen. Darin liegt ein glibberiges, rotes Gewebe, umgeben von dunkelroter Flüssigkeit. Ist das Herz echt? Ist das Blut? Die

Priesterin streichelt das Objekt langsam vor meinen Augen, nimmt dann die Flüssigkeit und reibt sie mir mitten ins Gesicht und auf die Brust. Voller Ekel zucke ich zusammen.

Anschließend bringen sie uns in einen großen, halbdunklen und dramatisch beleuchteten Raum. Von den Decken hängen große Balken. Auf dem Boden sind zwei kreisförmige Markierungen, in denen Sarah und ich Platz nehmen müssen. Das Ritual nimmt seinen Lauf. Ich versuche die schluchzende Sarah zu beruhigen, indem ich ihr fest in die Augen schaue. Ich wehre mich immer noch, schreie laut wie noch nie. Greife das Rindergeweih, welches vor Sarah auf dem Boden liegt, und schleudere es der Hohepriesterin entgegen. Doch nichts hilft: Der Priester legt Sarah das Messer an die Kehle. Röchelnd sackt meine Schwester auf ihrem Platz zusammen.

Weinend werde ich zurück in das Zimmer gebracht. Ich liege auf dem Boden, da kommt Sarah wieder zur Tür hinein. Aber wie sieht sie aus? Ihre Kehle ist blutverschmiert und ihr Gesicht aschgrau. Ich bin verwirrt: Ist sie noch am Leben oder aus dem Totenreich zu mir gekommen? Als sie spricht, wird klar, dass es Letzteres ist. Sie bedankt sich bei mir für all die Stärke und Zuversicht, all die Führung und Unterstützung, die ich ihr im Lauf unseres Lebens gegeben habe. Wir liegen noch eine kurze Zeit zusammengerollt auf dem Boden, dann verschwindet sie. Im Zimmer ist es jetzt ganz ruhig. Was wird wohl als Nächstes geschehen? Mir pumpt das Adrenalin durch den Körper. Werde ich jetzt wirklich in die Priesterkaste aufgenommen? Wozu kann ich die neue Macht nutzen? Bin ich bereit, auf die Seite des Bösen zu wechseln?

Es bleibt still. Ich gehe auf und ab. Setze mich auf den Teppich und warte. Wieso warte ich eigentlich? Muss ich die Anweisung befolgen, dass ich keine Türen öffnen darf? Langsam gehe ich zur Tür, mache sie einen Spalt auf und schaue hinaus.

Und da stehen Tina, Sandra, Nils und die Frau, die die Wächterin gespielt hat. Sie haben die Kostüme ausgezogen und schauen mich erwartungsvoll an. „Hast Du den Gong nicht gehört?", fragen sie. Nein, habe ich nicht. Dabei haben sie ihn schon mehrmals geschlagen, als Zeichen, dass das Spiel zu Ende ist. Offenbar bin ich so in meine Rolle abgetaucht, dass ich nichts gehört habe.

Zwei Stunden hat unser Spiel gedauert. Die Zeit kommt mir viel kürzer vor. Ich bin energiegeladen und ganz bei mir. Körper, Gefühle und Gedanken sind eins. Was für eine tolle Erfahrung!

Bei einem Tee tauschen wir uns aus. Wie waren die letzten Stunden für mich? Sie sind überrascht, wie aktiv ich gespielt habe. Wie ich auf Krawall gebürstet war. Wie körperlich ich mich gewehrt habe. Dass ich bereit war, nicht nur Sarah in den Tod zu schicken, sondern auch die Drohung, man würde Sarahs Kinder die Fingerkuppen abschneiden, gekontert hatte mit: „Schneidet ihnen doch die ganze Hand ab."

An diesem Abend habe ich Aspekte meines Selbst aktivieren und ausleben können, die ich sonst sorgsam unter Kontrolle halte. Zuerst einmal bin ich überrascht, wie leicht es mir fiel, eine Rolle zu spielen. Ich hätte erwartet, große Scheu zu empfinden, mich nicht fallen lassen zu können. Aber in diesem Setting ist jeder im Spiel. Es gibt keine Zuschauer, sondern nur Teilnehmer.

Erstaunlich auch, wie viel klare Wut ich ausdrücken konnte. Wie ich bereit war, Kontrolle abzugeben, weit aus mir heraus zu gehen, neben Wut und Ärger auch Gewalt zuzulassen. Ich war so davon überzeugt, diesem autoritären Regime nicht nachgeben zu dürfen, mich nicht zu beugen, dass mir das Schicksal meiner Schwester und auch mein eigenes vergleichsweise unbedeutend erschien. Ich würde nie behaupten, dass ich im echten Leben genauso gehandelt hätte. Ich wäre im Nazi-Deutschland wahrscheinlich eher ins Exil gegangen als in den Widerstand. Aber in diesem Spiel stand mir nur eine Spielvariante zur Verfügung und die lautete Widerstand. Es tat mir gut, Grenzen zu setzen, laut zu sein, mich nicht um die Meinung anderer zu scheren und auch uneingeschränkt von Konsequenzen „mein Ding zu machen".

Damit hatte ich den Plot verändert. Denn die Geschichte, die Tina, Sandra und Nils für mich geschrieben hatten, basierte auf dem sumerischen Mythos von Inanna, Königin des Himmels, und ihrer Schwester Ereschkigal, Herrin der Unterwelt, und handelt von der Vereinigung von Emotion und Ratio. Das Spiel, welches mir angeboten wurde, bestand - so erfahre ich jetzt im Debriefing - aus den unterschiedlichsten Triggerpunkten, auf die ich hätte eingehen können. So hätte ich mich mit meinen weichen, verletzlichen Teilen befassen können, indem ich ganz auf Sarah eingehe. Ich hätte richtigen Ekel erfahren können, in der Berührung mit dem "Herzen" und dem tiefroten „Blut". Ich hätte mein Ego transzendieren können, indem ich mich für Sarah opfere.

Ich aber bin ganz auf die Polarität zwischen Loyalität und Autonomie abgefahren. Doch die Loyalität meiner Schwester gegenüber hatte gegenüber meinem Autonomie- und Freiheitsbedürfnis keine Chance und ich nutzte das Spiel, um meinem Gewissen zu folgen und mich gegen die Priester aufzulehnen.

Bevor ich das Gelände verlasse, machen wir noch eine Tour des Ortes. Es gehört einem queer-kollaborativem BDSM-Space, der die Grenzen von Kunst und Körper erforscht. Die Hängebalken in dem Ritualraum werden normalerweise für japanische Shibari-Fesselungen genutzt.

Als ich gegen Mitternacht zu Hause ankomme, bin ich noch mit Adrenalin vollgepumpt. In der Badewanne wasche ich mir das getrocknete Theaterblut und die rote Grütze (das Herzblut) ab, trinke ein Glas Rotwein und schlafe dann schnell ein.

Die Idee für den Abend war ein halbes Jahr zuvor in Südfrankreich entstanden. Meine Freundin Tina besuchte uns in La Haute Carpenée und erzählte von ihrem Hobby, einem dem Live Action Role Play (LARP) entlehnten explorativen Rollenspiel. In diesen Rollenspielen entwickeln die Spieler ihre Charaktere oft über lange Zeiträume hinweg. Es entsteht eine Art Parallelwelt. Spieler wählen sich Figuren, mit denen sie ihre Persönlichkeiten ausloten können. Tina beschrieb, dass es oft darum geht, den eigenen Seelenriss zu identifizieren - den Aspekt des Selbst, der essenziell, aber tabuisiert oder verkümmert ist. Vor kurzem hatte sie eine neue Idee entwickelt: Wie wäre es, wenn man eine Spielszene entwickeln würde, die ganz konkret auf den Seelenriss eines Menschen abzielt? Und zwar eines Menschen, der keine Erfahrung mit Rollenspielen dieser Art hat, sondern einfach nur neugierig und bereit wäre, sich seinen Schatten in diesem experimentellen Format zu stellen?

Sofort sagte ich: "Das möchte ich machen". Und so kam es, dass Tina gemeinsam mit ihrer Partnerin Sandra und dem gemeinsamen Freund Nils, beides Psychologen, in mein Büro kamen, um mich besser kennenzulernen. In den nächsten neunzig Minuten erzählte ich von meinem Leben und meinen Psychodynamiken. Offen sprachen wir über Gefühle und Ausdrucksformen, meine Erfahrungen mit Ängsten, Sexualität, Gewalt und Tabus.

Auf der Basis dieses Gespräches konzipierten die drei ein Setting und meine Rolle darin. Kurz vor dem richtigen Spiel trafen wir uns für ein Briefing. Nun wurde ich mit den Grundregeln vertraut gemacht, beispielsweise, dass Fausthiebe nur angedeutet werden, ebenso wie Fesseln, lose um den Körper gelegt, signalisieren, dass die Spielerin sich nicht vom Fleck bewegen kann. Bei der Nennung meines Sicherheitswortes (ich wählte „Stephan") hört das Spiel sofort auf und alle sind OT (out of character/off time). Beim Ertönen des Gongs ist das Spiel zu Ende.

Nach diesem ersten Rollenspiel stieg ich tiefer in die Methode ein. Ich entwickelte verschiedene Spiel-Charaktere, die ich mit Tina und ihren Freunden in unterschiedlichen virtuellen und realen Settings einsetzte. Diese Rollenspiele sind keine Therapie, aber auch keine Kinderspiele. Im Gegensatz zu meinen Erfahrungen mit Thomas Hübl haben sie keine heilende Funktion. Aber die Mischung aus Spiel, Performance, Theater und Persönlichkeitsentwicklung in einem sicheren, aber sehr erfahrungsreichen Raum reizt mich. Ich mag das Immersive, das Ganzkörperliche, das mir ermöglicht auszuloten, was alles zu mir gehört, wie sich Leben auch noch anfühlen kann. Inner Work kann auch ein Rollenspiel sein, in dem man neue Aspekte der eigenen Persönlichkeit auslotet.

Der rote Faden der Angst

Meine Beschreibungen bergen die Gefahr, innere Arbeit als einen linearen Prozess zu beschreiben. Natürlich verfolge ich beim Schreiben bestimmte Erkenntnislinien und stelle sie für Dich, meine Leserin, in eine nachvollziehbare Reihenfolge. Aber vieles, wie die Exploration meiner familiären Verstrickung in die deutsche Geschichte oder die Arbeit an meinen großen Ängsten, erfolgte in unregelmäßigen Sprüngen und Schleifen.

Anders als früher versuche ich, meine Schwierigkeiten und Krisen jetzt nicht mehr ganz alleine mit mir zu klären und drehe mich dadurch unnötig lange im Kreis, sondern hole mir gezielt freundschaftliche oder therapeutische Unterstützung.

Im Frühjahr 2019 verfolgen mich wieder starke Ängste. Nach außen funktioniere ich „normal" und durchlaufe mit dem Erfolg des Buches *New Work needs Inner Work* sogar eine sehr befriedigende berufliche Phase. Doch im Hintergrund sitzen viele katastrophisierende Gedanken. Ausgelöst werden sie durch eine Veränderung in unserer Familienstruktur: Meine Kinder sind nach dem Studium in den USA zwar wieder zurück in Berlin, aber es ist deutlich, dass sie ihr eigenes Leben führen und sich auch von uns Eltern stärker abgrenzen. Zugleich fühle ich mich ihnen immer noch osmotisch verbunden und greife jede kleinste Stimmungsschwankung auf. Darauf, dass sich das enge Resonanzfeld meiner Kernfamilie, die Basis meines Lebens schlechthin, verändert, reagiere ich mit einem ängstlichen Flattern, das sich mitunter gerade nachts zu einem starren Angst-Crescendo steigert.

In den letzten Jahren habe ich mir immer wieder punktuell ein paar Stunden bei unterschiedlichen Therapeuten genommen, um konkrete Themen konzentriert zu bearbeiten. So auch jetzt, als ich mich mit Anjet, einer befreundeten Coachin, für ein paar Sessions verabrede.

Beim ersten Besuch in ihrer Praxis fordert Anjet mich auf, meine Ängste zu kontaktieren. Nach etwas Herumstochern kann ich einen Punkt in meinem Oberbauch kontaktieren, in dem Angst sitzt. Schwach, aber doch abrufbar. Ich verbinde mich mehr mit dem Gefühl, versuche tiefer hinein zu sinken. In diesen Mix aus gehaltenem Zittern, gefangen in Habachtstellung, begleitet von leichter Übelkeit. Es dauert einige Momente, dann überkommt mich eine Welle von Not und Ausweglosigkeit. Ich bin an einer Stelle gelandet, an der ich ganz und gar bewegungsunfähig bin.

Anjet bittet mich, mit meinem Gewahrsam noch länger an der Stelle zu bleiben, sie sich ausbreiten zu lassen. Ich schließe die Augen, um nicht abgelenkt zu werden.

Nach ein paar Minuten kommen die Worte tief aus mir: „Dieser Punkt ist wie ein Webfehler, der mein ganzes Leben beeinflusst hat. Ich sehe gerade einen inneren Film von all den Entscheidungen und Erfahrungen, die ich nicht machen konnte, obwohl sie vor meinen Füßen lagen, einfach, weil ich diesen starren Punkt in mir nicht überschreiten konnte. Diese Stelle bindet so viel Energie, die eigentlich frei fließen wollte. Stattdessen habe ich ganz viele Aktivitäten drum herum entwickelt, um die Ängste und Ohnmachtsgefühle, die dort sitzen, irgendwie zu bewältigen."

Während ich dies sage, werde ich sehr traurig und fange an zu schluchzen. Wie viel von mir konnte ich nicht leben! Ich sehe Joana als Schülerin, die sich in ihrer coolen Clique linkisch und hässlich vorkommt. Joana als Studentin im Münchner Seminar der Kunstgeschichte, einsam und unsichtbar. Joana als Dozentin in Sydney, die bei einem Vortrag eine Panikattacke bekommt.

Am Ende der Therapiestunde bin ich erschöpft. Aber auch erleichtert, denn es ist, als halte ich den Beginn eines Fadens in der Hand, der sehr heilsam sein könnte.

Ich bin fest entschlossen, mich mit meinen Ängsten diesmal grundlegend zu befassen. Schließlich verfolgen sie mich seit Jahrzehnten und rauben mir so viel Lebensfreude. Also setze ich mir auch abends vor dem Einschlafen eine Intention für meine Träume: Helft mir, an unbewusste Schichten heranzukommen, um meine Ängste besser zu verstehen.

In einem Traum mache ich mit meiner Familie einen Ausflug auf einen Berg. Wir laufen Ski, obwohl kein Schnee liegt und als ich mit meinen Kindern im Sessellift den Berg hinauffahre, muss ich sie mit ganzer Kraft auf ihren Sitzen halten, da sie sonst herunterfallen würden. In der nächsten Sequenz erinnere ich mich an Joan Didions *The Year of Magical Thinking*, das ich viele Jahre zuvor gelesen hatte. Didion beschreibt das Jahr, in dem ihr langjähriger Ehepartner John Gregory Dunne unerwartet starb (und ihre Tochter Quintana im Koma lag und kurze Zeit später ebenfalls starb), mit einer solchen rohen, schonungslosen Wucht, dass ich mich an manchen Stellen gar nicht traute das Buch weiterzulesen. Sie schreibt, was sie fühlt und bewegt sich scharfsinnig und unsentimental durch den Abyss der taumelnden Bodenlosigkeit, in dem die Haftung zur Realität verloren geht.

Im Kern des Selbst und des Lebens gibt es keine Ordnung, keine Sicherheit, keine Struktur, sondern ein unendliches Nichts. "Die Mitte wird nicht halten", lautet ein Zitat von Didion. Dieses Gefühl überkommt mich in dem Traum so direkt wie selten zuvor. Doch anders als sonst schmelze ich in die nicht haltende Mitte hinein. Nur ein Stück, aber das alleine tut gut.

In Phasen intensiver innerer Arbeit habe ich mir zudem angewöhnt, nachts eine Stunde zu meditieren. Ich stehe dann zwischen zwei Tiefschlafphasen auf und setze mich in den Meditationsraum, den wir nach dem Auszug unserer Kinder eingerichtet haben. Nachts, wenn die Außenwelt still ist, ist die Grenze zwischen Bewusstsein und Unterbewusstsein durchlässiger und immer wieder kommen mir neue und überraschende Einsichten.

Einmal, kurz nach dem Ende eines selbstorganisierten Retreats mit Freunden, wache ich mitten in der Nacht auf und meditiere. Mir ist, als hätte sich etwas, was vorher zusammengefaltet war, entfaltet. Meine Kontaktfläche mit der Welt ist so viel größer als sonst. Wie bei einer Ziehharmonika, die auseinandergezogen wird und dadurch viel voller und beweglicher ist. Mein Körper ist energetisiert, insbesondere die Region um meinen Solarplexus vibriert sanft. Alles Überflüssige hat sich geklärt, alle Sedimente sind auf den Boden gefallen. Ganz deutlich spüre ich, wie antwortfähig ich in diesem Zustand bin: wie viele neue Handlungsoptionen mir so zur Verfügung stehen. Der Zustand begleitet mich noch einen halben Tag, bevor er sich wieder auflöst.

Nach zehn Sessions, Traumarbeit und Nachtmeditationen vereinbaren Anjet und ich uns zu einer vierstündigen Intensiv-Session in ihrer Praxis. Als ich mein Fahrrad auf dem Hof abstelle, überlege ich noch, ob wir so viel Zeit überhaupt sinnvoll füllen können. Doch kaum sitze ich auf meinem Sessel, als sich eine ganze Kaskade von Erinnerungen, Empfindungen und Erkenntnissen aus mir ergießt. Drei Stunden verbringe ich ununterbrochen im Film meines eigenen Lebens. Anjet selbst kommt kaum zu Wort, braucht sie auch nicht, denn ihre feine Präsenz an sich ermöglicht mir die folgende Erfahrung: Wie in einer lang gezogenen Nahtod Erscheinung fährt meine Lebensgeschichte an mir vorbei. Und zwar scheinbar genau die Aspekte, die für meine Krankheits- und Todesängste relevant sind.

Alles fängt mit der mir seit dem TWT schon gut bekannten ersten Zitterphase meines Lebens an. Innerlich erfahre ich das Auf und Ab zwischen intensivem, liebevollem Kontakt zu meinen Eltern, gefolgt von Beziehungsabbruch während der Phasen der postnatalen Depression meiner Mutter. Ich sehe, wie ich in Ermangelung eines stabilen Erwachsenen lerne, mich selbst zu halten. Wie ich „das Wonnele" und „der Sonnenschein" werde, der auch meine überforderten Eltern aufmuntert.

In der nächsten Phase tauchen Bilder aus dem Kindergarten und der Schulzeit auf. Ich sehe meine besten Freunde, die mir Stabilität und Kontakt geben in einer Phase, da in meinem Elternhaus viele Spannungen herrschen. Ich sehe, wie überlebenswichtig Bücher für mich werden. Sie geben mir die ersehnte Resonanz und Orientierung in der Welt. Wöchentlich verschlinge ich gleich mehrere. Wie selbstverständlich wandert meine Aufmerksamkeit zum nächsten relevanten Erinnerungspunkt, meiner Riesenangst vor der RAF, die ich als Kind versuche, vor dem Einschlafen mit dem Gebet *Breit aus die Flügel beide* zu bändigen.

Kaum im Gymnasium fühle ich mich noch stärker im falschen Leben gefangen. Je mehr sich mein Ich entfaltet, desto größer wird die Kluft zu den Werten und Moralvorstellungen meiner Familie. „Loyalität zum Bösen", schießt es mir durch den Kopf, anknüpfend an meine Auschwitz-Erfahrung. Ich sehe aber auch noch eine andere wichtige Bifurkation: Als Teenager flüchte ich in die Identität eines "Poppers", einer Hamburger Jugendkultur in den frühen 1980er Jahren, in der Mode, Coolness und Überlegenheit zelebriert wurden. Mein lebendiges, aber auch tief verunsichertes Wesen rettet sich in eine vorfabrizierte Identität und versucht sein aufgewühltes Innenleben durch ein äußeres Gerüst zu stabilisieren, sich diesem aber auch anzupassen. Eine verzerrte Identität, aus Trauma geboren.

Kurz tauche ich aus meinem Film auf. Ich kann meine eigene Kraft spüren, aber auch die Anstrengung, die ich aufbringen musste. Tiefes Mitgefühl für das kleine Mädchen erfüllt mich, das sich managen musste und tapfer ihren Weg gegangen ist. Zugleich verstehe ich zum ersten Mal, dass mein damals begonnener Fokus auf Coolness und Überlegenheit dazu führte, dass ich mich von dem abwendete, was schwach, zart und hilfsbedürftig war. In der Welt und in mir selbst.

Die Spannung zwischen mir und meiner Umwelt wird so groß, dass ich mit sechzehn Jahren aufs englische Internat flüchte. Wie um mir eine Pause zu gewähren, tauchen jetzt auch viele schöne Facetten meiner Kindheit auf. Meine unbändige Freude beim Skifahren. Familiengespräche vorm Kamin, während derer mein Vater Äpfel schneidet und meine Mutter Marshmallows grillt. Lange Autofahrten, auf denen wir ein Volkslied nach dem anderen singen. Die lebendige Begeisterung meiner Eltern für Kunst, die vielen Besuche in Museen und Galerien. Ferien in der ganzen Welt.

Mittlerweile sind zwei Stunden vergangen, aber die Reise geht weiter. Denn jetzt nimmt mein Lebensfilm eine höchst interessante Wendung:

Vor mir reihen sich alle tiefen Krisen auf. Noch mal erscheint meine bodenlose Angst vor der RAF. Die langjährige Verzweiflung nach der Trennung von meinem ersten Freund. Die massive Panikattacke in meinen frühen Zwanzigern als ich, gerade mit Stephan zusammengezogen, fest davon überzeugt war, an HIV erkrankt zu sein - ein Ereignis, das mich die nächsten acht Jahre in seinem Bann halten sollte. Ein quasi Nervenzusammenbruch auf Ibiza in den späten 1990-er Jahren, als ich befürchtete, den Boden unter allem zu verlieren. Die aktuellen Trennungsängste in Bezug auf meine Kinder.

Bislang hatte ich zu jeder dieser Krisen eine eigene Erklärung parat gehabt. Doch jetzt sah ich den roten Faden, der alle miteinander verband. Alles, was mich wirklich überwältigt hatte, folgte einem einzigen Muster:

Die tiefe Resonanz, die mich mit einem anderen Menschen verbindet und mir Stabilität und Sicherheit gibt, wird abgebrochen oder droht zu zerbrechen. In all den genannten Situationen erlebe ich die ursprünglich überwältigende, lebensbedrohende Trennung von meiner Mutter, immer und immer wieder. Bindung war nicht sicher, sondern konnte ständig abbrechen. Ich lernte nicht nur sehr aufmerksam meine Umwelt zu beobachten, – war jetzt alles stabil und sicher? –, sondern mich auch sehr früh selbst zu halten und autonom zu sein.

Ich sehe das Gebäude klar vor mir: Ich baute mir eine äußere stabilisierende Struktur aus Disziplin und Pep-Talks, festen Zielvorstellungen und To-do-Listen. Die innere Welt darunter sah oft anders aus, zu chaotisch und schmerzhaft, als dass sie als Hauptwohnsitz taugte. Stattdessen verlegte ich diesen ins Außen und ins Tun. Doch da manche inneren Balken porös und wackelig sind, verfolgt mich die Angst, das Gebäude könnte zusammenbrechen. Die Mitte wird nicht halten. Zwischen Innen und Außen klafft eine Lücke und in diesem Vakuum sitzt ungelebtes Leben. Und ungelebtes Leben drückt sich in Angst aus.

Statt der frühkindlichen Referenzerfahrung in einem festen Gewebe von menschlichen Beziehungen sicher gehalten zu werden, ist meine Grundangst, dass alles, was ICH nicht halte, auseinanderbricht.

Die großen Krisen hatten jeweils ein und denselben inneren Punkt berührt, die Stelle, die ich seit frühester Kindheit versuchte zu schützen, weil die dort sitzende Not mich überwältigte. Jedes der Auslöser - Terrorismus, Trennung, Krankheit - verdiente es, traurig zu sein oder sich darum Sorgen zu machen. Aber da jede latente Angst mich in meine frühe Kindheitspanik zurückversetzte, reagierte mein Nervensystem mit Faktor X und lief absolut Amok.

Molly in Hamburg

Die Erkenntnisse dieser langen Session halfen mir sehr. Indem ich meine eigenen psychischen Prozesse klarer und differenzierter sah, lernte ich die entwicklungspsychologischen Anteile meiner Ängste - die Retraumatisierung frühkindlicher Erfahrungen - von den verschiedenen aktuellen Angstauslösern klarer zu unterscheiden. Der neue Freiheitsgrad, den ich in Bezug auf meine Ängste gewonnen hatte, gepaart mit meinen Erfahrungen in Auschwitz, führten auch zu einer neuen Phase in der Beziehung zu meinen Eltern. Diese kulminierten in einem gemeinsamen Erlebnis, das ich bis vor Kurzem nie für möglich gehalten hätte.

Alles begann mit einem Gespräch am Küchentisch. Meine Eltern sind aus Hamburg zu Besuch und irgendwann sagt mein Vater: "Jetzt, wo ich schon so alt bin und nichts verderben kann, würde ich auch mal Drogen nehmen". Ich staune! Das aus dem Mund eines Menschen zu hören, der jede illegale Droge sein Leben lang lautstark verdammt und tabuisiert hat, ist höchst überraschend.

Kurz darauf feiern wir den achtzigsten Geburtstag meines Vaters und ich schenke ihm einen Gutschein. Für eine Reise MDMA/Ecstasy in meiner Begleitung. Erst schaut er mich ungläubig an, dann bricht ein jugendhaft, verschämtes Lachen aus ihm heraus. Sofort sagt er aber auch: "Das darf deine Mutter auf keinen Fall wissen." Und dann noch: "Werde ich davon süchtig?" Ich kann ihn in beiden Fällen beruhigen.

Es vergehen zwei Jahre, bis ich wirklich im Zug nach Hamburg sitze. Im Gepäck alles, was wir für die Reise brauchen: Obst und Studentenfutter, Magnesium und eine salzige Suppe. Dazu drei kleine, sorgsam auf unser jeweiliges Körpergewicht abgestimmte kleine Alupäckchen mit Kristallen. Drei, weil meine Mutter mich kürzlich ebenso überrascht hat wie mein Vater zuvor: Sie ist auch neugierig und möchte sich auf die ungewöhnliche Reise mit ihrer Tochter einlassen. Ihr beider Vertrauen erfüllt mich mit großer Dankbarkeit und Stolz. Mögen wir noch so unterschiedliche Weltanschauungen haben und uns oft über Politik und Lebensstile streiten, ich bin beeindruckt, dass sich beide mit achtzig und zweiundachtzig Jahren auf ein solches Experiment einlassen.

Was treibt mich selbst an? Sehr einfach: Bei jeder meiner wenigen Erfahrungen mit Ecstasy, aber auch in einigen tiefen Meditationszuständen hatte ich den starken Wunsch gespürt, einmal einen ebenso friedlichen und großen Raum mit meinen Eltern zu teilen. Mich überraschte es selbst, wie sehr ich mich danach sehnte, mit ihnen in Liebe zusammen zu kommen und die Spannungen und Verletzungen, die sonst oft zwischen uns standen, zu überwinden. Ich konnte diesen Wunsch sowohl als Bedürfnis der kleinen Tochter als auch der erwachsenen Frau in mir spüren. Zugleich wünschte ich meinen Eltern in ihrem Leben mehr Gleichmut zu erfahren und sich einmal fallen lassen zu können. Familientherapie der besonderen Art.

Bis zum letzten Moment befürchte ich, dass sie doch noch absagen. Aber nein, hier sitzen wir zusammen im Wohnzimmer meines Elternhauses, einer Schatzkammer voller Kunstwerke, die sie im Laufe ihres Lebens gesammelt haben. Mein Vater sagt: "Falls ich heute Abend sterbe, mach Dir bitte keine Vorwürfe. Das kann ich Dir auch schriftlich geben." Pragmatisch und direkt wie immer.

Lange merken wir nichts. Ich habe eine Playlist vorbereitet und starte mit Songs aus meiner Kindheit. Bei Reinhard Meys *Über den Wolken* singen wir schon leise mit. Mit einem Mal steigt Angst in mir hoch: Was mache ich hier bloß? Kann ich das überhaupt halten? Was, wenn meine Eltern tillen? Muss ich gleich Tina, meine Hamburger Freundin auf Stand-by anrufen, damit sie uns durch die Nacht führt? Ich atme ein paar Mal tief durch - und gleite in einen großen, stillen Raum. Es hat geklappt.

Meine Eltern sind ungefähr zeitgleich angekommen, auch wenn meine Mutter später behaupten wird, sie habe nichts gespürt. Aber ich bin drin in dem Raum, den ich mir so gewünscht habe. Dann kann ich es auch gleich machen, denke ich. Und so sage ich meinen Eltern, wie sehr ich sie liebe. Wie sehr ich mich ungeachtet aller Kämpfe mit ihnen auf der Seelenebene verbunden fühle. Auf dieser höheren Ebene spielen unsere Verkrustungen und Verstrickungen keine Rolle, ist nur meine Liebe.

Mir ist, als würden meine Worte landen. Die Stimmung ist weich und sanft. Mein Vater fängt an zu sprechen und wird die nächsten vier Stunden nicht aufhören. Er erzählt Dinge, die ihn offensichtlich erleichtern. Er steht vom Sofa auf und sagt mit dem Blick auf mich und meine Mutter gerichtet, die wir in Sofas gegenüber lümmeln, wie schön wir sind und wie intensiv die Blumen im Garten leuchten. Meine Mutter stimmt ein: Beide erzählen, welches Glück das kleine Wonnele ihnen bereitet hätte. Wie sie mich beide abends zusammen badeten und mit zwei Löffeln fütterten, so gierig sei ich gewesen. Sie erzählen Geschichten aus ihrem Sammlerleben; Anekdoten zu *Der Fliehenden*, einer Skulptur des Berliner Bildhauers Waldemar Grzimek. Das Gemälde von Klaus Fußmann stammt von einem Besuch im Haus des Malers in Gelting. Was wird nach ihrem Tod aus den vielen Objekten ihrer Sammlung mit modernem Studioglas? Werden mein Bruder und ich irgendetwas davon haben wollen? Erst als mein Vater zur Politik schweift, wehre ich ab. Nein, über Überfremdung will ich heute Abend nicht sprechen.

Ebenso wenig traue ich mich, die große Kiste Nationalsozialismus aufzumachen. Dafür erscheint mir das Fundament noch zu brüchig. Stattdessen hole ich zwei Geister der Familiengeschichte in den großen Ecstasy-Raum: Ich befrage meine Mutter nach ihrem Vater Friedrich Christian und nach Theresa, meiner im fünften Monat totgeborenen Schwester. Damals, Anfang der Siebzigerjahre, wurden diese Sternenkinder einfach im Krankenhausmüll entsorgt und meine Mutter konnte ihren Tod nie adäquat verarbeiten. Mich erfüllt tiefes Mitgefühl für meine Mutter und meine ungelebte Schwester.

Dann wird die Stimmung noch mal zarter: Wir hören die *Vier Letzten Lieder* von Richard Strauss, gesungen von Jessye Norman. Diese Lieder, so erzählt meine Mutter, wünscht sie sich für ihre Beerdigung. Wie in Trance wiederholt meine Mutter dabei den Satz: "Dass so eine Stimme verstummt. Gibt es etwas Traurigeres?". Wen meint sie damit: die erst kürzlich verstorbene Sängerin oder sich selbst?

Irgendwann lässt die Wirkung nach. Die wenigen Freunde, die von meiner Reise wussten, fragen per SMS, ob alles gut gelaufen sei. Wir essen noch eine Suppe und bevor wir in unseren Schlafzimmern verschwinden, sagt mein Vater: "Das machen wir jetzt jedes Jahr!" Erfüllt und bewegt von der gemeinsamen Erfahrung bedanken wir uns gegenseitig für die schönen Stunden.

Auf dem Weg zurück nach Berlin lasse ich den Vorabend nochmals an mir vorbeiziehen. Das Bild, was ich sehe, wird sich im nächsten Jahr bestätigen: Wir sind einander viel näher gekommen und können uns jetzt besser akzeptieren, so wie wir sind. Mein Kampf mit ihnen ist ausgekämpft. Sie sind auch mir gegenüber entspannter. Unsere Versöhnung auf der Seelenebene, ermöglicht durch eine illegale Droge, hat unsere schwierige Beziehung hin zum Liebevollen gewendet. Vielleicht schaffe ich es, das Nazithema aufzumachen. Beim nächsten Mal im nächsten Jahr.

Was ist Purpose?

Jeder, der schon mal in einem Selbsterfahrungsseminar, Meditations- oder Yogaretreat war, wird vielen Menschen begegnet sein, die auf der Suche nach ihrer Lebensaufgabe sind. Anfangs überraschte mich der Grad an Unzufriedenheit und Orientierungslosigkeit sehr, der sich in Sätzen wie "Ich möchte so gerne zum Leben beitragen, weiß aber nicht wie" oder "Mein Leben ist viel zu klein, ich möchte mehr Raum einnehmen" ausdrückte. Mittlerweile erscheinen mir große Teile unserer Gesellschaft auf Sinnsuche. Auf wie vielen Purpose Konferenzen habe ich mittlerweile gesprochen, in wie viele Purpose Communities wurde ich eingeladen, in wie vielen Podcasts über Purpose interviewt? Unzählige Mitarbeiter als auch Führungskräfte beschäftigen sich mit ihrer individuellen Purpose und der ihres Unternehmens. Ein guter Indikator für den Hype um einen Begriff sind TED Talks: Mittlerweile befassen sich über 1.100 von ihnen mit Purpose.

Denke ich an meine beruflichen Anfänge zurück, kann ich diese Suchbewegung gut nachvollziehen. Nach dem Studium litt ich jahrelang unter Orientierungslosigkeit und mangelndem Selbstbewusstsein. Ich spürte einen unheimlichen Druck, meine Berufung zu finden und "jemand" zu werden, hatte aber keine Ahnung, wie und womit mir das gelingen sollte. Erst mit zweiunddreißig Jahren und dem Schreiben des Sachbuchs *Tanz der Kulturen* (gemeinsam mit meiner Studienfreundin Ina Zukrigl) fand ich das Startloch für meinen beruflichen Weg. Seitdem habe ich das große Glück, dass eine Tätigkeit und Aufgabe auf die nächste folgt. Während einer Dekade forschte, publizierte und lehrte ich über die kulturellen Folgen der Globalisierung, gründete dann 2007 *betterplace.org* und 2010 das *betterplace lab* und beschäftige mich seitdem intensiv mit Digitalisierung und sozialer Innovation. Nochmals zehn Jahre später leitet mein Interesse an Inner Work und gesellschaftlicher Transformation eine dritte Berufsphase ein.

Sowohl Schreiben als auch meine unternehmerische Tätigkeit (für mich folgen beide Arbeiten sehr ähnlichen Gesetzen) sind zum einen Selbstvergewisserung und Therapie. Bis heute bin ich mir selbst dankbar, dass ich als junge Mutter zweier Kinder den Mut und die Ausdauer hatte, ein Buch zu schreiben, das niemand beauftragt hatte. Mich aus dem Sumpf meiner Unsicherheit und Scham heraus zu bewegen und mir schreibend eine Identität zu geben. Als die Verlegerin Antje Kunstmann das Manuskript von *Tanz der Kulturen* für ihren Verlag annahm, entlud sich in mir die Spannung eines Jahrzehnts voller Selbstzweifel und Versagensängste. Es war einer dieser kathartischen Momente, deren Bedeutung weit über ihre Faktizität hinausgehen und einer Erlösung gleichkommen.

Arbeiten erdet und beflügelt mich. Ich schaffe mir damit den konstanten Resonanzraum, den mein aufgewühltes Nervensystem braucht und den ich bislang nirgendwo vorgefertigt gefunden habe. Weshalb ich mir auch nie habe vorstellen können, in einem Unternehmen angestellt zu sein oder mich anderen engen, fremdbestimmten Vorgaben zu fügen. Meine Arbeit begleitet mich wie ein maßgeschneiderter, zuverlässiger und inspirierender Freund.

Vor ein paar Jahren, von einem Journalisten nach meiner Aufgabe in der Welt gefragt, antwortete ich, ich sei Trendscoutin und Übersetzerin zwischen Experten und Technologien auf der einen und einer breiteren Öffentlichkeit auf der anderen Seite. In meiner anthropologischen Arbeit war ich bemüht, die öffentliche Debatte um Globalisierung und deutsche Leitkultur um kontraintuitive wissenschaftlich-empirische Studien zu erweitern und damit zu differenzieren. Als Mitgründerin von *betterplace.org* hatte ich eine technologische Infrastruktur gebaut, die von sehr vielen Menschen für ihre zivilgesellschaftlichen Belange genutzt werden konnte. Im *betterplace lab* schlugen wir eine Brücke zwischen digital-sozialen Trends und Know-how und dem konservativen deutschen sozialen Sektor.

Die Beschäftigung mit mystischen Prinzipien ermöglichte mir jedoch ein noch tieferes Verständnis von Purpose, sowohl im Allgemeinen als auch in Bezug auf meine persönliche Arbeit. Denn hatte ich bis dato Purpose vor allem als eine Tätigkeit verstanden, die zu meinen eigenen Fähigkeiten passte, mir Freude machte und sinnvoll erschien, so tauchte durch die Arbeit mit Thomas Hübl und den darauf aufbauenden Diskussionen mit meinen Keks Ackerman Co-Autoren ein neuer Bedeutungshorizont auf.

Heute scheint es mir so, dass die meisten Menschen, wenn sie über Purpose reden, im Grunde „Sinn“ meinen. Sie sehnen sich nach einer sinnvollen Aufgabe, die zu ihrem eigenen Wertegerüst passt. Und da dieses oft ein post-materielles ist, verbinden sie Purpose mit Tätigkeiten, die auf eine nachhaltigere und gerechtere

Welt einzahlen. Sie verlassen *Zalando* oder die *Deutsche Bank* und heuern bei *betterplace* oder der *Tomorrow Bank* an.

Thomas Teachings entnahm ich noch etwas anderes: Meine Aufgabe im Leben zu finden, hat erst mal nichts mit ökologischer oder pro-sozialer Arbeit zu tun. Purpose ist ein viel grundlegenderes Konzept, das eng mit einem evolutionären Blick auf die Welt verbunden ist. Purpose ist wie ein Magnet oder Polarstern, an dem sich meine Wahrnehmungen, Haltungen und Handlungen ausrichten und mich zu einem Instrument werden lassen, das die latente Zukunft real werden lässt.

Das möchte ich etwas näher beschreiben. Für Bewusstseinsforscher wie Ken Wilber und Weisheitslehrer wie Thomas Hübl (und viele andere) gibt es eine ultimative Realität jenseits von Raumzeit, die sich nur wenigen Mystikern und Weisen erschließt. Doch im Zuge der menschlichen Entwicklung nehmen wir immer mehr Realität wahr, erschließen uns Welt über immer ausgefeiltere Erkenntnismethoden. So ist moderne Naturwissenschaft eine wesentlich genauere und umfassendere Methode, die Welt zu verstehen als das Lesen von Eingeweiden eines Opfertiers. (Don't tell Bill Plotkin!)

Diese Entwicklung ist nicht linear, die Zukunft ist nicht nur die Fortschreibung der Vergangenheit. Stattdessen ist die Welt ein selbstorganisiertes System und hat - wie für Selbstorganisation in der Natur üblich - emergente Eigenschaften. Es können ganz neue Formen entstehen, die keine Vorbilder in der Vergangenheit haben.

Emergente Entwicklungen sind nicht vorhersehbar, aber sie sind auch nicht vollkommen willkürlich. Geschichte folgt einer bestimmten Richtung. So sind Lebewesen und Lebensformen im Laufe der Evolution komplexer geworden. Ebenso wissen wir durch die Arbeiten von Sozialwissenschaftlern wie Norbert Elias, Michel Foucault, aber auch von Philosophen wie Byung-Chul Han, dass komplexe Gesellschaften immer tiefere innermenschliche Kontrollmechanismen entwickelt haben, um die dort herrschende größere soziale Freiheit und Individualisierung zu balancieren.

Dies bedeutet nicht, dass die Zukunft einem festen Plan folgt. Aber von den unzähligen Entwicklungspfaden, die das Leben einschlagen kann, sind manche wahrscheinlicher als andere. Manche dieser Entwicklungspfade sind einfach nur Fortführungen der Vergangenheit, andere sind wirklich emergent und kommen „aus der Zukunft".

Diese latente Zukunft, so beschreibt es auch der MIT-Wissenschaftler Otto Scharmer mit seiner Theory U, spricht zu denen, die interessiert sind, zuzuhören. Wir können uns für diese Zukunft sensibilisieren und sie in einer Mischung aus Denken und Fühlen wahrnehmen. Und genau an dieser Schnittstelle zwischen dem Individuum und der emergenten Zukunft sitzt Purpose. Purpose ist wie ein Magnet, an dem wir uns als Individuen und Kollektive orientieren können, an den wir uns anheften können, um wirklich Neues in die Welt zu bringen.

Purpose ist der Treibstoff der Evolution, eine energetische Verbindung zwischen mir und der emergenten Zukunft. Höre ich auf die Inspirationen, die aus diesem Kanal kommen, helfe ich der Zukunft sich als feste Struktur in der Welt zu manifestieren. Diese neuen Strukturen, Ideen, Artefakte, Unternehmen, politische Bewegungen, Verhaltensweisen usw. bilden ein neues Plateau für menschliche Entwicklung.

Purpose hat nichts mit äußerem Erfolg zu tun - eine Erkenntnis, die mich zuerst überraschte. Aber je mehr ich mich damit beschäftigte, desto mehr machte es Sinn: Denn gesellschaftlicher Erfolg ist oft das Ergebnis von Wiederholung. Mache etwas 10.000 Stunden und Du wirst ein Experte und bekommst wahrscheinlich gesellschaftliche Anerkennung und Geld. Doch Purpose ist nicht auf diese Weise zielgerichtet. Jeder Mensch hat eine andere Aufgabe und es kann gut sein, dass der Sinn eines tief traumatisierten Menschen "nur" darin besteht, sich den eigenen Schatten zu widmen und die Anteile in sich, die nicht am Leben teilnehmen, wieder in den Tanz des Lebens zu reintegrieren.

So verstanden ist Purpose weniger ein Ziel als vielmehr eine Sensibilität, die es Menschen ermöglicht, ihr Leben im Takt der größeren evolutionären Bewegung auszurichten und unter Umständen neue Strukturen zu schaffen. Inner Work bedeutet in diesem Zusammenhang die Zukunft aktiv einzuladen. Meine Freundin Bettina, von der ich viel über das Thema gelernt habe, hat in diesem Sinne recht, wenn sie lieber das Verb „purposing" verwendet. Denn es geht darum, aktiv einen Pfad in Richtung latente Zukunft zu beschreiten und diese Zukunft einer Hebamme gleich in die Welt zu bringen.

Dieser Prozess ist unabhängig davon, ob man ihn „nur" als evolutionäre Dynamik versteht oder an ein höheres Bewusstsein und einen göttlichen Impuls glaubt.

Das ist jetzt ziemlich viel Theorie. Deshalb noch mal aus meinem persönlichen Erleben: Immer wieder habe ich im Laufe meines Lebens Inspirationen und Ideen gehabt, die für mich den typischen „Purpose-Geschmack" trugen. Diese können sowohl in unstrukturierten Alltagssituationen auftauchen als auch in Meditationen oder Träumen.

Der Purpose-Geschmack ist für mich eine sehr körperliche Erfahrung, wie ein wohlwollender Elektroschock, ein Gefühl überdurchschnittlicher Lebendigkeit. Viele Themen und Menschen, die für meinen Weg wichtig waren, fand ich am Anfang einfach brennend interessant und wollte unbedingt mehr über sie wissen. Ich war im wahrsten Sinne des Wortes enthusiastisch - ein Wort, dass von dem griechischen Entheos abstammt, was wiederum "von einem Gott besessen" bedeutet. Wie viele andere verbinde auch ich Purpose mit Flow - diesem Gefühl völlig in der Gegenwart zu sein, Körper und Geist auf ganz natürliche Weise fokussiert und wach.

Insbesondere in Meditationen erscheinen mir wichtige Ideen und Inspirationen auf eine ganz besondere Art real und wahr. Die Grenze zwischen mir und meiner Umwelt ist viel durchlässiger als sonst und kann sogar fast ganz kollabieren, so dass ich und die Eingebung untrennbar miteinander verwoben sind.

Interessant ist, dass Purpose sich nicht immer gut anfühlt. Ich erinnere mich an unbequeme oder sogar schmerzvolle Erlebnisse und Wahrnehmungen, die mir dennoch richtig und stimmig vorkamen. Dieses Gefühl von Stimmigkeit entsteht meines Erachtens dann, wenn ich mit etwas Essenziellem und Fundamentalem in Kontakt bin.

Und auch das Gegenteil kenne ich nur zu gut: gesellschaftliche Entwicklungen und Thesen, die sich flach, nicht authentisch und falsch anfühlen. Insbesondere in meiner ersten Karriere als Kulturanthropologin rebellierte ich mit meiner Arbeit gegen die Verbreitung von stereotypischen Thesen, die mir fast schon körperlich wehtaten. Darunter fielen die bis heute gängige Praxis, Menschen in Boxen zu stecken: sie als „Muslime", „Deutsche" oder „Schwule" zu bezeichnen und auf dieses eine Identitätskriterium zu reduzieren. Ich empfand es als meine Aufgabe, kulturellen Wandel im Zuge der Globalisierung differenzierter und vielschichtiger darzustellen. Empirisch zu zeigen, wie Menschen in einer global vernetzten Welt mehr Wahlmöglichkeiten haben, mehr sie selbst werden können.

Auch in meiner Arbeit als Sozialunternehmerin spürte ich viel kreatives Eros. Wenn wir digitale Technologien in den Dienst von sozialer Innovation stellen, sind wir in der Lage, viele der großen, existenziellen gesellschaftlichen Probleme adäquat zu beantworten. In einem Land wie Deutschland, das neuen Technologien skeptisch bis ablehnend gegenüber steht, wollte ich den Vorstellungsraum erweitern und zeigen, wie wir Digitales für mehr Vielfalt, Teilhabe, Transparenz, Nachhaltigkeit und Gerechtigkeit einsetzen können.

Und jetzt? In den letzten Jahren ist das Thema Innere Arbeit für mich immer wichtiger geworden. Durch die Transformation im *betterplace lab*, die ich gleich ausführlicher beschreiben werde, wurde mir bewusst, wie wichtig innere Kompetenzen sind. Um in dem sehr komplexen, sich schnell verändernden frühen 21. Jahrhundert orientiert und handlungsfähig zu bleiben, müssen wir uns als Menschen weiterentwickeln, reifen, erwachsen werden.

In den letzten Jahren sehe ich, wie sich mein Interessenschwerpunkt klar verlagert hat. Heute sind es die Beziehungen und Wechselwirkungen zwischen äußerer gesellschaftlicher und innerer Transformation, die mich in ihren Bann ziehen. Welche inneren menschlichen Dynamiken entstehen im Wechselspiel mit neuen technologischen, wirtschaftlichen oder politischen Entwicklungen? Welchen evolutionären Druck üben digitale Dynamiken - Dezentralisierung, Big Data und künstliche Intelligenz - auf uns aus? Wie entwickeln wir unsere kognitiven Fähigkeiten ebenso wie unsere emotionalen, körperlichen und intuitiven Wahrnehmungskanäle weiter, um von Komplexität und Impulsfülle nicht vollkommen überwältigt, sondern handlungsfähig zu sein? Inwiefern erfahren wir die Welt subjektiv anders als unsere Vorfahren oder Nachbarn? Wie und wodurch verändern sich unsere Filter, Haltungen und Werte?

Dieser Fokus auf innere Kompetenzen hat einen einfachen Grund: In einer VUCA-Welt (vulnerable, uncertain, complex and ambiguous) können wir uns nicht mehr vorwiegend auf äußere Strukturen stützen und uns an etablierten Normen und Werten orientieren. Wir müssen zunehmend Sicherheit und Orientierung in uns selbst finden, indem wir uns selbst besser kennen und reflektieren können, indem wir neue, authentische Beziehungen eingehen, uns für andere Perspektiven und Innovationstechniken wie Intuition und Inspiration öffnen.

Neben den vielen Entwicklungen, die innerlich reflektierte, reife Menschen erfordern, erscheinen mir die Fortschritte in KI und Maschinenlernen besonders wichtig. Algorithmen kennen uns schon heute manchmal besser als wir uns selbst - sie wissen vor uns, wann wir deprimiert oder süchtig sind, ob wir homo- oder heterosexuell veranlagt sind. Warten wir noch ein paar Jahre, werden Deep Fakes, synthetisch und mit böswilligem Vorsatz erzeugte Videos, unser aller Sinn für Realität massiv herausfordern. Bald wird niemand mehr wissen, was echt und wahr, was fake und falsch ist. Die mächtigste Waffe, die wir gegen diesen Frontalangriff auf unsere Welt haben, sind wir selbst. Unsere Selbstkenntnis, unser geschärfter Sinn für Realität oder Verzerrung.

Seitdem ich mich den Interdependenzen zwischen innerer und äußerer Transformation zugewandt habe, tauchen überall neue Impulse dazu auf. Ich lese neue Bücher, verbinde mich mit neuen Netzwerken und verändere Schritt für Schritt meine Lebenspraxis im Dialog mit dem aktuellen Interessenschwerpunkt. Diese Entwicklung fühlt sich wie ein sukzessives, immer tieferes Eintauchen in eine neue Facette der Realität an. Am Anfang ist es eher ein leises Flüstern, das mich ruft. Mit der Zeit informiert es meinen ganzen Körper - es verbindet sich eng mit meiner Identität und Welterfahrung. Ab einem bestimmten Punkt kann ich über das neue Thema immer souveräner sprechen, mit mehr Differenzierungsvermögen die Projekte, Ideen und Menschen identifizieren, die einen ähnlichen Weg gehen.

So lernte ich kurz nach dem Start der Organisationsentwicklung und unserer Inner Work Arbeit im *betterplace lab* das *Wellbeing Project* kennen. Damals noch in den Kinderschuhen, ist es heute, fünf Jahre später, ein globales Netzwerk von Sozialunternehmern, Aktivisten und anderen zivilgesellschaftlichen Akteuren, die Inner Work und Wellbeing als Voraussetzungen für sozialen Wandel erforschen und einen grundlegenden Kulturwandel im sozialen Sektor initiieren. Im Austausch mit dem Gründer Aaron Pereira und den Erfahrungen, die ich als Teilnehmer des Netzwerks machen durfte, entwickelte ich gemeinsam mit dem *betterplace lab* Team ein großes Well:being und Ko:lab(orations) Programm mit Inner Work im Zentrum. Zeitgleich stieß ich auf andere Netzwerke, die mich bereicherten und unterstützten, darunter *Alter Ego* und *Perspectiva* in Großbritannien und das *Emerge* Netzwerk rund um Tomas Björkman, das sich für Persönlichkeitsentwicklung und systemischen Wandel einsetzt.

Mit Thomas Hübl entwickelte ich ein Projekt, das wir "5 Minutes A Day" nannten. Auf der Internetplattform Medium.com veröffentlichten wir mehrmals wöchentlich eine Nachrichtenschlagzeile - beispielsweise North Korea conducts most powerful nuclear test yet! - und luden Menschen ein, sich fünf Minuten kontemplativ mit dieser Schlagzeile zu beschäftigen. Die Idee entstand während einer Diskussion über spirituelles Bypassing, hoch oben im Baumhaus einer uralten Eiche in La Haute Carpenée. Spirituell interessierte Menschen, auch in der Hübl Gemeinschaft, tendieren manchmal dazu, schwierige Vorkommnisse in der Welt auszublenden und sich in eine vermeintlich heile ätherisch-esoterische Welt zu flüchten. Doch in Thomas Praxis geht es gerade darum, mit allem zu sein, was ist. Inner Work ist, sich ganz der Welt zu öffnen. Um dies zu trainieren, entwickelten wir die "5 Minutes a Day" Praxis, die inzwischen von anderen Menschen im Umfeld von Thomas Hübl zu einem weit größeren Projekt namens Global Social Witnessing ausgebaut wurde.

Gemeinsam mit Bettina, Stephan und unserem Freund Mike fing ich an, unter dem Pseudonym *Keks Ackerman* über den großen Paradigmenwechsel von einer industriell-nationalstaatlich geprägten Welt zu einer digital-globalen Ära zu schreiben. Bettina und ich legten unsere Erfahrungen mit Selbstorganisation und Inner Work in dem Buch *New Work needs Inner Work* nieder, welches überraschenderweise auf große öffentliche Resonanz stößt. Wir machen Podcasts, geben Interviews und halten Vorträge zum Thema. Ich verbinde Inner Work mit meinem langjährigen Schwerpunkt auf Innovation. Welche inneren Kompetenzen brauchen wir, um sinnvolle Innovationen und Start-ups bauen zu können, die nicht nur mehr Rendite für eine kleine Gruppe schon sehr reicher Menschen abwerfen, sondern Lebensqualität für Millionen und Milliarden verbessern? Dafür gründeten wir 2018 in Berlin einen kleinen Inkubator und Think Tank namens *Das Dach*. Um Inner Work, für viele Menschen eine Black Box, greifbarer zu machen, schreibe ich dieses Buch. Und so geht es weiter und mit einem Mal habe ich (mit vielen anderen Menschen gemeinsam) eine etwas neue Lebenswelt geschaffen, die uns die Welt etwas anders erfahren und gestalten lässt.

Mit den neuen Handlungsfeldern und Aktivitäten verändert sich auch mein Sein. Ich finde es faszinierend, dass wir zwar wissen, dass der menschliche Organismus alle zwei Monate eine neue Leber produziert, zugleich aber davon ausgehen, dass unsere Persönlichkeit und subjektive Wahrnehmung sich im Laufe eines Lebens nicht grundsätzlich verändern.

Auch bei mir gibt es Konstanten und in vielen Bereichen bin ich mir vor zehn Jahren verdammt ähnlich. Zugleich habe ich mich verändert. Das bezeugen nicht nur meine Freundinnen, die sich darüber wundern, wieso ich viel langsamer spreche und mehr Zeit für sie habe. Manche dieser Veränderungen erfolgten, indem ich bestimmte Schattendynamiken integrierte. In den letzten zehn Jahren habe ich gelernt, sowohl mich als auch mein Gegenüber gleichwertiger auf dem Schirm zu haben. Ich habe mir meine ureigenen Ängste sehr viel tiefer angeschaut als je zuvor und werde heute nicht mehr so von ihnen überflutet. Ich habe viele meiner alten Werte, insbesondere meine Fokussierung auf Leistung und Erfolg, hinterfragt und relativiert. Statt hauptsächlich an dem Ergebnis einer Tätigkeit interessiert zu sein, achte ich heute viel mehr darauf, wie ich sie erlebe. Welche Qualität hat eine Aktivität und was lerne ich dabei?

So verbringe ich heute viel mehr Zeit mit Dingen, die keine Funktion haben. Ich lese Bücher über Schuberts *Winterreise* und höre parallel dazu alte Aufnahmen von Dietrich Fischer-Dieskau und Ian Bostridge. Statt meinem inneren Diktator zu folgen, der mir befiehlt, mindestens zweimal wöchentlich Sport zu machen - Joggen! Yoga! -, versuche ich meiner inneren Stimme zu folgen und mache manchmal mehr und manchmal nichts. Ich habe angefangen zu rudern, gehe spontan in Ausstellungen und in die Natur. Statt immer mehr Input in mich hinein zu schaufeln, mache ich mich bewusst leer, um zu lauschen. Wenn ich überaktiv werde, frage ich mich, ob ich gerade dabei bin, etwas Unangenehmes in mir zu kompensieren oder ob mein Elan einer Neugier folgt.

Die Frage, die man im Start-up Milieu gerne stellt: Was ist für Dich Erfolg?, beantworte ich anders als vor zehn Jahren. Erfolg ist für mich meine eigene

Fähigkeit, dem Leben als Ganzes direkter und offener zu begegnen und meiner Purpose so gut wie möglich zu folgen. Das heißt insbesondere auch, dass ich nicht mehr nur versuche auf der Sonnenseite zu tanzen, sondern auch das, was mir schwerfällt, meine eigenen Ängste und Engen, auch das Leid und die Not anderer Menschen mehr anzuerkennen und in meine Handlungen einzubeziehen.

Wenn ich es auf eine Formel bringen müsste, dann würde ich sagen: Durch die intensive Selbsterfahrung und Beschäftigung mit mystischen Prinzipien, aber auch durch Therapie, Reisen mit Substanzen und immersive Rollenspiele habe ich einen neuen Zugang zu den vier Ebenen meiner Wahrnehmung entwickelt: der körperlichen, emotionalen, intellektuellen und spirituellen. Dadurch, dass ich das, was ich auf diesen Ebenen vorfinde, mehr akzeptiere als früher, zeige ich mich der Welt authentischer. Manchmal, wenn die Ebenen sich synchronisieren und mehr mit einer Stimme sprechen, statt in vielschichtigen Dissonanzen, fühle ich mich innerlich ein großes Stück klarer.

In der Balance zwischen Sicherheit und Selbstausdruck, die ich mehrmals schon erwähnt habe, liegt mein Schwerpunkt weiterhin klar auf Letzterem. Auch wenn meine Sicherheitsbasis mitunter wackelt, ist sie stabil genug, um mich in die Zukunft zu ziehen, bin ich inspiriert Zukunftsthemen aufzugreifen und in der Gesellschaft salonfähiger zu machen. Ich höre oft, dass ich neue, edgy-Themen sehr authentisch verkörpere und mir andere eine gewisse Autorität zubilligen. Ich führe das darauf zurück, dass Zukunft und Innovation Teil meiner Lebensaufgabe sind. Wenn es mir gelingt, neue Themen glaubwürdig zu verkörpern, können andere diese Zukunft auch ein bisschen besser in sich selbst spüren. Wenn dem so ist - und wie bei allem hier beschriebenen bin ich offen dafür, dass es auch ganz anders sein kann -, dann sehe ich meinen Purpose darin, Menschen dabei zu unterstützen, sich mehr der Welt zu öffnen, ihrer eigenen Becoming-Kraft stärker zu vertrauen und dadurch die Welt etwas heller, offener und lebendiger zu machen.

Teil

2

Innenansicht

152

Inhalt

Teil 2

Der Impuls - Reinventing Organizations

Am 6. Mai 2014 schrieb ich an meinen *betterplace* Mitgründer und Kollegen Moritz:

> *Hi Mo,*
> *Dennis hat mir heute dieses Buch empfohlen und ich leite es auch an Dich weiter: http://www.reinventingorganizations.com/.*
> *Ich finde es aus zweierlei Gründen sehr spannend: weil ich Ken Wilber (der das Vorwort geschrieben hat) seit dreißig Jahren lese und das Ganze vor dem Hintergrund meiner spirituellen Forschungen total Sinn macht.*

Ich saß zum Mittagessen beim Thailänder in der Falckensteinstraße, gerade ums Eck von unserem *betterplace* Büro, als Dennis Buchmann, mir von *Reinventing Organizations* von Frédéric Laloux erzählte. Dennis hatte mir bei der Gründung des *betterplace lab* 2010 maßgeblich zur Seite gestanden. Beide waren wir von den Potenzialen digitaler Technologien fasziniert. Dafür hatten wir vier Jahre lang in der ganzen Welt nach wegweisenden digitalen Lösungsansätzen für die großen gesellschaftlichen Herausforderungen gesucht und sie NGOs, Aktivisten und jungen Gründern in Form von Studien, Trendreports und Vorträgen nahegebracht.

Bei diesem Mittagessen diskutierten wir meine Nachfolge. Kurz zuvor hatte ich beschlossen, meinen Chefposten im *betterplace lab* zu räumen. Aus dem Team bot sich niemand als direkte Nachfolgerin an und so überlegten wir, den Job auszuschreiben. Da erzählte mir Dennis, sein australischer Freund Rico sei ganz begeistert von einem neuen Managementbuch. Da Rico, ein Graphiker und Künstler, normalerweise keine Managementbücher las, musste es sich um ein besonderes Buch handeln. Noch am gleichen Nachmittag schickte Dennis mir den Link zum kostenlosen Download von *Reinventing Organi-*

zations. Das gefiel mir schon mal: ein Buch, welches nach dem Prinzip Pay what you want online frei zur Verfügung gestellt wurde und so neue Vergütungsmethoden ausprobierte.

Ich muss die dreihundertfünfzig Seiten noch am gleichen Nachmittag im Eiltempo quergelesen haben, denn wenige Stunden später, um 22:12 Uhr verschickte ich oben zitierte E-Mail an Moritz. Kurz darauf empfahl ich all meinen Kollegen die Lektüre. Falls sie, so wie Dennis und ich, vom Buch begeistert waren, könnten wir versuchen, eine ganz neue Organisationsform im *betterplace lab* auszuprobieren. Eine Struktur, in der wir alle Chefs wären und die anfallenden Aufgaben unter uns selbstorganisiert verteilen würden.

Hat meine persönliche innere Arbeit etwas mit meiner Begeisterung für *Reinventing Organizations* zu tun?

Ich glaube ja. In dem Buch beschreibt Laloux ein Dutzend Unternehmen, die einen radikal anderen Führungsstil verfolgen. Sie zeichnen sich insbesondere durch drei Merkmale aus:

Sie sind menschenzentriert. Mitarbeiter in diesen Unternehmen werden explizit aufgefordert, sich authentisch und mutig, mit ihren Stärken und Schwächen zu zeigen und bekommen den Raum, ihr Potenzial zu entfalten.

Sie haben keine konventionellen Chefs und Manager. Stattdessen ist Führung und Verantwortung selbstorganisiert im ganzen Unternehmen verteilt.

Sie verfolgen einen intuitiven Strategieprozess, von Laloux „evolutionary purpose" genannt. Dieser geht davon aus, dass nicht der EINE Unternehmer weiß, wo seine Firma hingeht, sondern dass alle Mitarbeiter ihre Organisation als einen lebendigen Organismus wahrnehmen können, dessen Eigendynamik und Potenzial von ihnen identifiziert und in der täglichen Arbeit umgesetzt wird.

Noch wenige Jahre zuvor hätten diese drei Prinzipien für mich wenig Sinn ergeben.

Beim Stichwort Menschenzentrierung hätte ich wohlwollend abgewinkt: Natürlich wollte ich dazu beitragen, dass Menschen überall auf der Welt ihre Lebensqualität verbessern konnten. Das war der Impuls sowohl hinter *betterplace.org* als auch dem *betterplace lab* gewesen. Aber ich war zugleich äußerst leistungsbezogen und davon überzeugt, dass ein Unternehmen vor allem dazu da ist, seine selbstgesteckten Erfolgsziele zu erreichen. Erfolg definierte ich so, dass wir bei *betterplace* möglichst effiziente und wirksame digitale Technologien, Plattformen und Produkte entwickelten. Im Zentrum stand unser Output und Outcome - die Anzahl der Transaktionen auf der Plattform, die Downloads unserer Studien, die Klicks auf unsere Programme und deren soziale Wirkung. Klar, mir war es auch wichtig, eine gute Arbeitsatmosphäre zu schaffen, in der

Mitarbeiterinnen sich wohlfühlten sich wohlfühlten. Aber das Ergebnis unserer Arbeit war wichtiger und so nahmen Themen wie Weiterbildung und Potenzialentfaltung eine untergeordnete Rolle ein.

Auch der Selbstorganisation und verteilten Führung hätte ich skeptisch gegenüber gestanden. Konnte das wirklich funktionieren? War das nicht wie in der Schule? Als Teenager hatte ich Gruppenarbeiten immer gemieden: Während ich Gas gab, lehnten sich meine Mitschülerinnen zurück, profitierten aber vom guten Endresultat. Da war es doch viel befriedigender, ein Projekt selbst in die Hand zu nehmen und alleine zu bearbeiten. In meinem beruflichen Leben, den kulturanthropologischen Forschungen und Büchern ebenso wie bei der Gründung von *betterplace.org* 2007 und dem *betterplace lab* 2010, war ich meiner individuellen Gestaltungskraft gefolgt.

Zwar hatte ich alle meine Bücher zu zweit geschrieben und auch *betterplace* war ein Gemeinschaftsprojekt. Dennoch sah ich mich jeweils als weitgehend autonome Impulsgeberin und Macherin. Mein ganzes Erwachsenenleben hatte ich es vermieden, angestellt zu sein oder mich einer Institution unterzuordnen. Ich war bereit, viel und hart zu arbeiten, brauchte aber große Freiheiten. Weitreichende Entscheidungen wollte ich alleine oder in einer kleinen Gruppe von Gleichgesinnten fällen. Auch mit meinen *betterplace*-Mitarbeitern pflegte ich einen offenen und freundschaftlichen Führungsstil. Dennoch war klar, wer die Chefin war.

Schlussendlich „evolutionary purpose"! Ein Unternehmen als „lebender Organismus"? Was für ein schwammiger Begriff - direkt aus dem New Age Wassermann Zeitalter.

Wie kam es dann, dass Begrifflichkeiten und Konzepte, die mir vor wenigen Jahren noch fremd waren, plötzlich einen Sog ausübten, der bewirkte, dass ich nicht nur innerhalb von wenigen Stunden *Reinventing Organizations* las, sondern es auch all meinen Kollegen als Blaupause und Inspiration für unsere eigene Weiterentwicklung empfahl?

Wer dieses Buch bis hierhin gelesen hat, weiß, dass es auf diese Frage keine einfache Antwort gibt. Offensichtlich war es nicht der eine Workshop, die eine Meditation oder Lektüre, die mich für neue Themen und Perspektiven öffnete, sondern ein langer innerer Prozess, in dessen Verlauf ich mich von gewohnten Denkmustern und Wertvorstellungen löste und neue auftauchten.

Die längste Zeit meines Erwachsenenlebens war ich in dem Gerüst dessen, was Max Horkheimer die „instrumentelle Vernunft" nannte, fest verankert. Die instrumentelle Vernunft, entstanden im Tandem mit der Aufklärung und wissenschaftlichen Revolution, erhob Effizienz, Rationalität und Produktivität an die Spitze der gesellschaftlichen Werteskala. Unternehmen sind in diesem Bild Maschinen, denen alle möglichen Ressourcen - von Kapital bis Mitarbeitern - untergeordnet werden, damit sie möglichst reibungslos und leistungsfähig laufen.

Die vielen Schleudergänge der inneren Waschmaschinen, durch die ich in den letzten zehn Jahren gegangen bin, haben dieses Gerüst verschoben. Ich lernte, dass noch mehr Arbeit, Fokus und Effizienz weder meine inneren Spannungen abbaute, noch meine tieferen Bedürfnisse befriedigte. Mein Streben nach Autonomie, öffentlicher Sichtbarkeit und Exzellenz hatte eine gesunde und schöne Seite, kompensierte aber auch meine Ängste und Schatten. So drückte sich in meiner Vorstellung von Unternehmertum als „Dinge maßgeblich alleine vorantreiben" auch meine Angst aus, mich auf andere Menschen wirklich einzulassen. Projekte selbst anzupacken und umzusetzen, versprach mir die (trügerische) Sicherheit, von anderen unabhängig und damit weniger verletzbar zu sein.

Im Zuge meiner Retreats und Kontemplationen war meine Welt größer geworden. Ich sah mich mit ganz neuen Empfindungen und Erfahrungen konfrontiert, die meine alte Box aus Produktivität und Leistung sprengten. Stattdessen nahm ich die Welt jetzt öfter als Bewegung wahr, als ein ständiger Fluss von Entwicklung. In mir tauchte ein neuer Horizont auf, vor dem Visionen wie „menschenzentriertes Arbeiten", „Selbstorganisation" und „evolutionary Purpose" nicht mehr durchgeknallter Hokuspokus, sondern inspirierendes Neuland waren.

Zugleich hatte ich einen anderen wichtigen Schritt gemacht: Ich hatte mehr Vertrauen in meine eigene Urteilskraft gewonnen.

Wenn ich an meine Kindheit denke, taucht in mir das Bild eines Mädchens auf, welches sich immer etwas dem Status Quo entrückt und etwas fehl am Platz ist. Oft nahm ich eine Kluft wahr, zwischen dem, wie die Welt funktionierte und dem, was sich in mir als stimmig und richtig anfühlte. Ob es sich um mein Elternhaus handelte, in dem wichtige Dinge verschwiegen wurden, oder der größeren Gesellschaft, die eklatante Ungerechtigkeiten duldete und als „normal" ansah - meine kindliche Ethik widersprach vielem, was ich über die Gesellschaft lernte.

Ich folgerte daraus, dass die Gesellschaft nun mal so sei und ich mich als Mensch dem System, wenn nicht direkt unterzuordnen hätte, so doch mit ihm arrangieren müsste, um meinen eigenen Platz zu finden. Leben hieß offenbar, immer wieder Kompromisse zu schließen und bestimmte Realitäten auszublenden. Diesen Kompromiss hielt ich über viele Jahre und Jahrzehnte aufrecht, mal mehr, mal weniger. Erst die Arbeit mit Thomas Hübl erlaubte es mir, meinem inneren Kompass neu zu begegnen und der inneren Stimme ernsthaft zuzuhören.

Dies wirkte sich auch auf meine Arbeit bei *betterplace* aus. In den ersten Jahren hatte ich bei Meinungsverschiedenheiten in unserem Gründerteam meist geschmeidig den Weg des geringsten Widerstands gesucht. Statt mich gegen etwas auszusprechen, tendierte ich dazu, meine eigenen Wege zu gehen und mir zum Beispiel im *betterplace lab* unter dem Radar meiner Mitgesellschafter eine Parallelwelt zu bauen. Konflikte empfand ich als bedrohlich und vermied sie soweit es ging.

Doch je mehr ich meinen eigenen Kompass kennenlernte, desto mehr traute ich mich das anzuschauen, was für mich nicht stimmig war.

2013 übernahm ein neuer Vorstandskollege den Platz meines Mitgründers Till. Die Organisation war gewachsen und in unserer Führungsmannschaft trafen zwei inkompatible Vorstellungen aufeinander: Die einen tendierten zu basisdemokratischen Strukturen, Einheitslöhnen und kollektiven Entscheidungen. Die anderen, darunter auch mein neuer Vorstandskollege, sprachen von einer notwendigen "Professionalisierung" und stärkeren hierarchischen Arbeitsteilung. Letztere Fraktion setzte sich durch und die Basisdemokraten verließen enttäuscht das Unternehmen.

Hatte ich mich vorher keinem der beiden Lager besonders verbunden gefühlt (aber auch keinen eigenen Plan), so merkte ich jetzt, wie sehr ich mit der so genannten „professionellen" Unternehmenskultur fremdelte. Das neue Organigramm, für meinen Vorstandskollegen der Inbegriff von Klarheit und Ordnung, erschien mir starr und eng. Innerlich rebellierte ich dagegen, dass der Informationsfluss im Team kontrolliert wurde, hatte ich doch das Bedürfnis, prinzipiell mit sämtlichen Mitarbeitern offen über alle Themen zu sprechen, auch wenn sie in der Hierarchie formal weit unter mir standen. Ich verstand nicht, wieso Mitarbeiter sich nur auf ihre klar definierten Zuständigkeitsbereiche beschränken sollten, statt sich auch bei anderen Fragen einzubringen.

Zwar war mir klar, dass eine wachsende Organisation vorausdenken muss. Zugleich machten unsere langfristigen Planungsrunden für mich wenig Sinn und wurden sowieso unterjährig weitgehend über Bord geworfen. Unsere Geschäftsbereiche waren so dynamisch und veränderten sich so schnell, dass ich mir darauf abgestimmte, flexible Planungsinstrumente wünschte.

Und schlussendlich fühlten sich viele Diskussionen und die darauffolgenden rational empirischen Entscheidungsprozesse steril an. Ich merkte, dass ich Dinge öfters anders sah und mich nach einem Raum für intuitive und experimentelle Entscheidungen sehnte. Mein Bauchgefühl führte zwar oft zu innovativen Projekten, die auch wirtschaftlich erfolgreich waren, aber da ich diese nicht in der Logik meiner Kolleginnen mit Datenpunkten verargumentieren konnte, fühlte ich mich unsicher und alleine gelassen.

Andererseits fragte ich mich, wieso unsere begabten, gut ausgebildeten Mitarbeiter sowohl bei der Plattform als auch im Think Tank nicht selbst coole neue Ideen hervorbrachten, mutige Entscheidungen trafen und Akquise betrieben? Warum waren Teammeetings, in denen ich mich zurückzog, so wenig lebhaft und dynamisch? War es normal, dass der ganze unternehmerische Druck bei einer kleinen Führungsspitze lag?

Wieso trauten sich einige Mitarbeiter nicht, offen ihre Meinung zu sagen und Kritik zu üben, sondern lästerten in der Zigarettenpause auf dem Hof über uns Chefs? Wieso verlangten sie Gehaltserhöhungen, obwohl sie sahen, dass die Unternehmung schon so wirtschaftlich kämpfte und als Non-Profit auch nicht auf Gewinnausschüttung an Shareholder ausgerichtet war, sondern jeden (potenziellen) Gewinn reinvestierte?

Kurz: Ich merkte, dass viele der Grundannahmen des „professionellen" Managements meiner eigenen Intuition widersprachen und auch im Team nicht zu den besten Ergebnissen führten.

Laloux Buch bestätigte mein eigenes Lebensgefühl: Sein Arbeitsmodell fühlte sich frisch und stimmig an. Zudem hatte es sich nicht nur auf dem Papier, sondern auch in der Praxis bewiesen, denn es gab eine ganze Reihe von erfolgreichen Unternehmen, die neue Formen der Führung und Zusammenarbeit schon seit vielen Jahren praktizierten.

Voll eigenem Enthusiasmus war ich davon überzeugt, dass auch meine Mitarbeiter sich für Selbstorganisation begeistern würden. Heute weiß ich, dass es nicht selbstverständlich, sondern ein großer Glücksfall war, dass meine Kolleginnen, allen voran Medje Prahm und Kathleen Ziemann, Stephan Peters und Ben Mason sich ebenfalls von Laloux inspirieren ließen. Ohne sie hätte die Transformation der folgenden Jahre nicht stattfinden können.

Denn es ist das eine, ein inspirierendes Buch zu lesen und etwas ganz anderes, die dort präsentierten Ideen auch umzusetzen. Wenn wir es mit der Selbstorganisation ernst meinten und ich meinen Chefsessel räumen würde, müssten alle meine Aufgaben neu im Team verteilt und viele weitere Fragen beantwortet werden: Wie sollten Entscheidungen gefällt und Konflikte gelöst werden? Wer würde neue Projekte entwickeln, neue Mitarbeiter einstellen und Akquise machen? Wie könnte der Strategie- und Planungsprozess aussehen und wie würden wir zukünftig unsere Gehälter bestimmen?

Die Antworten auf diese und viele andere Fragen sollten nicht von mir, sondern aus dem ganzen Team kommen. Aber wie konnte ich meinen Mitarbeitern ausreichend Platz geben, um ihre eigene Kreativität zu entfalten?

Ich besprach diese Frage mit Lucy Bernholz, Professorin für digital-soziale Innovationen in Stanford und eine meiner großen beruflichen Vorbilder. Ich hatte Lucy im Frühjahr 2014 in San Francisco kennengelernt und sie spontan zu unserem jährlichen *betterplace lab* Sommerretreat nach La Haute Carpenée eingeladen. Ebenso spontan hatte sie zugesagt. So saßen wir jetzt auf dem Dorfplatz des kleinen Städtchens Montauroux und diskutierten die bevorstehende Teamtransformation. Scherzend sagte sie: „So dominant, wie ich Dich in den letzten Tagen kennengelernt habe, musst Du ein dreimonatiges Sabbatical machen, damit das Team freie Fahrt hat, sich selbst neu zu formieren." Damals hatten wir herzlich gelacht. Doch nur einen Monat später trat ich wirklich ein Sabbatical an - allerdings kein freiwilliges. Ende Juli wurde bei mir ein Analkarzinom diagnostiziert und ich verbrachte die nächsten drei Monate mit Bestrahlungen und Chemotherapie. Das *betterplace lab* Team war zwangsweise auf sich alleine gestellt.

Auch wenn die Krankheit im weiteren Prozess eine Rolle spielte, so doch keine große, denn die Entscheidung für eine neue Führungsform war vorher gefallen. Doch indirekt wirkte sich meine Abwesenheit zuerst einmal positiv aus: Das Team und ich machten die Erfahrung, dass ich ersetzbar war. In mir festigte sich der Entschluss, wirklich Platz zu machen und die Umstrukturierung sehr ernsthaft zu verfolgen.

Nachdem der Tumor verschwunden war, traf ich mit dem Team eine Vereinbarung: Fortan würde ich meine Arbeitszeit auf acht Tage im Monat reduzieren.

Meine Kollegen setzten sich in kleinen Arbeitsgruppen zusammen und entwarfen neue Strukturen und Prozesse, die sie anschließend im Gesamtteam diskutierten. Alle Aufgaben, meine ebenso wie die der anderen, wurden neu verteilt. Es gab neue Regeln dafür, wie einzelne Projekte durchgeführt und Mitarbeiter eingestellt werden sollten. Der Vorschlag der Arbeitsgruppe „Gehälter", dass alle Teammitglieder diese zukünftig untereinander aushandeln sollten, wurde angenommen. Vor wichtigen Entscheidungen mussten Mitarbeiterinnen sich von Kollegen beraten lassen. Zentralfunktionen wie Finanzen, Strategie und Kommunikation lagen jetzt in den Händen einzelner „Überblicker". Dies waren normale Teammitglieder, die neben ihren eigenen Projekten jetzt zusätzlich noch den Überblick zu Querschnittsthemen hielten. Überblicker mussten die anfallenden Aufgaben nicht selbst erledigen, sie sorgten jedoch dafür, dass alle Teammitglieder die Themen auf dem Schirm hatten und ihnen die relevanten Informationen gut aufbereitet zur Verfügung standen.

Während des jährlichen Sommerretreats in Frankreich schrieben wir unsere neue Arbeits- und Organisationsform in einer „Verfassung" nieder und stießen mit vielen Gläsern Schnaps, Likör und Wein auf das Grundsatzwerk an. Jetzt war jeder Chef: Santé, vive la *betterplace lab*!

Wir waren davon ausgegangen, dass unser neues Organisationsmodell im Unternehmen eine enorme Energie und Kreativität freisetzen würde. Mitarbeiter hatten jetzt die Freiheit, ja sogar den expliziten Auftrag, außerhalb der Box zu denken und neue Projektideen zu entwickeln. Sie konnten ihren Arbeitsalltag revolutionieren und bei Interesse von Mexiko oder Osnabrück arbeiten.

Aber nichts davon trat ein. Stattdessen empfand ich die Atmosphäre im Büro gedrückt und angespannt. Insbesondere in Teammeetings war es ungewohnt still. Um nicht die dominante Wortführerin zu sein, musste ich meine eigenen Ideen und Beiträge ständig im Zaum halten. Von Funken und Feuerwerk waren wir weit entfernt. Mitarbeiter, die qua ihrer Rollenbeschreibung weitreichende Entscheidungen selbstständig treffen konnten, brachten ihre Themen ins Teammeeting und versuchten einen Konsens unter allen Kollegen herzustellen. Statt an Tempo und Dynamik zu gewinnen, wurden wir langsam und kompliziert.

In *New Work needs Inner Work* und vielen Artikeln haben Bettina und ich diese Phase unserer Teamtransformation detaillierter beschrieben. Hier reicht es festzustellen, dass wir mit einem naiven Verständnis von Veränderung gestartet waren. Wir hatten gedacht, neue Strukturen und Prozesse alleine würden zu einer dynamischen Selbstorganisation führen. Dabei ist Transformation ein umfassender Prozess, der unsere individuellen Fähigkeiten ebenso betrifft wie unsere Haltungen, Bedürfnisse und Wahrnehmungsfilter. Zudem spielt in jedem Unternehmen die Kultur, unsere gemeinsamen Absprachen und meist impliziten Glaubenssätze und Kommunikationsmuster eine entscheidende Rolle.

Wir hatten eine neue äußere Realität geschaffen, konnten diese aber nicht leben. Menschen, die gestern noch Mitarbeiter im Unternehmen waren, hatten plötzlich die volle Verantwortung. Sie mussten den unternehmerischen Druck aushalten, den ich bislang abgefedert hatte. Sie mussten kreativ und innovativ sein, um interessante und sinnvolle Projekte zu entwickeln. Sie mussten aufmerksam und mutig sein, um unterschwellige Spannungen im Team anzusprechen und zu lösen (es gab ja keine Instanz mehr, an die man Konflikte eskalieren konnte). Sie mussten selbstbewusst ihre eigenen Gehaltsvorstellungen vor den Kolleginnen präsentieren. Sie mussten sich gegenseitig offenes Feedback, Kritik und Anerkennung geben.

Um all dies zu können, mussten wir uns selbst verändern. Wir mussten innerlich reifen, um selbstorganisiert arbeiten zu können. New Work needs Inner Work.

Im Nachhinein sehe ich eine interessante Parallele zwischen meinem persönlichen Entwicklungsprozess und dem des *betterplace lab*. In meinem Leben habe ich viele Schritte gemacht, die sich zuerst im Außen manifestiert haben und erst später ein Fundament in meinem Inneren bekamen. Ich zeigte mich oft mutiger, als ich es eigentlich war und folgte dem Motto „Fake it till you make it“, egal ob ich mein erstes Buch schrieb oder *betterplace* mitbegründete. Sehr oft war es mein Mann, der mich aufforderte, über mich hinauszugehen. Er selbst nennt sich scherzhaft „Erster Vorsitzender des Joana Breidenbach Fanklubs“ und sein Vertrauen in mich, aber auch seine Tendenz, selbst weitaus größer zu denken als ich, haben viele meiner Entscheidungen mitgeprägt. Doch im Stillen musste ich feststellen, dass manche Schritte zu groß waren, ich mich unsicher fühlte und Angst hatte zu versagen. Bis ich in meine neuen Rollen hineingewachsen war, musste ich viel Unsicherheit überspielen und Nichtkönnen durch harte Arbeit kompensieren. Das war ziemlich anstrengend.

Auch im *betterplace lab* hatten wir uns selbst überschätzt. In meinem gewohnten Stil hatte ich eine radikale äußere Transformation hin zur Selbstorganisation angestoßen, ohne zu bedenken, dass wir dafür auch neue innere Kompetenzen brauchen würden. Wir hatten eine äußere Blaupause entwickelt, in die wir nun langsam hineinwachsen mussten. Transformationen von außen nach innen sind aber anstrengender und riskanter als solche von innen nach außen. Im Nachhinein wäre es wahrscheinlich besser gewesen, wir hätten zuerst im Team geklärt, wer wir sind und welche Führungsform am besten zu uns passt. Die Richtung war klar: Niemand von uns fühlte sich von Bürokratien oder Konzernstrukturen inspiriert. Aber wenn wir uns selbst ernster genommen hätten (und die innere Dimension von Transformation auf dem Schirm gehabt hätten), wären wir wohl auch nicht in einer radikalen Selbstorganisation gelandet, sondern in einer Struktur, die jedem einzelnen Mitarbeiter etwas mehr Sicherheit gegeben hätte. Doch damals wusste ich all dies noch nicht.

Verunsichert und von Verantwortungsgefühl überwältigt gestanden wir uns ein, dass wir Hilfe brauchten. Wir brauchten eine Prozessbegleitung.

Mein Vorschlag fiel auf Bettina Rollow, meine Freundin aus dem *Timeless Wisdom Training*. Bettina hatte gerade ihren Job bei Volkswagen gekündigt und wollte sich als Organisationsentwicklerin selbstständig machen. Da lag es nahe, sie um Unterstützung zu bitten. Da ich sie dem Team nicht aufdrücken wollte, arrangierte ich ein Treffen, bei dem ich selbst nicht anwesend war. Parallel luden wir noch einen anderen exzellenten Organisationsentwickler ein. Doch das Team entschied sich für Bettina und damit war der Grundstein für die Entwicklung gelegt, die wir in *New Work needs Inner Work* beschreiben.

Inner Work im betterplace lab

In den nun folgenden Monaten und Jahren war es für mich faszinierend zu sehen, wie Bettina innere Kompetenzen, die wir in unserem gemeinsamen Meditations- und Selbsterfahrungstraining erworben hatten, im Arbeitskontext umsetzte.

Anders als bei meinen eigenen Retreats und therapeutischen Interventionen führte ich kein Tagebuch, auf das ich jetzt für O-Töne und Eindrücke zurückgreifen kann. Zudem haben wir den Organisationsentwicklungsprozess an anderer Stelle ausführlich beschrieben. Daher werde ich hier nur auf einige wenige Aspekte eingehen, um ein Gespür für Inner Work im Unternehmenskontext zu vermitteln.

Ähnlich wie im *Timeless Wisdom Training* fing Bettina damit an, die Beziehung jedes einzelnen Mitarbeiters zu sich selbst zu klären (Selbstkontakt und Selbstreflexion). Danach wanderte der Fokus zu unseren Beziehungskompetenzen (Empathie, Feedback, transparente Kommunikation). Zuletzt beschäftigten wir uns mit unserer Fähigkeit, Komplexität zu navigieren und den Überblick über das große Ganze unserer Unternehmung zu halten.

Zu Beginn des ersten Workshops fragt Bettina, wie es jedem Mitarbeiter momentan im *betterplace lab* geht. Das Ergebnis ist entmutigend: Meine Kolleginnen empfinden ihre Arbeit als chaotisch und unkoordiniert. Sie wissen nicht, wer für was zuständig ist und an wen sich sie mit ihren Fragen wenden sollen. Sie sind unsicher, ob sie gute Arbeit machen, empfinden Druck, innovative Projekte zu entwickeln. Woher sollen sie die Motivation nehmen, ohne Inspiration einer Vorgesetzten oder Auftrag eines Kunden? Wie sagen sie einem Kollegen, dass sie mit seiner Arbeit unzufrieden sind? Oder dass eine Kollegin sie nervt und sie nicht gerne mit ihr zusammenarbeiten? Sie trauen sich nicht, ihre Meinung zu sagen, weil sie befürchten, etwas falsch zu machen und blöd da zu stehen.

Aber alleine die Tatsache, dass wir in diesem ersten Workshop diese sonst unausgesprochenen Themen offen legen, schärft die Atmosphäre im Raum. Wir spüren, dass sich etwas bewegt, klarer wird und das gibt uns Zuversicht.

Bettina malt eine liegende Acht auf die Tafel. In die eine Schlaufe schreibt sie "Zugehörigkeit und Stabilität", in die andere "Freiheit und Veränderung". Dann teilt sie uns in Triaden auf. Jedes Teammitglied hat drei Minuten Zeit, um für sich selbst die Balance zwischen Zugehörigkeit und Freiheit am Arbeitsplatz zu beschreiben. Was brauche ich, um mich als Teil dieser Gruppe zu fühlen? Welche Faktoren tragen dazu bei, dass ich mich im Unternehmen gut auf Veränderung einlassen und kreativ werden kann?

Die Ergebnisse, die wir später in der großen Gruppe zusammentragen, sind aufschlussreich. Meine Kollegen beschreiben, was für ihre Stabilität und ihr Sicherheitsgefühl wichtig ist: klare Prozesse und Strukturen, Lob und Anerkennung von Vorgesetzten oder Kunden. Und genau diese äußeren Instrumente haben wir in den letzten Monaten drastisch reduziert oder sogar ganz aufgelöst. Jeder hat zwar deutlich mehr Freiraum für Innovation und Individualität, kann den aber nicht nutzen, weil er sich unsicher und gestresst fühlt. Denn nur wenn wir uns hinreichend sicher fühlen, können wir etwas Neues gestalten. Ansonsten brauchen wir alle unsere Energien dafür, uns selbst zu stabilisieren, unsere inneren Spannungen zu managen.

Auch wenn Hierarchien heutzutage oftmals einen schlechten Ruf haben: Wir sind sie so gewöhnt, dass sie uns „normal" und „natürlich" erscheinen und fehlen, wenn sie wegfallen. Unser Leben ist von hierarchischen Beziehungen geprägt: Als Baby und Kleinkind sind wir abhängig von unseren Eltern. In der Schule ebenso wie in der Ausbildung und der Unternehmenswelt bestimmen Hierarchien unseren Platz in der Gruppe. So kommt es, dass wir Anweisungen, Lob und Kritik von einem Vorgesetzten normal finden. Kritisiert oder lobt uns jedoch eine gleichgestellte Kollegin, fühlt sich dies leicht übergriffig an oder wird nicht so ernst genommen. Was nimmt sie sich heraus, mich zu kritisieren? Ist ihr Lob etwas wert?

Mithilfe einer kleinen Übung haben wir nicht nur mehr über uns selbst und unsere Kolleginnen gelernt als in den Jahren der Zusammenarbeit davor, wir haben auch ein wichtiges Prinzip von Führung und Zusammenarbeit entdeckt:

Wenn wir in Folge eines Change-Prozesses Strukturen und damit Sicherheit auflösen, müssen wir Strukturen und Sicherheit an anderer Stelle aufbauen. Da wir sie im Außen nicht mehr wollen, bleibt nur das Innere.

Aber was ist innen? Bettina zeigt uns das Vier-Quadranten-Modell von Ken Wilber, um verschiedene Ebenen von Realität zu veranschaulichen. Anhand des Modells erforschen wir unsere Organisation. Wir haben viele neue flexible Prozesse und Strukturen im Außen gebaut und dabei nicht bedacht, dass diese von uns auch neue innere Kompetenzen brauchen.

Der Fokus auf äußere Strukturen ist in unserer Unternehmenswelt normal. Unter professioneller Arbeit verstehen wir meist einen sachlichen Austausch in Bezug auf Ziele und Fakten. Möchte ich andere Ebenen einbeziehen, beispielsweise mein Bauchgefühl, Bedürfnisse oder Interessen, geschweige denn Gefühle wie Scham, Angst oder Wut, gilt das als unprofessionell.

Aber genau diese Aspekte sollen wir laut Bettina aktiv nutzen. Denn ohne starre Strukturen und Prozesse, anhand derer wir unsere Arbeit organisieren, brauchen wir ein anderes Fundament: Vertrauen ineinander, Wissen über unsere individuellen Bedürfnisse, Kompetenzen und Interessen sowie die der Kollegen. Klare und offene Kommunikation, die nicht davor zurückschreckt auch Irritationen und Konflikte anzusprechen. Die Fähigkeit, komplexe Zusammenhänge zu überblicken und verantwortungsvolle, mutige Entscheidungen zu treffen.

Diese für selbstorganisierte Teams notwendigen Qualitäten werden wir erst im Laufe der Teamtransformation nach und nach kennenlernen. Gleich zu Beginn war meinen Kollegen aber klar, dass sie mehr aus sich selbst herauskommen, sich stärker in das Unternehmen einbringen müssten, als sie es als normale Mitarbeiter gewohnt waren.

Dazu waren alle, inspiriert von Laloux Vision "als ganzer Mensch" im Unternehmen aufzutauchen, auch bereit. Wir teilten die Einschätzung des Entwicklungspsychologen Robert Kegan, dass wir alle am Arbeitsplatz einen zweiten, unbezahlten Job machen: uns voreinander zu verstecken. Dieses Verstecken kostete Kraft, die wir lieber konstruktiv woanders einsetzen wollten.

Aber was bedeutet es, als "ganzer Mensch" präsent zu sein? War das nicht genauso, als würde man einem verkrampften Freund sagen, er solle sich doch einfach mal entspannen?

Jeder Mitarbeiter hatte seine über Jahrzehnte gewachsene Persönlichkeit, seinen ganz individuellen Habitus, sich selbst wahrzunehmen und sich anderen zu zeigen. Manche waren emotional offen, andere schützten sich mehr. Manche hatten einen guten Zugang zu ihrem Innenleben, andere orientierten sich sehr an äußeren Maßstäben. So wie wir jeweils waren, fühlte es sich für uns „normal" an - und auch wenn wir uns alle nach mehr Vertrauen, Nähe und Authentizität sehnten, hätten wir nicht gewusst, wie wir dies auf Knopfdruck herstellen sollten. Dies sollte für jeden Einzelnen ein langjähriger Entwicklungsprozess werden.

Über Jahre der Selbsterfahrung und spirituellen Praxis hatte sich mein Selbstgefühl und Wahrnehmungsschwerpunkt immer mehr von außen nach innen verlegt. Zu Beginn nahm ich vor allem die Welt draußen wahr. Mich selbst betrachtete ich ebenfalls durch den Filter äußerer gesellschaftlicher Kriterien. Mein inneres Ringen, meine Spannungen und Ängste, aber auch meine Freuden und Erfolgserlebnisse hatten viel damit zu tun, äußeren Anforderungen und meinen eigenen, teils plakativen Vorstellungen von einem gelungenen Leben gerecht zu werden.

Durch die spirituelle Arbeit verlagerte sich meine Wahrnehmung immer mehr auf mein Innenleben. Zuvor hatte ich meinen Gefühlen, Gedanken, Bedürfnissen und Interessen für sich alleine genommen wenig Gewicht und Raum gegeben. Je mehr Aufmerksamkeit ich ihnen widmete, desto mehr konnten sie sich entfalten und in ihrer ganzen Komplexität zeigen. Der Schwerpunkt meiner Wahrnehmung veränderte sich. War ich vorher viel im Außen, bezog ich jetzt viel mehr von meinem Innenleben ein und versuchte, aus diesem inneren Kontakt meine äußere Welt zu gestalten.

Um dieses Innen greifbar und besprechbar zu machen, nutzte Bettina im Workshop das bekannte psychologische Modell des Eisbergs. Oberhalb der Wasseroberfläche ist unser sichtbares Verhalten. Darunter und nur für uns selbst zugänglich, sind unsere Gedanken und Gefühle, Werte, Interessen und Bedürfnisse.

Bettina bat uns, an eine Konfliktsituation aus den letzten Wochen zu denken und ein paar Fragen zu beantworten: Welche Gedanken gehen mir in dieser Situation durch den Kopf? Welche Gefühle empfinde ich dabei? Was spüre ich in meinem Körper? Was ist mir in dieser Situation wirklich wichtig? Und schlussendlich: Welche tieferen Bedürfnisse und Interessen habe ich, die in dieser Konfliktsituation missachtet wurden?

Der Eisberg gab uns die Möglichkeit, unser eigenes Verhalten differenzierter zu verstehen. Das, was ich auf meiner Inner Work Reise erfahren hatte, eröffnete sich auch meinen Kollegen: ein neuer Raum der Selbst- und Fremdwahrnehmung. Sie verstanden sich selbst und ihre eigenen Gefühlsreaktionen und Verhaltensmuster besser und gewannen zugleich mehr Verständnis für ihre Kollegen. Diese Workshops waren voller tiefer menschlicher Einsichten.

Ah, deshalb spricht meine Kollegin so schnell und bringt ihre Sätze selten zu Ende! Sie ist sich ihres eigenen Beitrags nicht sicher und versucht deshalb einerseits ganz viele Inhalte zu präsentieren, möchte aber zugleich möglichst wenig von unserer Zeit in Anspruch nehmen.

Ah, deshalb reagiert mein Kollege abweisend, wenn ich ihm meine Hilfe anbiete. Er möchte seine Aufgabe von Anfang bis Ende selbst erledigen, denn er befürchtet, dass ich ihn einengen und den Prozess verlangsamen könnte. Als Kind hat er immer wieder die Erfahrung gemacht, dass er sich auf niemanden verlassen kann - und jetzt braucht er seine Autonomie, um sich sicher zu fühlen.

Ah, meine Kollegin reagiert auf meine Bitte, mir zu helfen so kurz angebunden, weil sie Angst hat, dass ich ihr zu viel abverlange und sie von ihrer eigenen Arbeit abhalte. Ihre Mutter hat sie ständig eingespannt, um den behinderten Bruder zu versorgen und sie kann sich nicht abgrenzen. Wenn sie erst mal den kleinen Finger reicht, dann, so ihre Lebenserfahrung, greift man nach ihrer ganzen Hand.

Innerhalb kurzer Zeit legten wir einen ganzen Strauß impliziter Grundannahmen und Glaubenssätze offen. Das war hilfreich für jeden Einzelnen, denn die wenigsten von uns hatten sich bislang über ihre inneren Psychodynamiken so viele Gedanken gemacht. Es war aber auch hilfreich für unser Verständnis voneinander. Denn wir sahen, wie oft wir projizierten und an der Realität vorbeischossen. Wir lernten, an welchen Stellen wir uns gegenseitig triggerten, nicht weil wir auf der Sachebene unterschiedlicher Meinung waren, sondern weil inkompatible innere Muster, die nichts mit der Arbeit zu tun hatten, aufeinandertrafen. Sobald wir diese geklärt hatten, verloren sie meist an Sprengkraft und die Zusammenarbeit auf der Sachebene konnte konstruktiv weiter gehen.

Je mehr wir von uns mitteilten, desto stärker wuchs unser Vertrauen und der Spielraum des Sagbaren. Dabei halfen uns bestimmte Rituale, die wir fest in unseren Arbeitsalltag einbauten. Denn Inner Work, Selbstreflexion und transparente Kommunikation sind wie ein Muskel, den man trainieren kann und muss.

Meetings beginnen wir mit einem kurzen Check-in. Wie geht es mir jetzt, gerade in diesem Augenblick, und was ist mir für unser Meeting wichtig? Wir achten darauf, diese Frage nicht mechanisch mit „gut" zu beantworten, sondern geben jedem Zeit in sich nachzuspüren, wo er oder sie steht. Auf diese Weise schaffen wir eine offene und vertrauensvolle Atmosphäre als Boden für den folgenden fachlichen Austausch. Wir beschließen Meetings ebenfalls mit einem kurzen Check-out. Dies erlaubt es uns, das Treffen energetisch sauber abzuschließen und uns auf die nächste Aufgabe zu konzentrieren, ohne dass Reste aus dem vergangenen Meeting hinüberschwappen.

In der Agenda des wöchentlichen Teammeetings führten wir einen Slot „Was ich nicht mehr schaffe und wo ich Unterstützung brauche" ein. Damit signalisieren wir uns gegenseitig, dass nicht immer alles klappen muss. Das wir alle irgendwann an die Grenzen unserer Kapazität und Kompetenz geraten und andere um Hilfe bitten würden. Dies ermutigt uns, selbstverständlicher mit Fehlern und Scheitern umzugehen.

Inspiriert von den Workshops mit Bettina fingen manche Teammitglieder an, sich für kontemplative Techniken wie MBSR, Tai-Chi oder Meditation zu interessieren. Zwei machten das *Timeless Wisdom Training*. Dadurch erhöhte sich unsere Fähigkeit zum Selbstkontakt und zur Selbstreflexion nochmals signifikant.

In der Meditation richten wir unsere ganze Aufmerksamkeit auf unser Inneres und lernen, Gedanken, Gefühle und Körperempfindungen präzise zu beobachten. Je mehr wir den ständigen Fluss dessen, was sich vor unserer inneren Leinwand abspielt, beobachten können, desto besser lernen wir uns kennen. Wenn das gestrige Gespräch mit meinem Kollegen noch immer in mir wirkt und meine Gedanken unablässig darum kreisen, ist das eine interessante Information, der ich nachgehen kann. Welchen wunden Punkt hat er in mir berührt? Welche meiner Bedürfnisse und Interessen wurden verletzt? Durch Fragen wie diese - die ich erstmal in mir selbst kläre - lasse ich mich näher auf mich selbst ein, erforsche meine eigenen Dynamiken und verletzbaren Seiten. Vielleicht komme ich aber auch zu dem Schluss, dass der Kollege wirklich eine Grenze überschritten hat und ich das Thema mit ihm klären muss. Ich lerne also präziser zu unterscheiden zwischen den Konflikten und Spannungen, um die ich mich selbst kümmern muss (beispielsweise weil ich etwas auf den anderen projiziere), und anderen Situationen, wo ein Konflikt wirklich ins Team gehört oder mit der Kollegin bearbeitet werden muss. In der Meditation lerne ich also eine Distanz zu meinen eigenen Empfindungen aufzubauen, die mir die Freiheit gibt, zu wählen, statt nur reaktiv zu handeln.

Ohne feste Chefs und Manager vereinbarten wir regelmäßige gegenseitige Feedbacks. Am Anfang waren die meist sehr mental: Wir sagten, was uns gut am anderen gefiel, wo wir uns etwas anderes wünschten und wo wir ein besonderes Potenzial sahen. Mit der Zeit bezogen wir mehr Wahrnehmungsebenen ein und teilten - wenn relevant - auch miteinander, wie wir emotional und körperlich auf die Feedbacks reagierten.

Mehr Informationen einzubeziehen erwies sich als Game Changer und half uns, viel emphatischer miteinander umzugehen. Wenn ich Dir ein kritisches Feedback gebe und Du die Erlaubnis hast, Dich ganz zu zeigen, können wir authentisch miteinander in Beziehung stehen. Es ermöglicht uns, klar und auch kritisch zu kommunizieren und dennoch den Beziehungsraum stabil zu halten. Dies war für mich im TWT eine krasse neue Erfahrung gewesen, hatte ich als Kind doch erfahren, dass Kritik mit einem (temporären) Abbruch der Beziehung einherging. Meine Kollegen lernten nun das Gleiche wie ich zuvor: Es war möglich, aufeinander bezogen zu sein und zugleich klar und ehrlich seine Meinung zu sagen.

Das sieht zum Beispiel so aus: Meine Kollegin sagt mir, dass der Text, den ich für ihre Studie geschrieben habe, nicht ihren Erwartungen entspricht. Die Argumentation sei unsauber und der Text wirke auf sie lieblos verfasst. Instinktiv löst diese Kritik bei mir Widerstand aus. Nun kann ich einfach verbal dagegen argumentieren und patzig sagen: „Also ich finde den Text sehr gut." Oder ich kann mich verletzt zurückziehen und die Kollegin besänftigen, indem ich den Text nochmals neu schreibe. Beides sind keine besonders befriedigenden Optionen.

Mit unseren neuen Kommunikationswerkzeugen ausgestattet, konnte ich meine Kollegin erstmal an meiner Reaktion teilhaben lassen und zum Beispiel sagen: „Ich fühle mich gerade etwas überwältigt und unwohl. Meine Gedanken sind unklar und ich schwanke zwischen dem Wunsch mich zu rechtfertigen und Dir alles recht zu machen." Diese Darstellung ermöglicht es meiner Kollegin, an meinem Innenleben teilzunehmen und sich in mich hineinzuversetzen. Auf dieser Basis kann sie sich ebenfalls klarer ausdrücken und mir beispielsweise vergewissern, dass sie nicht grundsätzlich an meinen Fähigkeiten zweifelt und total versteht, dass dieser Moment mich verunsichert und verwirrt. Damit gibt sie mir die notwendige Sicherheit zurück, um mir ihre Kritik im Detail anzuhören und kreativ zu werden. Vielleicht verabreden wir uns, den Text gemeinsam durchzugehen, um ihn konkret zu verbessern.

Indem wir lernten, unterschiedliche Meinungen nicht als Angriff auf die ganze Person zu deuten, sondern zwischen der Beziehungs- und Sachebene zu unterscheiden, konnten wir viel offener über unerfüllte Erwartungen und Konflikte sprechen.

Kompetenzbasierte Hierarchien brauchen diese Klarheit. Unsere Organisationsform lehnt nicht Hierarchien als solche ab. Stattdessen bauen wir immer wieder temporäre Hierarchien, bei denen jeweils die Mitarbeiter Führung übernehmen, die für die Aufgabe die meisten Informationen und höchste Kompetenz haben. Kapazität und Interesse spielen bei der Vergabe ebenfalls eine wichtige Rolle. Je nach Projektgröße schließen sich weitere Mitarbeiter dem Team an, wobei Führung und Entscheidungsgewalt klar beim Team Lead liegt. Sobald die Aufgabe erledigt ist, zerfällt die Hierarchie und setzt sich für die nächste Aufgabe in anderer Konstellation wieder zusammen. So ist es gang und gäbe, dass ich mich manchmal im Lead und manchmal in einer untergeordneten Position wiederfinde.

Kompetenzbasierte Hierarchien sind hervorragend geeignet, um effizient und qualitätsvoll, fluide und agil miteinander zu arbeiten. Sie erfordern jedoch eine offene und klare Verständigung darüber, wer im Team welche Kompetenzen hat. Denn Fremd- und Selbstbild unterscheiden sich immer wieder voneinander. Jedes Mitglied eines selbstorganisierten Teams muss darauf achten, dass die richtigen Personen auf den für sie passenden Plätzen sitzen. Bewirbt sich eine Kollegin um den Lead in einem neuen Projekt und ich habe Zweifel an ihrer Fähigkeit, die Rolle auszuführen, muss ich meine Bedenken in der Gruppe und ihr gegenüber ansprechen. Denn in einer Selbstorganisation gibt es keine Chefin, die das Team vor Fehlern bewahrt. Das Kollektiv und damit jeder Einzelne ist dafür verantwortlich, dass die Arbeit so gut wie möglich verteilt und ausgeführt wird.

Mitarbeiter dürfen sich also nicht „wegducken", wenn sie sehen, dass ein Projektteam falsch zusammengestellt ist. Sie können nicht hoffen, jemand anders würde das Problem lösen, sondern jeder ist verpflichtet, seine Wahrnehmung selbstbewusst zu teilen. Dafür braucht es gleich mehrere innere Kompetenzen: Ich muss meine eigenen Fähigkeiten kennen und wissen, was mich motiviert und welche Projekte mich reizen. Ich brauche das Selbstbewusstsein, Verantwortung anzunehmen und Kollegen zu widersprechen, die mir ungeeignet erscheinen.

Gerade im deutschen Unternehmenskontext beobachte ich immer wieder, wie schwer es Menschen fällt, den Mut aufzubringen, um sich in diesen ganzen Dimensionen - Ich will! Ich kann! Ich will nicht! Du kannst nicht! - zu zeigen.

Wenn ich diese Entwicklung als Lernschritte für das ganze Team beschreibe, dann beziehe ich mich ein. Im *betterplace lab* wandte ich viele der Prinzipien und Fähigkeiten, die ich in meinen Inner Work Trainings erworben hatte, in der Praxis an. Immer wieder musste ich aus meiner Komfortzone raus, um Konflikte direkt anzusprechen. Ich lernte neu zuzuhören und mich selbst zurückzunehmen. Ich hatte viel Verantwortung abgegeben und lernte darauf zu vertrauen, dass die Unternehmung auch ohne mich florierte.

Loslassen

Was steckte hinter diesem Schritt? Ich werde gerade von Führungspersonen oft gefragt, ob es mir schwergefallen ist, Macht und Verantwortung loszulassen.

Schon mal vorneweg: Ich war und bin eine fleißige Arbeitsbiene. Außenstehende sind von meiner unermüdlichen Arbeitsenergie oft beeindruckt bis erschlagen. Ich selbst fühle mich jedoch selten ausgelaugt, sondern belebt. In meinem ganzen Berufsleben gab es nur wenige Tage, an denen ich mich zur Arbeit zwingen musste.

Das hat viel damit zu tun, dass meine Arbeit mir meist sinnvoll erschien und zu meinen Fähigkeiten passte. Diese Freiheit fußt auf einem großen Privileg: Ich war mein Leben lang ausreichend materiell abgesichert. Meine Eltern finanzierten mein Studium inklusive der Promotion und als ich als junge Mutter anfing, Bücher zu schreiben, bestritt mein Mann Stephan den größten Teil unseres Lebensunterhalts. Dies gab mir die Freiheit, sehr selbstbestimmt zu arbeiten und nur die Projekte anzunehmen, die ich wirklich machen wollte.

Und dennoch, ich habe es schon oft erwähnt, hatte mein Arbeitseifer auch eine zwanghafte Seite. Mein hohes Aktivitätsniveau hielt unangenehme Gefühle, Ängste und Spannungen schön unterhalb der Oberfläche. Entspannen, fallenlassen, ausatmen und nichts tun fielen mir schwer, denn sobald ich etwas zur Ruhe kam, rührte sich in meinem Unterbewusstsein irgendetwas Unangenehmes und noch bevor ich es wirklich spüren konnte, war ich schon aufgesprungen und machte die Wäsche, las einen Artikel, schrieb einen Blogpost.

Je mehr ich diesen Mechanismus beobachtete, desto allgegenwärtiger war er. Wenn eine E-Mail eintraf, wollte ich sie gleich beantworten, insbesondere wenn es sich um ein unangenehmes, potenziell konfliktreiches Thema handelte. Gab ich dem Impuls nicht nach, konnte ich die Spannung beobachten, die sich in mir aufbaute und die nach Erlösung - sprich nach dem Schreiben einer Antwortmail - schrie. Früher hatte ich diese Spannung gar nicht bemerkt, sondern es „einfach praktisch“ und „effizient“ gefunden, die eingetroffene Mail umgehend zu beantworten. Mit der Zeit wurden mir diese Mechanismen immer bewusster, so dass ich streckenweise den Eindruck gewann, ein psychisches Wrack zu sein, für das Arbeit eine überlebenswichtige Krücke ist.

Der Mechanismus war nicht leicht zu durchbrechen. Dass ich ihn nun kannte und bewusster beobachten konnte, war ein erster Schritt. Dazu kam, dass ich während der "heldenhaften" Psilocybin-Reise eine Erfahrung gemacht hatte, die mir beim Loslassen zur Seite stand. Vielleicht erinnert ihr euch: Während der Reise schaute ich aus 1.000 Jahren Entfernung auf *betterplace* und sah, was für ein kleines Funzelchen es war. Ja, da gab es mal etwas, das hieß *betterplace* und es hatte in Deutschland im frühen 21. Jahrhundert ein paar gute Impulse gesetzt. Aber die waren wie ein Funken, der für eine Sekunde aufleuchtet und damit einen klitzekleinen Beitrag zur Erleuchtung der Welt leistet. Verwundert hatte ich mich damals gefragt, wie diese Arbeit vor dem Horizont der Weltgeschichte so viel meiner Lebenszeit in Anspruch nehmen konnte und mir so ungemein wichtig erschien.

War ich vorher stark mit meiner Arbeit identifiziert, gewann ich durch dieses Erlebnis eine neue Perspektive: Was auch immer ich mache, ich werde die Welt nicht retten. Mein Beitrag wird nie „fertig“ sein und das Schönste, was mir in meiner Lebenszeit gelingen kann, ist es, einen Impuls zu senden, der weitere Kreise zieht. Ich kann einen positiven Beitrag leisten, ich kann meine Lebensenergie für Themen und Perspektiven einsetzen, die sich stimmig und wichtig anfühlen und die vielleicht auch andere Menschen dazu inspirieren, Ähnliches zu tun. Denn letztendlich liegt es an ganz vielen von uns, in welche Richtung sich unser Gemeinwesen, unsere Politik und Wirtschaft entwickeln. Mein Beitrag kann jedoch immer nur so gut sein wie ich selbst. Eine zu schräge Balance zwischen Machen und Sein schadet allen, mir selbst, meiner Familie und Freunden und meiner Mission in der Welt.

Um eine bessere Balance hinzubekommen, entwickelte ich bewusste Strategien. In meiner Erfahrung reichen gute Vorsätze nicht aus: Die Via Activa nimmt sich automatisch sehr viel Platz, während die Via Contemplativa wie ein zartes Pflänzchen geschützt werden muss. Also blockte ich in meinem Kalender regelmäßige Slots für Neues: Ich ging mitten am Tag in Ausstellungen, machte Spaziergänge durch abgelegene Stadtviertel, testete Boxen, Barré und Crossfit, trat dem Frauen-Ruder-Club Wannsee bei und nahm mir bewusst mehr Zeit für Freunde. Hielt ich einen Vortrag in auswärtigen Städten, hängte ich einen Tag dran und erkundete Wittenberg, Basel oder New Haven. Statt jeweils die Neuerscheinungen meiner Lieblingsautorinnen wie Annie Ernaux oder Siri Hustvedt zu lesen, griff ich ganz bewusst zu Büchern über Gravitationswellen oder

Richard Wagner. Einmal (bevor mich die Flugscham ergriff) flog ich extra für einen Tag nach London, um mir Manets *Die Erschießung Kaiser Maximilians von Mexiko* im Original anzuschauen. Kurz zuvor hatte ich Hisham Matars Buch *The Return* gelesen, in dem der Autor sich stundenlang vor dieses Bild setzt und dem Schicksal seines im Libanon gefangen gehaltenen Vaters gedenkt. Mich hatte dieses Bild (im doppelten Sinne) so fasziniert, dass ich unbedingt in die National Gallery wollte, einem Ort, dem ich mich seit meiner englischen Internatszeit verbunden fühle. Wenn ich jetzt im Corona Lockdown an diesen Ausflug denke, liegt er in einem anderen Zeitalter.

Die anfangs etwas mechanischen Strategien, meine langjährigen Routinen und Vorlieben ganz bewusst aufzuweichen, entwickelten mit den Monaten eine eigene Magie. Mir wurde bewusst, wie tief ich in meinen eigenen Routinen verstrickt war und wie viel Welt und Leben es jenseits dieser für mich zu entdecken gab, wenn ich spontanen Launen und Interessen einfach folgte. "Wenn Energie fließt", so hatte Thomas oft gesagt, "braucht sie keinen Stress als weiteren Antreiber. Loslassen fördert Deine authentische Bewegung."

Ich wechselte vom *betterplace* Vorstand in den Aufsichtsrat und übernahm im *betterplace lab* einige wenige, klar fokussierte Tätigkeiten; ich pflegte Kontakte zu unseren Partnern und Kunden, von denen viele mittlerweile Freunde geworden waren. Ich verfolgte einzelne Zukunftsthemen, die langfristig auch für das *betterplace lab* relevant waren und große Aufträge einbrachten. Darüber hinaus stand ich meinen Kollegen für Sparring und als Mentorin zur Verfügung.

Zu diesem Engagement kamen noch zwei weitere dazu. Jedes Jahr lud ich das gesamte Team in unseren Weiler La Haute Carpenée in Südfrankreich ein und tauchte dort während einer Woche wieder tief in die gemeinsame Arbeit ein. Zum anderen gab es ein lab-Projekt, das mich so inspirierte, dass ich auch in den Folgejahren daran teilnahm.

2014 hatte ich das *Lab Around The World*, eine auf mehrere Jahre angelegte Reihe von Forschungsaufenthalten, ins Leben gerufen. Im Rahmen dieser Serie konnte jedes Teammitglied einen Monat in einem frei gewählten Land die dortige digital-soziale Innovationsszene erforschen. 2014 war ich in China gewesen und hatte es sehr genossen, lokale Digitalunternehmerinnen, Aktivisten und NGOs kennenzulernen. Die Reise erinnerte mich an meine besten anthropologischen Zeiten und so nahm ich auch in den folgenden Jahren als Teammitglied am *Lab around the World* teil. 2015 verbrachte ich einen Monat in Ägypten. 2016 studierten mein Kollege Ben Mason und ich die Nutzung digitaler Technologien auf der Flüchtlingsroute in Athen und Lesbos. 2017 wiederum reiste ich nach Indien, um mehr über die eklatante Kluft zwischen Männern und Frauen in der Digitalisierung zu lernen.

Mein „Loslassen“ war also ein schrittweiser Prozess, dessen Takt maßgeblich auch von der Fähigkeit meiner Kollegen bestimmt wurde, das Unternehmen eigenständig zu leiten. In den ersten Jahren gab es immer eine Person im Team, die unter ihren Kolleginnen herausragte und einen Teil meiner alten Aufgaben übernahm. Doch diese Kolleginnen, Medje Prahm und später Carolin Silbernagl, waren trotz ihrer „Chefinnen-Qualitäten“ so von dem Modell der Selbstorganisation überzeugt, dass sie zwar einzelne wichtige Funktionen übernahmen und der Organisation halfen, sich insgesamt orientiert und sicher zu fühlen, zugleich aber sehr darauf achteten, dass die kompetenzbasierte Hierarchie gelebt wurde und alle Mitarbeiter darin einen Platz hatten.

Zu Beginn der Transformation hatte ich noch das Bedürfnis, bestimmte Arbeiten zu kontrollieren und wichtige Aufgaben selbst zu erledigen. Zwar nahm ich meine Kolleginnen jetzt routinemäßig zu Treffen mit potenziellen Partnern und Förderern mit, um sie dort einzuführen. Einmal dort angekommen fiel es mir aber schwer, die Unterhaltung und den Salespitch ihnen zu überlassen. Dies änderte sich jedoch mit der Zeit und heutzutage halte ich mich, wenn überhaupt noch anwesend, weit im Hintergrund.

Innerlich hatte ich anfangs noch viele Aufgaben auf dem Schirm: Würde das Team zum Jahresende unseren Partnern einen „labbigen“ Weihnachtsgruß schicken? Nein, sie vergaßen es und ich setzte mich am 31. Dezember daran, eine Dankes-E-Mail zu verfassen. Verfolgten sie den interessanten Lead zu einer Stiftung, den ich in Slack gepostet hatte? Hatten sie die Diskussionen rund um Deep Fakes und Crypto Fundraising auf dem Schirm, die für unsere Trendforschung relevant waren?

Es gab einige Themen, die ich relevant fand, aber vom Team nicht aufgegriffen wurden. An diesem Punkt hätte ich mich etwas beleidigt und frustriert zurückziehen können. Dass ich das nicht machte, lag daran, dass meine Kolleginnen andere Themen und Netzwerke anschleppten, die sie interessierten. Ich musste lernen, dass sich das Unternehmen ohne mich anders entfaltete, nämlich entlang der Neugier und den Kompetenzen der aktuellen Mitarbeiter.

Mit der Zeit wuchsen immer mehr Teammitglieder in ihre neuen Verantwortlichkeiten hinein und damit veränderte sich meine Rolle nochmals. Ganz konkret erinnere ich mich an ein wöchentliches Teammeeting, es war irgendwann im Jahre 2018, bei dem wir ein paar heikle Themen rund um unsere Finanzplanung besprachen. Irgendetwas war anders als sonst. Was genau war das? Im nächsten Augenblick wusste ich es: Ich war völlig entspannt und gelassen, trotz der realen finanziellen Bedrohung und angespannten Stimmung!

Ich spürte kein Bedürfnis, mich groß in die Diskussion einzubringen und die Problemlösung an mich zu reißen. Ein halbes Jahr zuvor wäre dies noch anders gewesen, jetzt aber hatte ich volles Vertrauen in dieses Team, die Krise selbst zu lösen, denn es war offensichtlich, dass sie die Komplexität selbst halten konnten. Mein Körper hatte es vor meinem Verstand bemerkt und dieser Tag ist für mich seitdem ein wichtiger Meilenstein innerhalb unserer radikalen Transformation.

Das Gefühl, anderen Menschen, die nicht die gleichen Kompetenzen und Perspektiven haben wie ich, dennoch vertrauen zu können, führe ich auf meine Erfahrungen im *Timeless Wisdom Training* zurück. Dort hatte ich gelernt, dass mein impliziter Glaubenssatz „Wenn ich es nicht mache, wird nichts geschehen" falsch war. Der Erfolg des *betterplace lab* wies in die gleiche Richtung: Seit Start des Team Transformers hatten meine Mitarbeiterinnen das Unternehmen nicht nur zusammengehalten, sondern neue Projekte entwickelt und das Team verdoppelt. Mein Kontrollverhalten hatte mit der realen Unternehmung weniger zu tun als mit meinem eigenen Bedürfnis nach Sicherheit.

Je mehr ich losließ und mich selbst als Teil einer viel größeren Bewegung erlebte, desto weniger sah ich „meine" Leistungen als maßgeblich „meinen" Verdienst an. In *The Tyranny of Merit* (2020) beschreibt der amerikanische Philosoph Michael Sandel den Irrglauben gesellschaftlicher Leistungsträger, sie hätten ihr Geld und ihre Anerkennung in irgendeiner Form alleine „verdient". Zwar tragen ihre persönlichen Leistungen zu ihrem materiellen Wohlstand und ihrer gesellschaftlichen Stellung bei. Aber diese sind nur vor dem viel größeren Hintergrund von Glück und Gnade denkbar, Faktoren, die jenseits unserer persönlichen Einflussnahme liegen.

Ich hatte das Glück, in ein Land und in eine Zeit hineingeboren zu sein, in der ich nicht ums nackte Überleben kämpfen musste. Meinen Genen und meinem Elternhaus verdanke ich bestimmte Fähigkeiten und eine Ausbildung, die zufällig im späten 20. und frühen 21. Jahrhundert gesellschaftlich wertgeschätzt werden.

Loslassen fiel mir aber vor allem deshalb nicht so schwer, weil ich begriffen hatte, dass das, was ich wirklich im Leben wollte, nicht mit noch mehr Arbeit zu erreichen war. Ich sehnte mich nach mehr Vielfalt und größerer Lebendigkeit. Dafür erschien es mir notwendig, meinem Inner Work mehr Raum einzuräumen. Das bedeutet nicht, dass ich mich ins Kloster oder auf die Couch zurückgezogen habe. Wenn ich mit meiner Arbeit einen sinnvollen Beitrag leisten kann, bin ich sehr froh. Aber noch ein paar Schippen mehr Aktivität führen dazu, dass ich in meinem Adrenalin-High andere Stimmungen und Facetten des Lebens nicht mehr richtig spüre. Und das möchte ich nicht mehr.

Umgang mit Komplexität

Nochmals zurück zum Team Transformer.

Nachdem wir mit Bettina sowohl unsere individuellen als auch unsere Wir-Kompetenzen ausreichend entwickelt hatten, machten wir uns an den dritten Komplex, den wir Feldkompetenzen nannten.

Es gab einen Bereich, in dem ich meinen Kollegen noch längere Zeit nicht so viel zutraute wie mir selbst. Und der hatte damit zu tun, wie sie das große Ganze unserer Unternehmung auf dem Schirm hatten und wie sie mit Komplexität umgehen konnten.

Meine eigene Rolle sah ich immer noch darin, für das Team einen bestimmten Inspirationshorizont zu halten, indem ich Themen mitbrachte, die mit unseren aktuellen Arbeitsfeldern wenig zu tun hatten, perspektivisch aber bedeutsam werden konnten. Über die Jahre hatte ich mir ein Spielfeld aus internationalen Fachmedien, Blogs und einzelnen Vordenkern gebaut. Ich verfolgte verschiedene Strömungen und Trends, die teilweise ein, zwei Schritte vor dem vorwiegend deutschen und sektorspezifischen Wissen meiner Kollegen waren. Darüber hinaus kannte ich jede Menge Menschen, die für uns relevant waren. Mit einigen hatte ich über die Jahre enge menschliche Beziehungen aufgebaut. Dies alles ermöglichte mir einen Blick für das große Ganze, der meinen Kollegen am Anfang unserer Transformation fehlte. Ich bemühte mich, mein Wissen und Netzwerk zu teilen. Aber wir merkten auch, dass es sich bei der Fähigkeit, einen größeren Ausschnitt von Welt auf dem Schirm zu haben, nicht nur um eine kognitive Leistung handelt. Vielmehr geht es auch darum, Komplexität im Inneren beheimaten zu können, anstatt von ihr überwältigt zu werden. Wie Robert Kegan, zitiert in Hanno Burmester und Clemens Holtmanns Buch *Liebeserklärung an eine Partei, die noch nicht gibt* (2021: 26) so treffend schreibt: "Wenn wir die Welt als zu komplex erfahren, nehmen wir mehr wahr als die Komplexität dieser Welt. … wir … erfahren die fehlende Passung zwischen der Komplexität und unserer eigenen. ... Es gibt zwei logische Wege, mit dieser fehlenden Passung umzugehen. Entweder wir reduzieren die Komplexität der Welt - oder erhöhen unsere." Im Laufe der Jahre entwickelte Bettina eine ganze Reihe von Formaten und Methoden, um Teams in ihrem Umgang mit Komplexität zu stärken.

Darunter fallen Übungen, in denen wir unsere Fähigkeit zur Multiperspektivität trainierten, also verschiedene Perspektiven auf einmal wahrzunehmen. Nach längeren Meetings hängen wir eine Reflexionsrunde ein, in der wir das Meeting aus der Vogelperspektive beschreiben. Wie haben wir zusammen gearbeitet? Welche Dynamiken und Muster konnten wir beobachten? Haben manche Kollegen sehr viel und lange gesprochen oder waren die Redebeiträge eher ausgeglichen? Gab es Spannungen, die wir ignoriert haben? Waren wir co-kreativ oder eher transaktional?

In eine ähnliche Richtung gehen die Metareflexionen, die wir im Team machen. Dafür teilen wir uns in Triaden auf. Person A reflektiert ein Arbeitsthema, welches sie gerade beschäftigt. Die nächste Person B hört genau zu und „loopt" A, indem sie in eigenen Worten wiedergibt, was A gesagt hat. Person B kann auch Verständnisfragen stellen und sich selbst in die Diskussion einbringen. Danach ist Person C an der Reihe und beschreibt die Interaktion zwischen A und B aus der Vogelperspektive. Sie weist auf Missverständnisse, subtile Spannungen oder blinde Flecken im Gespräch hin.

Übungen wie diese zeigten uns, wie schwer es ist, die eigene Perspektive von der größeren Metaperspektive zu trennen. Ich persönlich kann ein Meeting entspannt und konstruktiv empfinden, weil ich mich selbst aktiv eingebracht und meine Ziele erreicht habe. Aus der Vogelperspektive betrachtet zementierte das gleiche Meeting aber vielleicht eher Machtungleichgewichte zwischen extrovertierten und introvertierten Mitarbeitern und war wenig co-kreativ, da die wertvollen Beiträge der etwas Stilleren nicht einbezogen wurden.

Diese Reflexionen lehrten mich, dass es manchmal sinnvoll sein kann, mich selbst zurückzunehmen. Denn meine dominante Art ist nicht unbedingt Ausdruck tiefen, fundierten Wissens, sondern ein Habitus, den ich mir über die Jahre angeeignet habe. Immer wieder konnte ich feststellen, dass meine etwas stilleren Kollegen die besseren Ideen hatten, diese aber nicht so platzieren konnten, weil ich so viel Platz einnahm. Dadurch, dass ich mittlerweile nur vier Tage im Monat für das *betterplace lab* arbeite und insgesamt gelernt habe, mich nicht mehr ganz so wichtig zu nehmen, bereitet uns das heute glücklicherweise kaum Probleme.

Eine andere wichtige Feld-Kompetenz ist die Intuition. Auch wenn spätestens seit den Arbeiten von Gerd Gigerenzer alle wissen, wie wichtig und verbreitet „Bauchentscheidungen" sind, kenne ich kein Unternehmen, dass diese Kompetenz aktiv stärkt.

Intuition und Komplexität hängen eng zusammen. Denn in komplexen Systemen können Entscheidungen nicht mehr linear rational auf Grund einer möglichst kompletten Informationsfülle getroffen werden. Darin unterscheiden sich komplexe Systeme und Aufgaben von komplizierten. Die Mondlandung war eine komplizierte Aufgabe. Es mussten sehr viele unterschiedliche Prozesse und Technologien entwickelt und aufeinander abgestimmt werden, damit Apollo 11 ein Erfolg wurde. Doch viele der heute anstehenden Herausforderungen sind nicht in der gleichen Weise planbar. Die Gleichstellung von Frauen, Reduzierung von Ungleichheit oder Rettung der Polkappen sind komplexe Probleme, bei denen unzählige interdependente Faktoren zusammenkommen. Um wirksame Hebel zu identifizieren, müssen wir mit Nicht-Wissen und Zufällen umgehen, wesentliche Signale von Hintergrundgeräuschen unterscheiden und neben unserem Verstand und unserer Erfahrung unsere emotionale Intelligenz und unser Körperwissen einbeziehen. Intuition ist für uns also eine Mischung aus Fühlen und Denken.

Auch wenn wir erst ganz am Anfang davon stehen, Intuition gezielt als Innovationskompetenz zu kultivieren, so gibt es erste Indikatoren, wie dies gelingen kann. In Wirtschaftskreisen erfreut sich Otto Scharmers Theorie U immer größerer Beliebtheit. Die Theorie U geht davon aus, dass wirkliche Innovation nicht aus der mechanischen und rationalen Rekombination von Bekanntem hervorgeht, sondern in einem leeren, kontemplativen Raum entsteht. Dafür hat Scharmer einen Innovationsprozess entwickelt, der einem U gleicht. Die Talsenke des U ist der Punkt, an dem Innovatoren sich innerlich „leer machen“ und dadurch neue Information empfangen können.

Wie im Verständnis der Weisheitslehren ist für uns Neues weniger etwas, was sich Menschen ausdenken, sondern etwas, was emergiert. Genau darauf zielt auch Frédéric Laloux Begriff der “evolutionary purpose”. Ein Unternehmen ist wie ein Organismus mehr als die Summe seiner Teile. Es hat seine eigene Entwicklungsdynamik, eine latent in sich angelegte Gestalt, die von Mitarbeitern wahrgenommen, artikuliert und umgesetzt werden kann. Innovatoren sind in diesem Sinne eher Geburtshelfer, die denkend-fühlend neue Ideen und Bewegungen erkennen und diesen helfen, sich als feste Strukturen in der Welt zu manifestieren.

Da wir mit Bettina nicht auf ein festes Ergebnis, einen fixen Blueprint, hinarbeiteten, sondern uns ganz bewusst auf Emergenz einließen, war es wichtig, dass wir selbst lernten, neu entstehende Impulse und Phänomene sowohl in unserer Organisation als auch im Marktumfeld zu identifizieren und zu begleiten.

Emergenz braucht Intuition und die versuchten wir bewusst zu kultivieren. Wir improvisierten und experimentierten: Während unserer Sommerretreats in Frankreich meditierten wir in der Jurte, die ich im terrassierten Gelände aufgebaut hatte. Wir stellten unsere Organisation und ihr Marktumfeld mit Legoklötzen nach, gingen spazieren und tanzen. Alles, um unser entspanntes, unstrukturiertes Denken zu fördern.

Um der evolutionären Berufung des *betterplace labs* näher zu kommen, machten wir eine Aufstellungsübung. Dafür stellten wir uns alle im Raum auf - und zwar in einer Reihe entlang des Zeitpunkts, zu dem wir zur Organisation dazu gestoßen waren. Ich stand als Gründerin an einem Ende und meine gerade erst eingestellte Kollegin am anderen. Alle anderen reihten sich zwischen uns auf. Als Nächstes identifizierten wir konkrete Einschnitte, die für die Organisation prägend gewesen waren, zum Beispiel die Zeit der ersten großen Unternehmenspartner, ein Vorstandswechsel, mein Weggang und der Beginn zweier großer öffentlich finanzierter Programme.

In Gruppen arbeiteten wir nun die wichtigsten Entwicklungsschritte und kulturellen Merkmale der jeweiligen Epochen auf. Danach trugen wir sie zu einer großen Geschichte in verschiedenen Akten zusammen. Der große Vorteil dieser Übung bestand darin, dass plötzlich die Gesamtheit des Unternehmens für alle sichtbar im Raum stand. Dadurch verstanden alle Mitarbeiter viel besser, woher ein bestimmtes Verhaltensmuster, eine Haltung oder ein Glaubenssatz kam, der bis heute überlebt hatte. Auf der Basis dieser Gesamtschau wurde die Entwicklungsdynamik der Unternehmung als Ganzes greifbar. Und damit auch der nächste sich vielleicht schon unterschwellig ankündigende Schritt.

Die Übung führte uns vor Augen, dass wir immerfort in Bewegung gewesen waren und dies auch zukünftig sein würden. Das wiederum entspannte uns: Wenn bestimmte neue Dinge und Strukturen noch nicht klar sind, bringt es nichts, nach halb fertigen Lösungen zu suchen oder bei jeder Unsicherheit zum Coach oder Berater zu laufen. Entwicklungsprozesse brauchen oft (viel) Zeit, um sich zu entfalten. Teams, die wie das *betterplace lab* gelernt haben, ihrer eigenen Bewegung zu folgen, sind resistenter und unabhängiger als solche, die vor Nicht-Wissen und Unklarheit Angst haben.

Natürlich gibt es auch hier eine Pathologie: Manche Teams bleiben viel zu lange in diesem Zwischenraum und wissen nicht, wann eine Transformationsphase beendet ist und sie ein Plateau erreicht haben, von dem aus sie erst mal stabil und ohne große weitere Veränderungen weiterarbeiten können. Dies ist ein bisschen wie ein Künstler, der wissen muss, wann ein Kunstwerk fertig ist und jede weitere Bearbeitung ihm nur schaden würde.

Während ich dies schreibe, hat das *betterplace lab* einen weiteren Schritt in die Unabhängigkeit genommen. Nachdem die Organisation zehn Jahre neben der Spendenplattform *betterplace.org* gearbeitet hatte, haben wir das *betterplace lab* in eine eigenständige gemeinnützige GmbH (gGmbH) verwandelt. Beide sind zwar weiterhin unter einem gemeinsamen Dach vereint, bei der gemeinnützigen Aktiengesellschaft *gut.org*, als gGmbH hat das *betterplace lab* jedoch nun seine eigene Geschäftsführung und dementsprechend größere Autonomie. Die Reise der letzten sechs Jahre ist so auch formal an einem neuen Punkt angekommen.

Während des stressvollen letzten Corona-Jahres hat sich der vertrauensvolle und sichere Kulturraum, den meine Kollegen geschaffen haben, bewährt. Das Team zeigte sich resistent und veränderungsfähig. Kaum im Homeoffice, arbeite es schon an neuen Produkten und Dienstleistungen, die jetzt gefragt waren. Die Kolleginnen achteten aufeinander, unterstützten sich gegenseitig in der schwierigen Arbeits- und Lebenssituation und schafften es, gut orientiert und produktiv zu bleiben. Ich habe höchste Achtung vor dem, was dieses Team auf die Beine stellt. Zugleich lernen wir immer wieder, dass Transformation nicht so einfach ist. Ohne einen Chef, der auch mal Druck rausnimmt, muss jeder Einzelne noch viel mehr auf sich selbst achten. Nachdem zum Jahresende 2020 das Team seine Energieressourcen weitgehend aufgebraucht hatte, überlegt es momentan, welche Änderungen im Geschäftsmodell Entlastung bringen könnten. So ist auch hier Wandel die einzige Konstante.

Thomas Hübl spricht davon, dass der starke Druck, den wir momentan in so vielen Bereichen spüren - in der Klimakrise, der wachsenden Kluft zwischen arm und reich, der Fragmentierung von Realität durch Desinformation -, maßgeblich darauf zurückzuführen ist, dass wir uns als Gesellschaften und Individuen nicht dynamisch mit den Anforderungen der Zeit verändert haben, sondern teilweise in der Vergangenheit stecken geblieben sind. Konfrontiert mit den vielen äußeren, technologiegetriebenen Veränderungen jagen wir unserer eigenen Evolution hinterher. Dabei entsteht viel Druck und Spannung. Fast sieht es so aus, als könnten wir die Entwicklung nicht mehr aufhalten und würden notgedrungen in eine überhitzte, dystopische Welt hineinrennen.

Doch immer wenn es so aussieht, als wäre etwas unmöglich, kann die Evolution einen Sprung machen. Durch Druck entsteht ein neues Entwicklungsfeld, in dem wir uns in den verschiedensten Lebensbereichen unserer kollektiven und individuellen Dynamiken bewusst werden können. Wenn wir dann achtsam entlang unserer eigenen Purpose unser Umfeld gestalten - Unternehmen umbauen, Geschäftsmodelle neu ausrichten, Prioritäten verändern, neue Gesetze erlassen, anders kommunizieren und konsumieren -, dann können wir die kollektiven Barrieren auflösen und in viel kürzerer Zeit als angenommen einen gigantischen Paradigmenwechsel einleiten. Es ist, als hätten wir das alte Gefäß, in dem die anstehenden Probleme überwältigend und unlösbar erschienen, gegen ein größeres eingetauscht, in dem sie gut handhabbar sind.

Es gibt kein vorgezeichnetes Ziel, wohin wir gehen sollten und ankommen können wir sowieso nicht. Aber wenn wir uns immer mehr darauf zubewegen, uns selbst als bewegte Wesen in einer bewegten Welt zu erfahren, werden wir der Evolution möglichst wenig im Weg stehen. Und dabei ein Leben führen, das sich nicht wie eine Generalprobe anfühlt, sondern eine Premiere ist.

Nachwort

Ich schrieb dieses Buch während des Sommers 2020 und einiger Wochen um den darauf folgenden Jahreswechsel. Einige wenige Leser begleiteten mich auf diesem Weg und ohne eure konstruktiven Kommentare und Ermutigung hätte ich mich wahrscheinlich nicht getraut das Manuskript zu veröffentlichen: Ben Mason, Bettina Rollow, Cosima Jastrow, Philip Siefer, Renate Ubrig, Stephan, Lilian und Vico Breidenbach. Besonders wichtig war für mich, dass alle hier mit ihren Klarnamen erwähnten Menschen damit einverstanden waren, im Buch eine Rolle zu spielen. Andere Teilnehmer des *Timeless Wisdom Trainings* und des *Wild Eros* Workshops habe ich anonymisiert und ihre Geschichten fiktionalisiert. Meinen Eltern bin ich sehr dankbar, dass sie mir freie Hand in der Darstellung ließen. Angeregt durch das Manuskript führen wir neue Gespräche miteinander, auch darüber, welche Bedeutung die deutsche Geschichte für unsere Familie hat. Ich selbst setze meine Inner Work Reise fort und vertraue darauf, dass sie mich noch weiter und tiefer ins Leben hinein führt. Den Menschen, die mich dabei begleiten, danke ich von ganzem Herzen.

Innenansicht

ISBN 978-3-7541-6521-8
9 783754 165218 00003
www.epubli.de

Printed by Amazon Italia Logistica S.r.l.
Torrazza Piemonte (TO), Italy

40195855R00105